高等职业教育少学时系列教材

高等职业教育新形态一体化教材

沟通礼仪

（第二版）

主编 惠亚爱

副主编 舒燕 金芝英 梁洁

中国教育出版传媒集团

高等教育出版社·北京

内容提要

本书是高职院校公共基础课能工巧匠系列教材。本书将沟通技巧和基本礼仪融合为一体，系统介绍了与沟通、礼仪有关的基本理论和基本技能，以及沟通、礼仪在日常生活和工作中的应用，如书面沟通、电话沟通、日常会见礼仪、职场礼仪、宴会礼仪等。本书案例丰富，内容翔实，突出系统性、实践性和实用性。

本书以项目形式编排每部分内容，每个项目按照学习目标、课前自学、课中实训、课后提升、自学自测等顺序排列，使读者带着目标和任务去学习，通过技能训练，进一步巩固实践操作技能，以帮助读者提高沟通能力与礼仪意识。

本书理论与实践相结合，通俗易懂，深入浅出，可为高职高专学生使用，也可作为企业各类管理人员培训和社会人士自学参考的读物。

图书在版编目（CIP）数据

沟通礼仪／惠亚爱主编. -- 2 版. -- 北京：高等教育出版社，2022.9（2024.12重印）
ISBN 978-7-04-058287-1

Ⅰ. ①沟… Ⅱ. ①惠… Ⅲ. ①社交礼仪-高等职业教育-教材 Ⅳ. ①C912.11

中国版本图书馆 CIP 数据核字（2022）第 034228 号

Goutong Liyi

| 策划编辑 | 郭润明 | 责任编辑 | 陈　磊　李伟楠 | 封面设计 | 王　琰 | 版式设计 | 徐艳妮 |
| 责任绘图 | 裴一丹 | 责任校对 | 任　纳　马鑫蕊 | 责任印制 | 张益豪 | | |

出版发行	高等教育出版社	网　　址	http://www.hep.edu.cn
社　　址	北京市西城区德外大街 4 号		http://www.hep.com.cn
邮政编码	100120	网上订购	http://www.hepmall.com.cn
印　　刷	三河市宏图印务有限公司		http://www.hepmall.com
开　　本	787 mm×1092 mm　1/16		http://www.hepmall.cn
印　　张	12	版　　次	2016 年 9 月第 1 版
字　　数	260 千字		2022 年 9 月第 2 版
购书热线	010-58581118	印　　次	2024 年 12 月第 2 次印刷
咨询电话	400-810-0598	定　　价	30.80 元

本书如有缺页、倒页、脱页等质量问题，请到所购图书销售部门联系调换
版权所有　侵权必究
物 料 号　58287-00

前言

《沟通礼仪》教材第一版于 2016 年出版,时隔 5 年,职业教育领域发生了翻天覆地的变化。国家高度重视职业教育的发展,社会和企业对职业人才的知识、能力和素质提出了更高、更新的要求。2019 年国务院颁布了《国家职业教育改革实施方案》(国发〈2019〉4 号)对教材提出了明确的要求:"倡导使用新型活页式、工作手册式教材并配套开发信息化资源。每 3 年修订 1 次教材,其中专业教材随信息技术发展和产业升级情况及时动态更新。"2019 年教育部也出台了《职业院校教材管理办法》,对新形势下的职教教材建设提出了新的要求。为了进一步深化教材改革,适应培养德智体美劳全面发展的高素质技术技能人才,更好地提高学生的综合素质和能力,提高人才培养质量,对本教材进行全面修订。

本教材将沟通技巧和基本礼仪融合为一体,系统介绍了与沟通、礼仪有关的基本理论和基本技能,以及沟通、礼仪在日常生活和工作中的应用,如书面沟通、电话沟通、日常会见礼仪、职场礼仪、宴会礼仪等。本书案例丰富,内容翔实,突出系统性、实践性和实用性。在教学过程中实现"学中做、做中学",极大地调动学生的学习积极性和学习兴趣,让学生学有所获、学以致用。

本书以项目形式编排每部分内容,每个项目按照学习目标、课前自学、课中实训、课后提升、自学自测等单元进行设计,使读者带着目标和任务去学习,通过技能训练,进一步巩固实践操作技能,以帮助读者提高沟通能力与礼仪意识。

本教材作为高职高专院校学生的必修课或选修课教材,其特色如下:

1. 理念新。根据职业教育的目标,本教材把培养学生的综合能力作为人才培养的重点,而沟通、礼仪能力既是一种最基本的能力,又是一种可持续发展的能力,是职业能力中的关键能力。对此种能力进行强化训练,不仅有助于学生沟通、礼仪能力的提高,而且有助于学生综合素质的提高。

2. 内容新。知识是基础,能力是核心,素质是关键。本教材按照学习目标、课前自学、课中实训、课后提升、自学自测等编排,注重学生实践能力和综合素质的提升。

3. 体例新。本教材每部分按照学习目标、课前自学、课中实训、课后提升、自学自测的顺序排列,使教材体例活泼新颖,趣味性强。有利于调动学生学习的积极性和学习兴趣。

本书由惠亚爱教授统稿并编写了项目一、项目四、项目六和项目七;舒燕老师编写了项目八、项目十和项目十一;梁洁老师编写了项目三和项目五;金芝英老师编写了项目二;白婧老师编写了项目九。

由于水平有限,书中难免有许多不足之处,诚望读者不吝指正!

编　者
2021 年 11 月

目录

第一部分

沟通篇

沟通概述

学习目标 ....

◆ 培养良好的沟通态度
◆ 了解沟通的含义及其具体内涵
◆ 熟悉沟通的层次与原则
◆ 理解沟通的特点与功能
◆ 能描述不同的沟通类型

课前自学 ....

一、沟通的含义

（一）沟通是一项活动

"沟通"一词在汉语中的原意是指通过挖沟开渠使两条河流互相流通畅达。如《左传·哀公九年》所载："秋，吴城邗，沟通江淮。"现代汉语中沟通一词普遍用于比喻两种思想的交流与分享等。

看微课

沟通的含义

沟通是形成人际关系的手段，人们通过沟通与周围的社会环境相联系，组成和维持各种社会关系网。沟通就像血液流经人的机体系统一样流过社会系统，为整个群体服务。原美国 NBA 球员皮蓬谈到与队友"飞人"乔丹之间的合作时曾说："我们俩在场上的沟通相当重要，我们相互从对方的眼神、手势、表情中感知对方的意图，由此我们得以传球、切入、突破、得分；但是，如果我们失去彼此间的沟通，那么，球队的'末日'就要来临了。"皮蓬的话正体现了沟通对于一个集体的重要性。因此，在现代社会中，沟通是一项必需的、无所不在的活动和技能。

（二）沟通是一门科学

1. 沟通的渊源

将沟通与传播学相联系，对于中国人而言，还新鲜得很。传播学是西方社会科学体系中的一门学科，属于"舶来品"。因此，当海外学者于 20 世纪 70 年代末把传播学引入中国时，就闹出了被误听为"船舶学"的笑话。

沟通是传播学的核心概念，原译自英语"communication"，其从翻译角度又可译为传达、通信、交换、交流、交通、交际、交往等，其中国内最常用的三种译法为交流、沟通、传播。在现代汉语中，交流与沟通意义相近，都是一种相互交换信息的活动；而传播则强调单方面行为以及这种行为造成的信息在社会中的传递、流传和播散。

2. 沟通的学科定义

从学科及其定义角度探讨什么是沟通,在国内尚没有系统的理论,国外也是众说纷纭。据不完全统计,沟通的定义迄今有150多个,概括地说,主要有共享说、交流说、影响说、符号说等几种类型。

本书侧重对沟通活动和行为进行分析和认识,研究个人的沟通行为,研究人际互动中的沟通关系,并侧重于实用性。可以认为,沟通学应属于社会学或人类学的分支学科。沟通是人类的一种行为,是人类的活动,语言的沟通、准语言的沟通和体态语的沟通是它的语言文化表现形式。

基于此,本书将沟通定义为:沟通是人类借助于共同的符号系统(包括语言符号和非语言符号)获得信息并彼此传递和交流信息的个人行为和社会互动行为,是人类有意识的活动及其能力。

二、沟通的具体内涵

根据沟通的概念和性质,沟通的具体内涵可以从以下几个方面进行概括:

(一)沟通不是只说给别人听

有人认为,沟通是"我说给你听"。我是说话者,你是听话人,我传递一项信息给你,你收到信息后,把它"译解",然后采取令我满意的行动。

但是我说给你听,你未必都愿意听;就算听了,也不见得真正听懂了我的意思;即使听懂了我的意思,你也不一定就会按我的意图去行动。

沟通并不是片面的"我说给你听"。

看微课

沟通的内涵

(二)沟通不是只听别人说

仅仅你说我听,也不算有效沟通。因为单方面的信息传递很可能会造成信息在传递过程中的丢失或误解,传递错误或不完整的信息难以达到预期的目的,甚至会适得其反。

(三)沟通是"通"彼此之"理"

沟通是人与人之间传达思想、观念或交换情报、讯息的过程。等于"你说给我听"加上"我说给你听",以求得相互了解并且彼此达成某种程度的理解。

与他人沟通,"理"是基础,但"通理"首先要寻求共鸣,常言说,"酒逢知己千杯少,话不投机半句多"。寻求共鸣便可使你成为对方的知己,避免话不投机的现象。所谓"共鸣"是指沟通的双方在思想感情上达到一致的体验,产生共鸣意味着沟通双方的情绪已经融洽,从而为通"理"铺平了道路,使对方从心理上愿意接受你的观点和主张。

三、沟通的层次

不论是服务他人、与朋友交往或与客户谈判,每一个人都希望可以成为沟通的高手。而实际上,每个人受到天生的人格特质、成长环境、学习教育情况等诸多因素的影响形成了有独特风格与方式的沟通习惯。根据沟通效果,沟通可以基本分为以下四个层次:

(一)阻断与抗拒

这个层次的沟通是完全无效的。类似我们常说的嗤之以鼻、对牛弹琴。一般多见于情绪激动、应激、歇斯底里等情况。常听到的交流语言信号为："哼""你凭什么这么说！"

（二）"鸿沟"现象

这个层次的沟通信息的接受与传递，往往只是信息的发布与传达，效果完全取决于接受者的自我认识与重视程度。所谓"鸿沟"现象是指在沟通过程中，基本为单方叙述，就像两个人站在天堑的两边，始终无法共同面对与平等交流，二者之间就像有一个天然的"鸿沟"。类似我们说的耳边风，也就是只有"沟"没有"通"的现象。一般多见于领导训话、指令颁布等。常听到的语言信号为："哦""嗯""啊"。

（三）桥梁效应

在这个层次的沟通中，信息在接受与传递的互动过程中得到磨合，沟通的双方逐步达成共识。所谓桥梁效应是指经过互动与信息的碰撞与磨合，使双方可以逾越"鸿沟"形成共识，就像有一个可以用于双向交流的桥梁。类似我们说的讨论、争辩、交流等情况。一般多见于经验交流、共同协作完成某项任务等。常听到的语言信号为："你是什么感觉？""说说你的看法"。

（四）及时回应

这个层次已经跳出了基本沟通，它融合了对人最根本心理需求的体察与人性化的运用，是确实有效的沟通，也是沟通的艺术，使沟通变成一种享受而不再是工作。类似于我们说的发自内心地交流、自然地沟通等情况。常听到的语言信号为："经过了我们的相互信任与讨论，我想我们已经达成了共识""请稍等，我 5 分钟后与你讨论"。

四、沟通的原则

要使沟通有良好的结果，必须注意掌握沟通三原则：

（一）谈论行为不谈论个性

谈论行为就是讨论一个人所做的某一件事情或者说的某一句话，谈论个性就是针对某一个人所表述的观点或评论，即我们通常说的这个人是好人还是坏人。因此，"谈论行为不谈论个性"的原则也就是"对事不对人"的原则。

（二）要明确沟通

明确沟通就是在沟通的过程中，说的话一定要非常明确，让对方有个准确的、唯一的理解。在沟通过程中有人经常会说一些模棱两可的话，比如经理会拍着部下的肩膀说："你今年的成绩非常好，工作非常努力。"好像是在表扬对方，但是接下去他还说一句："希望你明年更加努力。"这句话好像又是在鞭策，说他不够努力。这就使人不太明白：传达给我的到底是什么意思？所以，沟通中一定要明确表达自己的意思，不要使语句前后矛盾，产生歧义。

（三）积极倾听

本原则将在项目三中进一步说明。

五、沟通的特点

（一）互动性

沟通是发送者和接收者之间的相互活动。就是说，沟通要有两人或两人以上的沟通主体参加,是发送者和接收者相互作用的活动,即参加沟通的一方都试图影响另一方;每一方都既是信息的发送者又是接收者,各自不断发出信息,期待对方做出某种反应。

（二）动态性

沟通的双方是动态的,不断地受到来自他人信息的影响。同时,信息本身就具有流动的性质,它从事实本身转变为符号信息的传递过程,就是一个动态的过程。

（三）社会性

沟通的社会性就在于人类能够运用符号系统来沟通彼此的思想,调节各自的行为,结成一个有机的整体,去从事各种社会活动。

六、沟通的功能

一般而言,沟通在社会中的主要功能有:

看微课

沟通的类型

（一）获得消息情报

获得消息情报指收集、储存、整理和沟通必要的数据、图片、事实、意见、评论,以便对周围环境的情况获得了解并做出反应和决定。

（二）社会化

沟通提供知识使人们能在社会中从事活动,并增强社会联系和社会意识,积极参加社会活动。

（三）提供动力

沟通促进各个社会的当前目标和最终目标的达成,激励人的意愿和理想,鼓励为实现共同商定的目标而进行个别活动和社会活动。

（四）教育社会成员

沟通知识以促进智力的发展,培养人的品格,并使其在人生各个阶段获得各种技能和能力。

课中实训

实训一:撕　　纸

（一）时间:15 min

（二）材料:准备参训人数两倍数量的 A4 纸

（三）操作步骤:

1. 给每位学员发一张纸

2. 教师发出单项指令:

- 大家闭上眼睛
- 全过程不许问问题
- 把纸对折
- 再对折
- 再对折

- 把纸的右上角撕下来，转180°，把左上角也撕下来
- 睁开眼睛，把纸打开

3. 重复

这时教师可以请一位学员上来，重复上述的指令，唯一不同的是这次学员们可以问问题。

（四）问题讨论：

（1）完成第一步之后可以问大家，为什么会有这么多不同的结果？

（2）完成第二步之后再问大家，为什么每个人的训练结果还会有误差？

实训二：我来说，你来画

（一）训练目的

1. 让学员体会单向沟通的弊端

2. 鼓励学员在工作中进行双向沟通

（二）游戏要求

1. 人数：不限

2. 时间：20min

3. 场地：教室

4. 操作步骤：

（1）请一位学员到前面，给他看已经准备好的图。

（2）让学员背对着大家站立。

（3）请这位学员描述出他看到的内容，大家根据他的口头描述画出图形后，将图展示出来。

（4）请另一位学员到前面重新开始游戏，这次允许他和大家充分沟通。

（5）游戏结束后，组织学员讨论。

（三）游戏规则

（1）避免前面学员与大家做眼神或表情交流。

（2）前面学员只能做口头描述，不能有任何动作提示。

（3）第一次画图时，其他学生不能提问，只能按照前面学员的口头描述画图。

（四）问题讨论

（1）如果只靠感觉沟通，大家会有什么样的感觉？

（2）单向沟通的缺点是什么？工作中是否存在这种现象？

（3）通过双向沟通画图时，是否仍有人出错？如果有，原因是什么？

实训三：分组案例讨论1

杨瑞是一个典型的北方姑娘，在她身上可以明显地感受到北方人的热情和直率，她性格坦诚，说话直言快语，总是愿意把自己的想法说出来和大家一起讨论，正是因为这个特点，她在上学期间很受老师和同学的欢迎。今年，杨瑞从西安某院校的人力资

源管理专业毕业,她认为,经过四年的学习自己不但掌握了扎实的专业知识而且具备了较强的人际沟通能力,因此她对自己的未来期望很高。为了实现自己的梦想,她毅然只身去广州求职。

经过近一个月的反复投递简历和面试,在权衡了多种因素后,杨瑞最终选定了东莞市的一家研究生产食品添加剂的公司。她之所以选择这家公司是因为该公司规模适中、发展速度很快,最重要的是该公司的人力资源管理工作还处于起步阶段,加入后她将是人力资源部的第一个人,因此她认为自己施展能力的空间很大。但是到公司实习一个星期后,杨瑞就陷入了困境。

原来该公司是一个典型的小型家族企业,企业中的关键职位基本上都由老板的亲属担任。尤其是老板安排了其大儿子做杨瑞的临时上级,而这个人主要负责公司产品研发工作,根本不具备人力资源管理理念,在他眼里,技术最重要,公司只要能盈利其他的都无所谓。开始时,杨瑞认为,越是这样就越有自己发挥能力的空间,因此在到公司的第五天,她拿着自己的建议书走向了上司的办公室。

"王经理,我到公司已经快一个星期了,我有一些想法想和您谈谈,您有时间吗?"杨瑞走到经理办公桌前说。

"来,小杨,本来早就应该和你谈谈了,只是最近一直扎在实验室里就把这件事忘了。"

"王经理,对于一个企业尤其是处于上升阶段的企业来说,要持续发展必须在管理上狠下功夫。据这一段时间的了解,我认为公司主要的问题在于岗位职责界定不清;雇员的自主权力太小致使员工觉得公司对他们缺乏信任;员工薪酬结构和水平的制定随意性较强,缺乏科学合理的标准,因此薪酬的公平性和激励性都较低。"杨瑞按照自己事先所列的提纲开始逐条向王经理叙述。

王经理微微皱了一下眉头说:"你说的这些问题我们公司也确实存在,但是你必须承认一个事实——公司在盈利,这就说明公司目前实行的体制有它的合理性。"

"可是,眼前的发展并不等于将来也持续良好发展,许多家族企业都是败在低水平的管理上。"

"那你有具体方案吗?"

"目前还没有,这些还只是我的一点想法而已,但是如果得到了您的支持,我想方案只是时间问题。"

"那你先回去做方案,把你的材料放这儿,我先看看然后给你答复。"说完王经理的注意力又回到了研究报告上。

杨瑞真切地感受到了不被认可的失落,她似乎已经预测到了自己第一次提建议的结局。

果然,杨瑞的建议书石沉大海,王经理好像完全不记得建议书的事。杨瑞陷入了困惑之中,她不知道自己是应该继续和上级沟通还是干脆放弃这份工作,另找一个发展空间。

案例思考题:

1. 杨瑞的建议为什么没有得到王经理的认可?

2. 杨瑞与王经理的沟通怎样才能成功？

实训四：分组案例讨论 2

1. 护士："早上好，李小姐！昨天晚上睡得好不好啊？"

病人："护士，我昨天整个晚上都没有合眼，心里总是想着我的病。"

护士："李小姐，其实你的病没有什么大问题，用不了几天，你就会平安出院的。"

请问：护士所犯的错误是什么？

2. 病人："高护士，今天早上医生对我说，为了明确我的病情，要为我做骨髓穿刺检查，我真的有些担心。"

护士："哦，原来如此！好吧，马先生，你准备一下，我马上帮你输液。"

请问：护士所犯的错误是什么？

3. 下午巡房时，护士发现上午刚刚做完骨髓穿刺检查的 235 房间 1 床的病人金小姐蜷缩着身体躺在床上，身体由于哭泣而微微地颤动，于是，护士问："金小姐，您为什么不开心啊？"没等病人回答，又接着说："哦，我知道了，您一定是担心今早医生为您做的骨髓检查。您是不是认为这说明您的病情很重？您现在需要做的事情就是：尽快忘掉那件事，这样您的心情就会好些了。"

案例思考题：

护士所犯的错误是什么？

实训项目评价

技能点评价表

	技能点评价指标	分值	得分
实训一	双向沟通是非常重要的；沟通中，非语言沟通也非常重要。	25	
实训二	沟通过程中，双向沟通非常重要；同时，还应排除外界环境的干扰；沟通过程中，有效地倾听同样重要。	25	
实训三	答案准确、思路清晰。	25	
实训四	答案准确、思路清晰。	25	

使用说明：

按评价指标评价项目技能点成绩，满分 100 分。

课后提升 ••••••••••••••••••••••••••••••

案例

财务部陈经理每月总会按照惯例请部门员工聚餐，一天，他走到休息室叫员工小马，让他通知其他人晚上聚餐。

快到休息室时，陈经理听到休息室里面有人在交谈，他从门缝看过去，原来是小马和销售部员工小李在里面。

小李对小马说：“你们陈经理对你们很关心，我见他经常请你们吃饭。”

“得了吧。”小马不屑地说，“他就这么点本事笼络人心，遇到我们真正需要他关心、帮助的事情，他没一件办成的。就拿上次公司办培训班的事来说，谁都知道如果能上这个培训班，工作能力会得到很大提升，升职机会也大大增加。我们部门很多人都很想去，但陈经理却一点都没察觉到，也没有积极为我们争取，结果让别的部门抢了先。我真的怀疑他有没有真正关心过我们。”

“别不高兴。”小李说，“走，吃饭去。”

陈经理只好满腹委屈地回到自己办公室。

案例思考题：

1. 案例中上级和下属的沟通出现了哪些问题？

2. 上级和下属接下来可以如何改善沟通策略？

项目一
自学自测

项目二

沟通过程

学习目标 ●●●

◆ 了解沟通的过程
◆ 掌握沟通过程的特点
◆ 掌握沟通的基本要素
◆ 了解沟通的障碍类型
◆ 熟练运用克服沟通障碍的策略

课前自学 ●●●

任务1　沟通的结构

一、沟通过程的结构

人际沟通遵从信息沟通的一般规律，只有正确地掌握与人沟通的技巧，才可能在经营事业和人生时达到胜友如云、左右逢源的境界。想要提高沟通的技巧，首先要掌握沟通的整个过程。

沟通过程就是信息的发送者通过选定的信息传递渠道将信息传送给接收者的过程（如图 2-1）。沟通过程包括以下步骤：

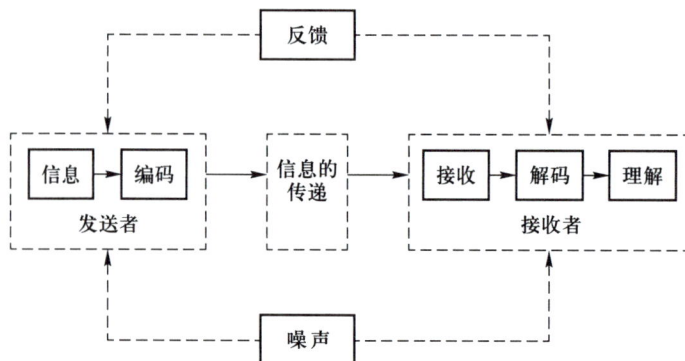

▶ 看微课

沟通的过程、模式与基本要素

图 2-1　沟通的过程

（1）发送者获得信息，并且有将其传递出去的意向。

（2）发送者将信息转换成可以传输的信号过程（编码）。

（3）信息通过某种通道传递。

（4）接收者由通道接收到信息符号。

（5）接收者将获得的信息解码，转化成主观理解。

（6）接收者根据他理解的意思加以判断，形成反馈返回给发送者。

由此可见，一个看似简单的沟通过程事实上包含许多环节，这些环节都有可能产生沟通障碍，从而影响沟通目的的实现。要特别注意的是，沟通过程包括两个暗箱操作过程，一是发送者对信息的编码过程，二是接收者对信息的解码过程。这两个过程被视为黑箱过程，是其因为被无法监测而且难以控制，这是人脑的思维和理解过程。

思政小课堂

将 军 尝 汤

有一个将军为了显示他对部下生活的关心，搞了一次参观士兵食堂的"突然袭击"。在食堂里，他看见两个士兵站在一个大汤锅前。

"让我尝尝这汤！"将军向士兵命令道。

"可是，将军……"士兵正准备解释。

"没什么'可是'，给我勺子！"将军拿过勺子喝了一大口，怒斥道："太不像话了，怎么能给我的战士喝这个？这简直就是刷锅水！"

"我正想告诉您这是刷锅水，没想到您已经尝出来了。"士兵答道。

二、沟通过程的要素

沟通过程包括五个要素，即沟通主体、沟通客体、沟通介体、沟通环境、沟通渠道。

（1）沟通主体。是指有目的地对沟通客体施加影响的个人和团体，诸如党、团、行政组织、家庭、社会文化团体及社会成员等。沟通主体可以选择和决定沟通客体、沟通介体、沟通环境和沟通渠道，在沟通过程中处于主导地位。

（2）沟通客体。即沟通对象，包括个体沟通对象和团体沟通对象；团体的沟通对象还有正式群体和非正式群体的区别。沟通对象是沟通过程的目标和落脚点，因而在沟通过程中具有积极的能动作用。

（3）沟通介体。即沟通主体用以影响、作用于沟通客体的中介，包括沟通内容和沟通方法。沟通介体保障沟通主体与客体之间的联系，保证沟通过程的正常开展。

（4）沟通环境。既包括与个体间接联系的社会整体环境（政治制度、经济制度、道德风尚、群体结构等），又包括与个体直接联系的区域环境（学习环境、工作单位或家庭等）、对个体直接施加影响的社会情境及小型的人际群落。

（5）沟通渠道。即沟通介体将信息从沟通主体传达给沟通客体的途径。沟通渠道不仅能使正确的思想观念尽可能全、准、快地传达给沟通客体，而且还能广泛、及时、准确地收集客体的思想动态和反馈的信息，因而沟通渠道是实施沟通过程和提高沟通功效的重要因素。沟通渠道很多，诸如谈心、座谈等。

思政小课堂

扁鹊见蔡桓公

春秋战国时期,有一位著名的医生叫扁鹊。有一次,扁鹊谒见蔡桓公,站了一会儿,他看了看蔡桓公的脸色说:"国君,你的皮肤有病,不治怕是要加重了。"蔡桓公笑着说:"我没有任何病。"扁鹊告辞后,蔡桓公对他的臣下说:"医生就喜欢给没病的人治病,以便显示自己有本事。"

过了十几天,扁鹊又前来拜见蔡桓公,他仔细看看蔡桓公的脸色说:"国君,你的病已到了皮肉之间,不治会加重的。"蔡桓公见他尽说些不着边际的话,气得没有理他。扁鹊走后,蔡桓公还没有消气。

又过了十多天后,扁鹊又来朝见蔡桓公,神色凝重地说:"国君,你的病已入肠胃,再不治就危险了。"蔡桓公气得叫人把他轰走了。再过十几天,蔡桓公出宫巡视,扁鹊远远地望见蔡桓公,转身就走。蔡桓公很奇怪,派人去追问。扁鹊叹息说:"皮肤上的病,用药物熬贴就可以治好;皮肉之间的病,用针灸可以治好;在肠胃之间的病,服用汤药就可以治好;但是病入骨髓,那么生命已掌握在司命之神的手里,医生是无能为力了。如今国君的病已深入骨髓,所以我不敢去见他了。"蔡桓公听后仍不相信。五天之后,蔡桓公遍身疼痛,连忙派人去请扁鹊,这时扁鹊已经逃往秦国。不久,蔡桓公便病死了。

任务 2　沟通的基本要素

从沟通的过程中,我们可以看出沟通的基本要素。

一、发送者

发送者是指沟通过程中发送信息的主体。这个主体可以是个人,也可以是群体、组织。尽管它发送的信息存在着有意和无意、自觉和不自觉、有目的和无目的之分,但通常会受到内容选择(如不能发表违法言论、不宜公开的信息)、媒介压力(如媒介组织的宗旨、制度、政策、规定等对信息所产生的限制)、个人形象与个性,以及来自社会、组织和个人等层面因素的制约。

二、编码

编码是指发送者将所要传递的信息,按照一定的编码规则,编制成信号。它要求充分考虑接收者的实际情况,所选的代码或语言有利于理解与交流,以免出现令接收者茫然不知或无所适从的现象。

三、信息传递

信息传递即通过媒介传递信息。媒介是确保信息正常交流的物质基础,它作为构建传送者和接收者之间的信息网络,能以多种形式相互传递和交流传送者、接收者的信息,使双方理解意愿,加深了解,增强协作,促进发展。常用的信息传递的媒介有个人媒介(如电话、电子邮件、信函、传真等)和大众媒介(如广播、电视、书籍、报刊等)。

信息是双方沟通的内容,包括意见、情感、态度、思想和价值观等,但不管沟通的内容是什么,只有将它们转换成特定的具体符号,才可以顺利地进行沟通。

(一)符号的要素

符号是一个社会全体成员共同约定用来表示某种意义的记号、标记。符号包括了形式和意义两个方面的要素。任何一个符号都要既能通过外在形式让人知道它的存在,同时还要让人清楚它所要表达的意义,它才有存在的价值。

例如,十字路口的红绿灯就是一种符号,其外在形式是一种色彩,意义是红灯表示停止、绿灯表示通行。

所有的沟通信息都可以用两种符号来表示,即语言符号和非语言符号。

(二)语言符号

语言符号是信息传播的主要载体,这里所说的语言符号包括语言与文字两类,即所谓的口头语言和书面语言。

1. 口头语言符号:以语音作为物质形式表示意义的符号

口头语言是由语音和意义两个方面统一构成,语音是语言的存在形式,意义是语言的内容。

例如,我们说"电视",不必真抬出一台电视,用大家共知的发音来表示,别人就明白了。如果你非要把"电视"说成"视电"或别的什么,别人就无法理解了。

2. 书面语言符号:以字形作为物质形式来表示意义的符号

书面语言符号与口头语言符号基本相同,只是以书面文字形式表示。

(三)非语言符号

非语言符号可以分为基本的两大类:视觉性非语言符号和听觉性非语言符号。

虽然语言是人类最重要的符号系统,但是非语言符号在日常传播活动中同样扮演着不可或缺的角色。美国学者 L·伯德惠斯特尔估计,在两个人之间传播信息的场合中,有 65% 的社会含义是通过非语言符号传递的。曾有人提出了公式来说明非语言符号的重要作用:

$$沟通双方互相理解=语调(38\%)+表情(55\%)+语言(7\%)$$

公式中的"语调"和"表情"均为非语言符号,这个公式表明了人际传播中非语言符号所能传递的信息量远远大于语言符号。

思政小课堂

曾国藩的"一面识人"

有一次,李鸿章带三个人去拜见曾国藩,想请曾国藩为他们委任合适的职务。正巧曾国藩出去散步,当时没在屋内,李鸿章就安排他们站在屋外等候。

曾国藩散步回来,李鸿章禀明来意并请曾国藩考察三人能力。曾国藩说道:"不必了,刚才散步回来,我走过三个人身边,三人同时向我施礼。施礼完毕后,左边那个人还低着头,态度温顺,小心翼翼,大气都不敢喘,可见是老实谨慎之人,虽忠厚但不够勇猛,因此安排他镇守后方,做一些后勤供应一类的工作。中间那位,行礼之时毕恭毕敬,但等我走后,他便左顾右盼,神色不端,看着心浮气躁,明显是个阳奉阴违、两面三刀之徒，万万不可重用。右边那位，始终挺拔而立，神色坚毅，向我行礼时也是不卑不亢，有大将之才，可以委以重用。将来他的成就，不会在你我之下。"

李鸿章听后，便按照曾国藩的要求安排职务。果不其然，右边那位"大将之才"，便是后来立下赫赫战功，官至台湾巡抚的刘铭传。

四、通道

通道是指发送者把信息传递到接收者那里时所借助的媒介物。口头交流的通道是声波，书面交流的通道是纸张，网络交流的通道是互联网，面对面地交流的通道是口头语言与身体语言的共同表现。在各种通道中，影响力最大的是面对面的原始沟通方式，因为它可以直接地发出信息并感受到彼此对信息的态度和情感。

五、接收者

接收者是沟通过程中信息接收的主体。它同样受到内容选择、媒介压力、个人形象、个性结构等因素的影响，还可对符合自己本意的信息产生各种预期效果，或对与自己本意不符的信息进行解释、怀疑，使信息传递的效果减小或无效。

六、解码

解码是指信息的接收者按照一定的编码规则将所接收到的信号解构、还原为自己的语言信息，以达到理解对方所传递的信息的目的。它可能是将信息由一种语言翻译为另一种语言，也可能是理解他人点点头或眨眨眼所表达的意思。在解码过程中，接收者需要利用自己具备的知识、经验以及文化背景，才能使获得的信号转换成正确的信息。如果解码错误，信息将会被误解或曲解。

最理想的沟通，是经过编码和解码两个过程后，接收者形成的信息与发送者发送的信息完全吻合，也就是编码和解码完全"对称"。

七、反馈

反馈是指信息接收者在接收到信息后，将自己的反应信息加以编码，通过选定的渠道传给信息的发送者。这种传者和受者之间角色的转换，是沟通必不可少的基本环节，它对把握动态、发现问题、促进沟通和双方共同发展具有重要的作用。

（一）反馈的类型

反馈的类型分为两种：一种是正面反馈，另一种是建设性反馈。正面的反馈就是对对方做得好的事情予以表彰，希望好的行为再次出现。建设性的反馈，就是对别人做得不足的地方提出建议。

在反馈的过程中，我们一定要注意有的情况并不是反馈：

（1）指出对方做得正确的或者是错误的地方，这不是反馈。反馈应是给对方建议，使他做得更好。

（2）对于他人的言行的解释也不是反馈。

（3）对于未来的建议也不是反馈。

（二）如何给予反馈

（1）反馈应明确、具体，提供实例。

（2）反馈应具有平衡性、积极性与建设性。

（3）应在正确的时间给予反馈。

（4）反馈的内容应集中于可以改变的行为。

（5）反馈应充分考虑接收者的需求。

（三）如何接受反馈

（1）聆听而不是打断。

（2）提出问题，澄清事实，询问实例。

（3）总结接收到的反馈信息，以确认对其的理解。

（4）表明你将考虑如何采取行动。

（四）反馈技巧

（1）校正性反馈必须秘密地进行。这意味着，除了双方当事人之外，绝对不能有他人在场。最好选择在一个相对封闭的空间里进行。

（2）应以称赞开始。先称赞对方做得对的地方，然后再谈到需要改进的地方。

（3）称赞要针对本人，提出建议可不针对本人。如果你友好的话语充满情感且积极向上，人们的情绪就会得到提升。当你提出建议的时候，要确保它们是客观的。提出建议的时候，不要针对本人。

（4）不要加入任何责备性语言。反馈绝对不是责备，讨论一个不正确的事情的唯一目的，是使之正确起来，而不是责备某个人。一旦提出反馈者把问题解释清楚，就要直接讨论可行的解决办法，不要纠缠于消极的事情上。同时，不要使任何人觉得他们受到了责备。

（5）不要使自己凌驾于他人之上，即使你的身份、学识或经验非凡，也不能施加压力给别人，避免让别人感觉压抑。你只要把问题解释清楚，然后请求对方在实施解决方法的过程中给予支持即可。

（6）不要对某件事情唠叨不停。对于一种情形，谈话一次就已经足够。一旦问题解决了，就不要再提起。

（7）以积极的方式结束反馈。要确保每次反馈都要在友好的气氛中结束，反馈如何结束非常重要。要记住，无论是什么问题，友谊永远比问题更重要。谨记这一点，反馈就可以给予人们力量，而不是痛苦。

八、噪声

噪声是指在信息传递过程中，干扰信息传递的各种干扰素形式。它分为三种形式:外部噪声、内部噪声和语义噪声。

（1）外部噪声来自环境,它阻碍发送者和接收者听到信息或理解信息。外部噪声不总是来自声音。

（2）内部噪声发生在发送者和接收者的头脑中。这时他们的思想和情感集中在沟通以外的事情上。内部噪声也可能源于信念或偏见。

（3）语义噪声是由人们对一些词语在情感方面的反应而引起的。许多人不愿听用"粗俗"语言讲话的人,因为这些词语是对他们的冒犯。所以语义噪声也能干扰全部或部分信息的传递。

任务 3　沟通的障碍

沟通中的障碍,是指导致信息在传递过程中出现失真、错误或丢失的各种因素,其中既有发送者与接收者的问题,也有编码与解码的问题,还有渠道、噪声及反馈的问题。可以说,沟通障碍存在于沟通过程的各个环节,就一般情况而言,对沟通过程产生重要影响的障碍是发送者的障碍、接收者的障碍和信息传播通道的障碍。

一、发送者的障碍

发送者在把信息传递给接收者之前必须先整理信息,然后把要传达的信息表达进行编码,最后把信息传递出来。发送者遇到的沟通障碍主要表现在:

（1）发送者目的不明确,导致信息内容的不确定。

（2）受制于发送者自身语言水平、表达能力和知识结构,会对信息编码产生影响。

（3）发送者信息发送时,通道选择失误,导致信息失效。

（4）发送者表达能力水平不高,导致信息传递过程中被误解的可能性增大。

（5）信息传递不及时或不适时,导致信息传递失真。

二、接收者的障碍

在沟通过程中,接收者接收信息符号后对其进行解码,从而理解信息。接收者遇到的沟通障碍主要表现在:

（1）过度加工,导致信息的模糊或失真。

（2）因知觉的选择性导致对信息理解的偏差。（知觉选择性主要是指接收者价值标准、社会阶层、权力地位、文化修养、智商情商等方面的影响）

（3）心理定势,导致对信息的理解出现片面和极端。

（4）思想差异,导致信息交流的困难和中断。

（5）文化差异,导致对同一信息有不同的理解和认识。

（6）忽视反馈,导致信息传递受阻和重复。

三、信息传播通道的障碍

在沟通过程中,信息传播需要通过通道进行传递,通道的畅通与否直接影响信息的传递。信息传播通道障碍主要有以下几个方面:

（1）通道选择不当，信息传递不到位。

（2）传播通道冲突，难以理解传递的信息内容。

（3）传播通道过长，导致信息传递损失。

（4）外部噪声干扰，影响沟通效果。

四、克服沟通障碍的策略

克服沟通中的障碍，需要树立正确的沟通理念，采取科学的沟通方法。克服沟通障碍的主要策略包括：

（1）设定沟通目的，明确沟通目标。

（2）考虑沟通对象的差异，对筛选和已加工的信息进行适当的编码。

（3）建立接收者认可的正式、公开的，并尽可能直接的沟通渠道。

（4）存同求异、换位思考，尊重别人的意见和观点。

（5）建立良好且有效的反馈机制。

（6）选择适当的时间和空间，调整沟通的情绪环境。

（7）学会积极倾听。

（8）注意非语言信息。

课中实训

实训一：蒙 眼 作 画

1. 训练内容

人人都认为睁着眼睛画画比闭着眼睛要画得好，因为看得见，是这样吗？在日常工作中，我们自然是睁着眼睛的，但为什么依然会有未被我们观察到的东西？当发生这些问题时，我们有没有想到可以借助他人的眼睛？也许当我们闭上眼睛时，我们的心却敞开了。

（1）时间：10 min～15 min。

（2）准备工具：眼罩、纸、笔。

2. 训练程序

（1）教师给每位学员分发纸和笔，每人一份。所有学员用眼罩将眼睛蒙上，将自己的某样物品或者其他的指定东西画在纸的一面。完成后，教师让学员摘下眼罩，欣赏自己的作品。

（2）教师用语言描述某一样东西，让学员蒙着眼睛画下他们所听到的，然后比较他们之前凭自己感觉所画的图，并思考为什么每个人听到是同样的描述，而画出的东西却是不同的？在工作时会不会出现这种情况呢？

（3）讨论：

a. 为什么当人们蒙上眼睛时，所完成的画并不像他们所期望的一样？

b. 如何使这一工作更容易一些？

c. 在工作环境中，如何解决这一问题？

（4）训练要求：

a. 使学员明白单向沟通方式与双向沟通方式可以取得的不同效果。

b. 说明当我们集中所有的注意力去解决一个问题时，可以取得更好的效果。

实训二：沟通过程训练

1. 训练内容

分别与座位左边和右边的同学握手。如果是男生，就看着他，告诉他，"你长得很帅"；如果是女生，就告诉她，"你长得很漂亮"。

2. 训练程序

（1）请全体学员按要求完成与左边和右边的同学的任务。

（2）请每位学员思考：这是一个沟通过程吗？本次活动涉及哪些要素？

实训三：反馈训练

1. 训练内容

（1）场景一：小张没有在约定的时间内提交数据报告，并且在此期间没有任何反馈。

（2）场景二：小张最近整体的工作状态不好。

（3）场景三：小张因为工作失误，导致团队丢失了一个非常重要的客户。

假如你是小张的部门主管，面对这些问题，你怎么反馈？

2. 训练程序

将所有学员分为两人一组的小组，小组内一人为部门主管，另一人为小张，运用本节所介绍的反馈与接受反馈的方法，围绕上述三个场景进行沟通，沟通完成后，互换角色，认真体会沟通过程中反馈的作用和技巧。

实训项目评价

技能点评价表

技能点评价指标	分值	得分
反馈是否明确、具体	10	
反馈是否具有平衡性、积极性	10	
反馈是否在正确的时机	10	
反馈是否集中于可以改变的行为	10	
反馈是否具有判断性	10	
反馈是否考虑接收者的需求	10	
反馈过程是主动反馈还是被动反馈	10	
反馈是否准确，切中要害	10	
反馈是否具有建设性	10	
反馈是否提供实例	10	

使用说明：

按评价指标评价项目技能点成绩,满分 100 分。

课后提升

案例 1

有一个秀才去买柴,他对卖柴的人说:"荷薪者过来!"卖柴的人听不懂"荷薪者"(担柴的人)三个字,但是听得懂"过来"两个字,于是把柴担到秀才前面。秀才问他:"其价如何?"卖柴的人听不太懂这句话,但是听得懂"价"这个字,于是就告诉秀才价钱。秀才接着说:"外实而内虚,烟多而焰少,请损之。"(你的木柴外表是干的,里头却是湿的,燃烧起来,会浓烟多而火焰小,请优惠点吧。)卖柴的人因为听不懂秀才的话,于是担着柴走了。

案例思考题:

请结合本项目知识内容分析本案例。

案例 2

公司质检部经理老吕在质量管理的总体目标、步骤、措施等方面与公司主要领导人有不同看法。老吕认为,质量管理的重要性在公司上下并未得到充分重视。公司领导则认为,他们是十分重视产品质量的,只是老吕的质量控制方案成本太高且效果不好。

最近一段时间,这种矛盾呈现激化现象。一天上午,老吕接到公司周副总经理的电话,通知他去北京参加一个为期 10 天的管理培训班。而老吕则认为自己主持的质量改进计划正在紧要关头,一时脱不开身,公司领导应该是知道这个情况的,他们做出这样的安排显然是不支持甚至是阻挠自己的工作。因此,老吕不仅拒绝了领导的安排,还发了一通脾气。而周副总经理也十分恼火,认为老吕刚愎自用,双方谈话不欢而散。

案例思考题:

你认为本案例沟通失败的最主要原因是什么?

项目二
自学自测

项目三

倾听技巧

学习目标 ●●●

- ◆ 能解释倾听的概念与过程
- ◆ 理解倾听的作用、类型、层次
- ◆ 掌握倾听的原则和方式
- ◆ 了解倾听障碍
- ◆ 能熟练运用倾听艺术

课前自学 ●●●

任务1　认识倾听

看微课

倾听礼仪

一、倾听的定义

国际倾听协会对倾听的定义:倾听是接收口头及非语言信息、确定其含义和对此做出反应的过程。

看看"听"字的繁体写法:聽

(1)一个"耳"字,听自然要用耳朵。

(2)"一""心",表示一心一意,很专心地去听。

(3)"皿"代表眼睛,表示要看着对方。

(4)"耳"字下方还有一个"王"字,表示对方至上,要把说话的人当成"王者"对待。就像我们听父母、领导、老师讲话,远比听朋友讲话要更专注、更尊重。

二、倾听的过程

有效的倾听过程包括六个阶段:

(一)预言

在沟通的相互作用的性质中,倾听起了一定的作用。根据我们对将要与之沟通的人以往的经验,我们会对他(或她)可能做出的反应进行预判。例如,如果你拿一份没有按时完成的作业送给老师,根据以往的经验,你知道她将很不高兴,并且你可能必须接受她的批评。你也知道最好的策略是去听,而不是辩解。

（二）接收信息

在任何一天中，我们都要接收比我们所需要或能处理得更多的信息。包括广告、某人在楼道里的喊叫、老师的讲课、与朋友的交谈等。我们听到了许多这样的信息，但往往会因各种原因出现遗漏。

我们听到声音，如词语和这些词语被说出的方式。但在倾听时，我们需要做出更多的反应。听是一种涉及听觉系统不同部分的生理过程，而倾听是涉及对他人全部反应的更加复杂的知觉过程，包括口头语言以及非语言沟通。

接收信息不只包含听这一种方式，信息有多种形式且来自各种渠道。在我们倾听时，我们的大脑会根据经验剔除掉无关的信息，这使我们进入倾听过程的下一个步骤——把注意力集中在我们认为重要或有趣的内容上。

（三）注意

我们能把注意力集中在某种特定的刺激物上。例如，傍晚在宿舍楼里，你会听到各种声音，包括学生相互之间的叫喊声、音乐声、关门声。然而，当电脑上的音乐播放器播放到你喜欢的歌曲时，你就会变得全神贯注，这些歌曲"消除"了周围的所有其他声音。

把感知集中起来的能力被称为选择性注意，这是相当奇特的。在一项研究中，参加者坐在四个播放不同内容的喇叭中间，并被告知只注意听某一个喇叭中传出来的信息。在各种情况下，听者在分辨会议内容的信息是由哪个喇叭播放方面都显示出几乎完美的表现。

虽然我们能按某种特殊的方式集中注意力，但注意力集中的时间是有限的。很少有人能完全集中注意力超过 20 秒。有时信息的内容使我们想起一些其他的事情，或者我们反对这些内容，或者它使头脑按照完全不熟悉的方式考虑问题。不过，我们能很快地把注意力重新集中在相应的信息上，但要明白，注意力确实很容易分散。

注意力集中的时间是与厌烦紧密相连的。研究者发现，好的倾听者是在抗拒厌烦和在获取信息方面有一些优于常人的技能的人。

（四）赋予含义

当我们决定注意某种信息时，下一个步骤就是为它赋予含义。这包含吸收信息——使它成为我们的知识和经验的组成部分。为了赋予含义，我们必须决定信息中的内容与什么相关和它怎样与我们已经知道的内容相联系。这样，赋予含义的过程基本上是一种选择材料和设法把它与我们的经验相联系的过程。在赋予含义过程中，我们也进行评估。我们根据所拥有的个人经验对说话者所说的内容进行衡量，对说话者的动机进行质疑，想知道遗漏了什么，并对其中观点的确切性进行质疑。像对说话者表达的词语一样，我们对他们的腔调、手势和面部表情也赋予相应的含义。

（五）记忆

记忆也是一个决定什么重要和什么不重要的选择过程。作为学生，没有谁能复述出老师讲课的全部内容，但笔记可以帮助我们记住要点。有些学生把太多的注意力放在记笔记上，企图记下老师所讲的所有内容，而不是记录要点。这样的话，反而可能干扰他们听课，因忙于记笔记而没有注意老师所讲的含义。

（六）评价

评价是在倾听完成后的一种对所发生的事情的"评估"。

完整的倾听过程有六个阶段：预言、接收信息、对它们予以注意、赋予它们含义、记住它们和评价它们。在理想的倾听情境中，人们应该经过所有这些阶段。然而，如果倾听是无效的，那么这个过程可以在上述任何一个阶段上中断。

三、倾听的地位

（一）在沟通行为中所占的比例最大

调查研究发现，沟通的行为中所占比例最大的是倾听，而不是交谈或者说话。我们在沟通中，花费在倾听上的时间，要超出其他的沟通行为。

（二）会听比会说更重要

莎士比亚说："最完美的交谈艺术不仅是一味地说，还要善于倾听他人的内在声音。"沟通学者研究发现，最有影响的沟通事件是谈话。从人际沟通角度看，人际关系是一种相互问询的关系。人际沟通的基本特性，是说话者与听话者沟通关系的完整性。人际沟通必须保持听与说的回应关系，保持心与心的交流。因此，人际沟通不仅需要言说，更需要倾听。

四、倾听的作用与类型

（一）倾听的作用

倾听者会聚精会神，调动知识、经验储备及感情等，使大脑处于紧张状态，接收信号后，立即加以识别、归类、解码，作出相应的反应，表示出理解或疑惑、支持或反对、愉快或难受等。听一番思想活跃、观点新颖、信息量大的谈话，倾听者甚至比谈话者还要疲惫。因为倾听的人总要不断调动自己的分析系统，修正自己的见解，以便于和说话人思维同步。一般而言，倾听有以下主要作用：

1. 倾听是了解对方需要，发现事实真相的最简捷的途径

在双方的沟通过程中，掌握信息是十分重要的。一方不仅要了解对方的目的、意图、打算，还要掌握不断出现的新情况、新问题。因此，对话的双方十分注意收集整理对方的情况，力争了解和掌握更多的信息。但是没有什么方式能比倾听这种方式更直接、更简便地了解对方的信息了。

2. 倾听使人更真实地了解对方的立场、观点、态度和沟通方式

不能否认，谈话者也会利用讲话的机会，向你传递错误的或是对他有利的信息。这就需要倾听者保持清醒的头脑，根据自己所掌握的情况，不断进行分析，确定哪些是正确的信息，哪些是错误的信息，哪些是对方的"烟幕"，进而了解对方的真实意图。

3. 注意倾听是给人留下好印象，改善双方关系的有效方式之一

专注地倾听别人讲话，则表示倾听者对讲话人的看法很重视，能使对方对你产生信赖和好感，使讲话者形成愉快、宽容的心理，变得不那么固执己见，更有利于达成一个双方都能接受的效果。

4. 倾听和谈话一样具有说服力，它常常使人取得意外的收获

有一家美国汽车公司，想要选用一种布料装饰汽车内部，有三家公司提供样品，供

汽车公司选用。公司董事会经过研究后,请他们每一家来公司做最后的说明,然后决定与谁签约。三家厂商中,有一家的代表患有严重的喉头炎,无法流利讲话,只能由汽车公司的对接人员代为说明。对接人员按公司的产品介绍讲了产品的优点、特点,各单位有关人员纷纷提问,对接人员代为解答。而布料公司的代表则以微笑、点头或各种动作来表达谢意,结果,他博得了大家的好感。

会谈结束后,这位不能说话的代表却获得了总金额 160 万美元的订单,这是他从业以来获得的最大的一笔。事后,他总结说:如果他当时没有生病,嗓子还可以说话的话,他很可能得不到这笔订单。因为他过去都是按照自己的一套办法去做生意,并不觉得让对方表示意见比自己口若悬河地说明更有效果。

5. 倾听对方的谈话,还可以了解对方态度的变化

有些时候,对方态度已经有了明显的改变,但是出于某种需要,却没有用语言明确地表达出来,但我们可以根据对方说话的方式和内容来推导其态度的变化。例如,当对话进行得很顺利,双方关系很融洽时,双方都可能在对方的称呼上加以简化,以表示关系的亲密。如李××可以简称为小李,王××可以简称为老王等。但是,如果突然间改变了称呼,一本正经地叫李××同志,或是他的职务,这种改变是关系紧张的信号,预示着对话将出现分歧或困难。

（二）倾听的类型

在人际沟通中,倾听按照不同的标准分为多种类型:

（1）获取信息式倾听。当我们把重要的观点在头脑中进行勾画,并考虑提出问题或对提出的观点进行质疑时,我们就是一个主动的倾听者。即便我们可能什么也没说,但我们在思想上已经与正在说话的人融合在一起了。

（2）批判式倾听。在获取信息的基础上更进一步对所讲的内容进行估量和质疑。

（3）情感移入式倾听。为了获得认同而倾听的最好方式是利用情感移入式倾听,作为听者,你要承认和识别说话者的情感,投入到对方的感情中去,给予对方找到问题解决办法的机会。

（4）享受式倾听。充满乐趣地倾听复杂的信息,以愉悦的心情倾听对方的话语,并尽量将对方的语言解读为积极的态度。

（三）倾听的层次与原则

1. 倾听的层次

有效的倾听是可以通过学习而获得的技巧。认识自己的倾听行为将有助于我们成为一名高效率的倾听者。按照影响倾听效率的行为特征,倾听可以分为四种层次。

一个人从低层次倾听者逐渐成为高层次倾听者的过程,就是其倾听能力、交流效率不断提高的过程。下面是对倾听四个层次的描述:

第一层次——心不在焉地听。

倾听者心不在焉,几乎没有注意说话人所说的话,心里考虑着其他毫无关联的事情,或内心只是一味地想着辩驳。这种倾听者感兴趣的不是听,而是说,他们正迫不及待地想要说话。这种层次上的倾听,往往导致人际关系的破裂,是一种极其危险的倾听方式。

第二层次——被动消极地听。

倾听者被动消极地听说话人所说的字词和内容,常常错过了讲话者通过表情、眼神等体态语言所表达的意思。这种层次上的倾听,常常导致误解、错误的举动,失去真正交流的机会。另外,倾听者经常通过点头示意来表示正在倾听,讲话者会误以为所说的话被完全接受了。

第三层次——主动积极地听。

倾听者主动积极地听对方所说的话,能够专心地注意对方,能够聆听对方的话语内容。这种层次的倾听,常常能够激发对方的思考,但是很难引起对方的共鸣。

第四层次——设身处地地听。

设身处地地倾听,这不是一般的"听",而是用心去"听",这是一个优秀倾听者的典型特征。这种倾听者从讲话者的信息中寻找感兴趣的部分,他们认为这是获取有用信息的契机。这种倾听者不急于作出判断,而是感同身受地体会对方的情感。他们能够设身处地看待事物,总结已经传递的信息,质疑或是权衡所听到的话,有意识地留意非语言线索,发出询问而不是质疑讲话者。他们的宗旨是带着理解和尊重积极主动地倾听。这种感情注入的倾听方式在形成良好人际关系方面起着极其重要的作用。

2. 倾听的原则

在倾听的过程中,我们需要注意倾听的原则:

(1)要有正确的"听"的态度。专心地听对方谈话,态度谦虚,始终用目光注视对方。不要做无关动作如看表、修指甲、打哈欠等。人人都希望自己的讲话能引起别人的注意,否则讲话还有什么用呢?

(2)倾听者要适应讲话者的风格。每个人发送信息的时候,音量和语速是不一样的,我们要尽可能适应他的风格,尽可能接收他更多、更全面、更准确的信息。

(3)倾听不仅仅用耳朵在听,还应该用眼睛去看。耳朵听到的仅仅是一些信息,而眼睛看到的是他传递给你的除语言内容之外的更丰富的思想和情感,因为这些需要更多的肢体语言去传递。所以倾听是耳朵和眼睛共同的工作。

(4)让别人知道你在听。倾听的过程中,偶尔说"是""我了解"或"是这样吗?"以告诉说话的人你在认真倾听。在日本,两个日本人交谈时的答话被称为"aizuchi",这个词由"ai"(一起做事)以及"zuchi"(铁锤)所组成,代表两个日本人讲话时会不时互相交换答话,所以听起来像是两个铸剑师傅在敲打剑刃。

(5)理解对方。听的过程中一定要注意,站在对方的角度去考虑问题,而不是去轻易评论对方。有些人容易犯的错误是,还没有听完对方的话就根据自己的理解打断对方,进行争论。这种粗暴的行为是不礼貌的,极易引起对方反感,造成矛盾。

(6)鼓励对方。在倾听的过程中,看着对方,保持目光交流,并且适当地点头示意,表示认同和鼓励,表现出有倾听的兴趣。

(7)适时引入新话题。人都喜欢他人从头到尾安静地听他说话,而且更喜欢被引出新的话题,以便能借机展示自己的价值。你可以试着在别人说话时,适时地加一句:"你能不能再谈谈对某个问题的意见呢?"

(8)要听出言外之意。一个聪明的倾听者,不能仅仅满足于表层的听知理解,而要从说话者的言语中听出话中之话,从其语情语势、身体的动作中观察到隐含的信息,把握说话者的真实意图。只有这样,才能做到真正的交流、沟通。

思政小课堂

积极的倾听

在一个家庭聚会上,一位客人提问测试主人的孩子:"假如你驾驶飞机载着乘客在空中飞行,突然发现飞机没油了,你怎么办?"

小孩直截了当地说:"我就赶快跳伞,让他们在飞机上等着我,我要第一个跳伞!"许多客人听后都哈哈大笑起来,有的客人还笑得东倒西歪的,就觉得孩子真鬼头,一发生故障他第一个跳伞,先想到自己跳伞自己逃生。

孩子爸爸接着问道:"然后呢?"

小孩说:"我去取汽油,然后回来救他们。"

听到这句话,客人们的笑声戛然而止。他们没想到在孩子单纯、幼稚的举动当中,包含着一颗博爱的心。

任务2　掌握倾听的技巧

一、倾听的态度

要实现积极的倾听,首先就要做到"三心":耐心、专心、虚心。

(一)耐心

就日常生活中的交谈而言,并非所有的话语都包含着重要的信息,并且我们的思维速度是说话速度的四到五倍,因此,如果在谈话中不能保持足够的耐心,我们的思想就会开小差,注意力就无法集中。这种不专注的外在表现,通常是出现心不在焉的下意识动作和神情,如"所答非所问"或者"充耳不闻"等现象。

(二)专心

走神是影响倾听效果的大敌。思想开小差的人心存较多杂念,他们可能想到了某个待做的报告、某个即将到来的期限、某些家庭问题,甚至在"做白日梦"。总而言之,他们不能专心听人的讲话。要尽可能地消除那些来自内部或外部的干扰,必须把注意力完全放在说话者的身上,耐心倾听,才能明白对方说了些什么、没说什么以及对方的话所代表的态度和含义。

(三)虚心

此外,在听别人谈话时,应抱着虚心的态度。有些人对他人抱有错误的成见,如"这个人老是爱贪小便宜"等,这些成见会直接影响自己对他人话语的理解,导致错误的判断,也就不可能有正确的倾听。有些人觉得自己在某一问题上比别人懂得都多,常常中途打断他人的讲话,急于阐述自己的看法和意见,喜欢教育别人。这种"强势推销"和"好为人师"的人当然也不会成为积极的倾听者。

二、倾听的礼仪

在倾听过程中,听话者要尽可能地保持一定的礼仪,这样既显得有涵养、有素质,又表达了对说话者的尊重。通常在倾听过程中需要注意的礼仪如下:

(1) 保持视线接触,不东张西望。

(2) 身体前倾,表情自然。

(3) 耐心听说话者把话讲完。

(4) 不批评对方观点。

(5) 提供建设性的反馈。

(6) 表示对说话者的意见感兴趣。

(7) 情感移入,理解说话者。

(8) 插话时请求对方允许,使用礼貌用语。

三、有效地倾听技巧

(一) 保持第三者的心态

当有人向自己倾诉的时候,调整好自己的心态很重要。我们在日常生活中遇到的倾诉者大多是自己的亲人或朋友,对于对方的事情自己往往特别关心。倾诉者倾诉的大多是不良情绪,而自己又很容易受别人情绪感染,把别人的坏心情变成自己的坏心情,这样不但帮不了对方,反而让自己的心理陷入困境。

因此,在倾听时最好保持第三者的心态,这并不表示对对方漠不关心,而是要以理智的心态帮对方分析和解决问题。当自己一个人面对问题的时候,要及时从事件中跳出来,转移自己的情绪,心理郁积了太多负面情绪时,也应学会向别人倾诉。

(二) 创造良好倾听环境

倾诉者与倾听者之间产生共鸣,才能使倾诉达到调节心理的效果。在倾听时,首先要保持环境的安静,以便让倾诉者的情绪平静下来。尽量不要做其他的事情干扰对方的诉说,如果你一会儿接听手机,一会儿忙些别的事情,心不在焉,对方会很快对你失去信任。相反,自始至终保持心无旁骛的倾听姿态,让对方感受到你的理解与支持,会有助于对方说出自己的问题,然后心平气和地与你商量解决的方法。

还有一点需要注意,无论是要劝解对方,还是出主意,言语要适中,不要激起对方的情绪。因为找人来倾诉,表明他(她)的情绪一定就已经很明显了,你要做的并不是使问题更加激化。比如有人找你诉说自己遇到的不公和委屈,结果你听完后就火冒三丈,甚至比对方还激动,那么就很难帮他(她)化解心结了。

(三) 鼓励对方先开口

倾听别人说话本来就是一种礼貌,愿意听表示我们愿意客观地考虑别人的看法,这会让说话的人觉得尊重他,有助于建立融洽的关系,彼此接纳。

鼓励对方先开口可以降低谈话中的竞争氛围。倾听可以培养开放的气氛,有助于彼此交换意见。说话的人由于不必担心竞争的压力,也可以专心掌握重点,不必忙为自己的话语中的矛盾之处寻找解释。

对方先提出他的看法,你就有机会在表达自己的意见之前,掌握双方意见的一致之处。倾听可以使对方更加愿意接纳你的意见,让你在说话的时候,更容易说服对方。

(四)使用并观察肢体语言

当我们在和人谈话的时候,即使我们还没开口,我们内心的感觉,就已经透过肢体语言清清楚楚地表现出来了。听话者如果态度封闭或冷淡,说话者很自然地就会特别在意自己的一举一动,比较不愿意敞开心胸。从另一方面来说。如果听话的人态度开放、很感兴趣,那就表示他愿意接纳对方,很想了解对方的想法,说话的人就会受到鼓舞。而这些肢体语言包括:自然的微笑,不要交叉双臂,手不要放在脸上,身体稍微前倾,注视对方的眼睛,点头,等等。

(五)非必要时,勿打断他人的谈话

善于听别人说话的人不会因为自己想强调一些细枝末节、想修正对方话语、想突然转变话题或者想说完一句没说完的话,就随便打断对方。经常打断别人说话就表示我们不善于倾听,个性激进、礼貌不周,较难与人沟通。

虽然打断别人说话是一种不礼貌的行为,但如果是"乒乓效应"则是例外。"乒乓效应"是指听人说话的一方要适时地提出许多切中要点的问题或发表一些意见和感想来响应对方的话。还有一旦听漏了一些地方,或者是不懂的时候,要在对方的话暂时告一段落时,迅速地提出疑问之处。

(六)听取关键词

关键词,指的是描绘具体事实的字眼,这些字眼透露出某些讯息,同时也显示出对方的兴趣和情绪。透过关键词,可以判断对方喜欢的话题以及说话者对人的信任程度。

找出对方话中的关键词,也可以帮助我们决定如何响应对方的话语。我们只要在自己提出来的问题或感想中,加入对方所说过的关键内容,对方就可以感觉到你对他的话感兴趣或者关心。

(七)反应式倾听

反应式倾听指的是重述刚刚所听到的话,这是一种很重要的沟通技巧。可以让对方知道我们一直在听他说话,而且也听懂了他所说的话。但是反应式倾听不是像鹦鹉一样,对方说什么你就说什么,而是应该用自己的话,简要地述说对方的重点。比如说"你说你住的房子在海边?我想那里的夕阳一定很美"。反应式倾听的好处主要是让对方觉得自己很重要,听者能够掌握自己的重点,提升双方间的好感度。

(八)读懂各种暗示

很多人都不会直接说出自己真正的想法和感觉,往往会运用一些叙述或疑问进行暗示,来表达自己的内心。但是这种暗示性的说法有碍沟通,因为他们话中的用意和内容往往容易被人所误解,可能会导致双方的失言或引发言语上的冲突。所以一旦遇到暗示性强烈的话或动作,就应该鼓励说话的人再把话说得清楚一点。

(九)暗中回顾,整理出重点,并提出自己的结论

当我们和人谈话的时候,每次回应对方前通常都会有稍许时间,可以在心里回顾一下对方的话,整理出重点所在。我们必须删去无关紧要的细节,把注意力集中在对方想说的重点和主要的想法上,并且在心中熟记这些重点和想法。

暗中回顾并整理出重点,也可以帮助我们继续提出问题。如果我们能指出对方有

些地方话没有说完或者言语不详,说话的人就知道,我们一直都在听他讲话,而且我们也很努力地想完全理解他的话。如果我们不太确定对方讲话的重点或真实想法,就可以利用询问的方式,让他知道我们对谈话的内容比较关注。

（十）接受说话者的观点

如果我们无法接受说话者的观点,那我们可能会错过很多机会,而且无法和对方建立融洽的关系。尊重说话者的观点,可以让对方了解到我们一直在听,而且我们也听懂了他所说的话。若是我们一直无法接受对方的观点,我们就很难和对方彼此接纳,或共同建立融洽的关系。除此之外,接受说话者的观点也能够帮助说话者建立自信,使他更能够接受别人不同的意见。

（十一）充分运用开放性提问

在倾听时,可使用"什么""怎样""为什么"等词语发问,让对方对有关问题、事件做出较为详尽的反应,这就是开放性提问,这样的提问会引出对方对某些问题、思想、情感等的详细说明。但要注意问询的方式、语调,不能太生硬或随意。

（十二）恰当运用封闭性问题

这类提问的特征是以"是不是""对不对""有没有""行不行""要不要"等词语发问,让对方对有关问题作出"是"或"否"的简短回答。使用封闭性的提问,可以收集信息,澄清事实真相,验证结论与推测,缩小讨论范围,适当中止叙述,等等。对方回答这些问题,只需一两个字、词或一个简单的姿势如点头或摇头等,简洁、明确。但过多使用封闭式提问,会使对方处于被动的地位,压抑其自我表达的愿望与积极性,产生沉默和压抑感甚至被审讯的感觉。采用封闭性提问要适度,并且要和开放性提问结合起来。

（十三）有效运用情感反应

情感反应是对对方情绪、情感的反馈。运用情感反应也就是把对方的情感反应进行综合整理后,再反馈给对方,如"你对此感到伤心""这件事让你很不愉快",等等。运用情感反应的最有效方式是针对对方现时而不是过去的情感,如"你现在很痛苦""你此时的心情比较好"。另外,要及时准确地捕捉对方瞬间的情感体验,并及时进行反应,使对方深切体验到被人理解的感觉。

（十四）明确倾听目的,建立信任关系

倾听的目的越明确,就越能掌握它。事先的考虑促使我们积极参与沟通,使记忆更加深刻,感受更加丰富,并与说话者建立良好的信任关系。要知道,在关系紧张的情况下,双方不会相互坦诚地传递信息。

四、学会倾听,走向成功

全神贯注地倾听是不容易做到的,据估计只有 10% 的人能在沟通过程中注意倾听。学会倾听远远比大多数人想象中的要困难,因为根据沟通学者的观点,倾听的能力和读写能力一样,是要通过后天的努力才能够获得的。倾听技能是我们应该学习的有价值的一项技能。

我们总是认为人际场上能说会道的人才是善交际的人,其实,善于倾听的人才是真正会交际的人。会说的人,难免有锋芒毕露的时候,也常有言过其实之嫌,话说多了,会被认为是夸夸其谈,油嘴滑舌,说过分了还导致言多必有失,祸从口出。静心倾听就远没有这些弊病,倒有兼听则明的好处。注意听取别的话,给人的印象是谦虚好学、专心稳重、诚实可靠。认真听,能减少不成熟的评论,避免不必要的误解。善于倾听的人常常会有意想不到的收获;蒲松龄因为虚心听取路人的述说,记下了许多聊斋故事;齐桓公因为细听而善任管仲,刘玄德因为恭听而鼎足天下。

有大量事实证明,人际关系不佳的原因,很多时候不在于你说错了什么,或是应该说什么,而是因为你听得太少,或者不注意听所致。比如,别人的话还没有说完,你就抢口强说,讲出些不着边际的话,别人的话还没有听清,你就迫不及待地发表自己的见解和意见,对方兴致勃勃地与你说话,你却心不在焉,有谁愿意与这样的人在一起交谈?有谁喜欢和这样的人做朋友?一位心理学家曾说:"以同情和理解的心情倾听别人的谈话,我认为这是维系人际关系,保持友谊的最有效的方法。"

可见,说是一门艺术,听更是艺术中的艺术。倾听,是对他人的一种尊重,一份理解,是对友人最宝贵的馈赠。倾听,是智者的宁静,犹如秋日葱茏,深邃的思想于无声中收获。我们不必抱怨自己不善言辞,只要认真倾听,就可以赢得友谊、赢得尊重。

思政小课堂

学会倾听的小猫

小猫长大了。

有一天,猫妈妈把小猫叫来,说:"你已经长大了,三天之后就不能再喝妈妈的奶了,要自己去找东西吃。"

小猫惶惑地问妈妈:"妈妈,那我该吃什么东西呢?"

猫妈妈说:"你要吃什么食物,妈妈一时也说不清楚,就用我们祖先留下的方法吧!这几天夜里,你躲在人们的屋顶上、梁柱间、陶罐边,仔细倾听人们的谈话,他们自然会教你的。"

第一天晚上,小猫躲在梁柱间,听到一个大人对小孩子说:"小宝,把鱼放在冰箱里,小猫最爱吃鱼了。"

第二天晚上,小猫躲在陶罐边,听见一个女人对男人说:"老公,帮我一下忙,把香肠和腊肉挂在梁上,把小鸡关好,别让小猫偷吃了。"

第三天晚上,小猫躲在屋顶上,从窗户看到一个妇人教训自己的孩子:"奶酪、肉松、鱼干吃剩了,也不会收好,小猫的鼻子很灵,明天你就没得吃了。"

就这样,小猫每天都很开心,它回家告诉猫妈妈:"妈妈,果然像您说的一样,只要我保持倾听,人们每天都会教我该吃些什么。"

靠着听别人谈话,学习生活的技能,小猫终于成长为一只身手敏捷、肌肉强健的大猫。它后来有了孩子,也是这样教导它们:"仔细倾听人们的谈话,他们自然会教你的。"

课中实训　··

实训一：倾 听 练 习

在保罗·瓦茨拉维克的沟通理论中，谈话有三个层面：事务层面、关系层面（或情感层面）和行动层面。

做积极倾听练习。规则是，按照上述三个层面，第一个人说出一句自己的感受，第二个人在事务层面理解对方，第三个人在情绪层面理解对方，第四个人在行动层面作出回应。然后第五个人再说一种心情，由第六个人来接。

比如，A 说："我今天早上睡过了头，要迟到了。"

B 接："你今天早上不能准时去上班。"

C 接："你对于自己睡过了头这件事感到紧张。"

D 接："要不要我帮你向上司解释一下这件事？"

说出自己感受的人可以回来反馈，说说自己被这样回应的心情。

实训二：倾听接力游戏

学员以组为单位，进行传话游戏，第一个人说一句话，然后第二个人将话转述给下一个人，以此类推，直至传到最后一个人，看他说出来那句话是否和第一个人说的话一致。

相关讨论：这个游戏给我们什么启示？

实训三：荒 岛 逃 生

参与人数：6 人

时间：30 min

场地：教室

游戏规则和程序：

1. 选出 6 名学员参加这个游戏。其他人当作评委，由评委决定谁可以逃生。这 6 个人的角色分别是：

（1）孕妇：怀胎八月。

（2）发明家：正在研究新能源（可再生、无污染）汽车。

（3）医学家：多年研究艾滋病的治疗方案，已取得突破性进展。

（4）宇航员：即将远征火星，寻找适合人类居住的新星球。

（5）生态学家：负责热带雨林抢救工作。

（6）流浪汉：历经人生艰辛，生存能力较强。

2. 教师介绍故事背景，帮助大家了解任务

游戏背景：私人飞机坠落在荒岛上，只有 6 人存活。这时逃生工具只有一个只能容纳一人的橡皮气球吊篮，没有水和食物。

3. 教师介绍游戏方法

针对由谁乘坐气球先行离岛的问题,各自陈诉理由。每人复述前一人的理由再申述自己的理由。根据复述别人逃生理由的完整性与陈述自身理由的充分性,共同决定可先行离岛的人。

4. 作用决定并评价

大家决定谁可以先行离岛,并对每个人的表现作出评价。

相关讨论:

(1) 这个游戏的启示是什么?

(2) 你是怎样根据你所扮演的角色劝服评委让你先走的?

(3) 如果说服不了别人,你的感觉如何?分析过原因吗?

实训项目评价

技能点评价表

	技能点评价指标	分值	得分
实训一	倾听的层次,倾听的重要性,有效倾听的艺术。	30	
实训二	有效倾听的技巧。	30	
实训三	倾听的重要性;团队合作的重要性。	40	

使用说明:

按评价指标评价项目技能点成绩,满分100分。

课后提升

案例 1

一个在飞机上遭遇惊险却大难不死的美国人回家反而自杀了,原因何在?

那是一个圣诞节,一个美国男人为了和家人团聚,兴冲冲从异地乘飞机回家,一路上幻想着团聚的喜悦情景。然而这架飞机在空中遭遇猛烈的暴风雨,飞机偏离航线,上下左右颠簸,随时有坠毁的可能,空姐也流露出紧张的神色,吩咐乘客写好遗嘱放进特制口袋。这时,飞机上所有人都在祈祷,幸运的是,飞机在驾驶员的冷静驾驶下最终平安着陆,于是大家都松了口气。

这个男人回到家后异常兴奋,不停地向妻子描述在飞机上遇到的险情,并且满屋子转着、叫着、喊着……然而,他的妻子正和孩子兴致勃勃分享着节日的愉悦,对他经历的惊险没有丝毫兴趣,男人叫喊了一阵,却发现没有人听他倾诉,他死里逃生的巨大喜悦与被冷落的心情形成强烈的反差,在他妻子去准备蛋糕的时候,这个男人却爬到阁楼上,用上吊的方式结束了从险情中捡回的宝贵生命。

案例思考题：

这个故事给我们什么启示？

案例 2

从前，有个国王，他想试探一下邻国的国王和人民是否聪明、有辨别力。于是他派人送了三个黄金塑造的人像到邻国去。这三个塑像不但外表一模一样，连重量也完全相同。他想让邻国的国王判定哪一个金像更有价值。

邻国的国王召集了他所有的大臣，大家左看右看，怎么也看不出这三个金像有什么不同。甚至这个国家最聪明的人也说不出所以然来，全国的人都来观看，可谁也分辨不出。正当大家都感到绝望的时候，一位青年托人带出口信来，说如果让他看一看金像，就能分辨出他们的价值。于是这个青年被带进宫中，国王将三个金像交给他。他仔仔细细地看了又看，最后，他发现每个金像的耳朵上都有一个小孔。于是他要了一根极细的银丝，从金像的耳朵里穿进去。他发现，第一个金像，银丝从嘴里钻了出来；第二个金像，银丝从另一边耳朵钻出；第三个金像，银丝则是从肚脐钻出来。这位青年人思考了一会儿，对国王说了这样一段话：

"尊贵的陛下，我认为要解开我们眼前这个谜，就像打开一本书。就像每个人都与其他人不一样，每个金像也都不一样。这第一个金像提醒我们，有一种人，他听到点什么事，一眨眼的工夫就从嘴里说了出去；第二个金像，就像另一种人，他从这个耳朵听到了什么，马上就从那个耳朵溜出去了；而这第三个金像，他很像一位能够把听到的事记在心上的人。陛下，您现在可以判断哪一个金像最有价值了吧？您愿意哪一种人做您最亲密的朋友呢？是一个嘴上存不住半句话的人？是一个把您的话当耳旁风的人？还是一个把您的话牢记在心的可信赖的人呢？

案例思考题：

这个故事带给我们什么启示？

项目三

自学自测

学习目标

- ◆ 掌握职场中与领导的沟通艺术
- ◆ 掌握职场中与同事的沟通艺术
- ◆ 掌握职场中与下属的沟通艺术
- ◆ 了解有效沟通的 4 个法则和"6C"原则

课前自学

▶ 看微课

职场沟通

任务 1　职　场　沟　通

一、职场中与领导的沟通艺术

身在职场,避免不了与自己的领导交流,这就会体现你的沟通能力和应变能力。那么,与领导进行沟通时怎样说话才表现得得体大方呢?

(一)不卑不亢与领导相处

首先要做到有礼貌、谦卑,这绝不是要让你"低三下四"。因为大部分的领导对于没有主见的人,通常是不会重视的。所以,要保持自己独立的特性,还要拥有不卑不亢的态度。在某些重要的场合,要学会说出自己的观点。

(二)主动与领导交流

作为下属,要积极地与领导交流,慢慢地消除与领导之间的隔阂,与领导相处融洽。这与巴结领导不同,在工作时的交谈和打招呼是不可避免的,这样可以消除对领导的恐惧感,促进人际关系的和谐。

(三)尽快适应领导的语言习惯

要了解到领导的性格、爱好、语言习惯等,人与人之间的性格不同,如有的人性格直爽、干脆,有的人沉默少言,还有的人有一种统治欲和控制欲,遇见统治欲和控制欲强的领导,最好避免与之发生冲突。

(四)选择适当的时机与领导交谈

领导每天的工作量也很大,有事需要与领导沟通时,根据自己的工作的重要程度,选择一个合适的时间与领导进行交流。如果你不了解领导什么时候有时间,可以提前给领导留言,提前约定好时间。

(五) 交谈的内容要提前做好准备

在进行谈话的时候,要尽量把自己的话简明扼要地向领导汇报。如果有问题要请示的,最好准备 2 个以上的可选方案,并向上级分析各个方案之间的优缺点,便于领导作出决断。所以,一定要提前做好准备,弄明白每个细节,以便随时回答领导的提问。得到回复后,要及时地将方案整理出来,再交给领导审阅,避免领导突然改变了主意,造成不必要的麻烦。

(六) 与领导沟通的技巧

1. 领导布置任务时,一定要用自己的话再复述确认一遍

举个例子,假如小林是音乐学院的新任职的助教,他的领导——系主任现在给他布置了一个接待外宾的任务:"小林啊,下周有五位外国音乐家来学校交流,就由你来负责一下接待的事情吧。"

这时,如果小林回复:"好的主任,我知道了",是远远不够的。还需要用自己的话,把接下来需要做的事项列出来,向领导原原本本地复述确认一遍。

所以他应该这样回复:"老师,我现在需要做的事情是:第一,预订一辆可乘坐 5 人的汽车;第二,预订三间宾馆客房;第三,去饭店预订一间明天中午 12 点的房间;第四,交代宣传部做海报。是这样对吗?"

这时候只见领导缓缓发来四条新消息:

"小林啊,订车的时候注意保留发票啊;

小林啊,订宾馆的时候注意都要带窗户的房间;

对了小林啊,做海报的时候用上我给你发的那两张照片啊,那是外宾专门交代的……"

很少有领导会在布置工作的时候给下属交代特别具体的细节,"这么简单的事儿,还用我说?"——很多领导都会这样想。

但是,有些细节的事,还真得要领导说!那如果他们不说怎么办?那就需要主动提问。把你能想到的所有细节都列出来,反复确认,直到没有遗漏。

当然请教也要分时机,如果领导此时有事在身,那就等他忙完了再找时机请教。

2. 只帮助领导搜集信息,不私自作决定

接下来小林需要订车,订宾馆,订饭店,做海报。

例如查到三家租车公司,了解他们分别能提供什么车,什么价位,能否开发票,然后整理成文字图片信息全部发给领导,让领导决定订哪家的车。宾馆、饭店亦如此,海报同理。

要永远记住一条:领导是决策者,我们是执行者,我们负责收集信息,整理信息,以及执行领导的决定。

永远不要替领导作决定,这是一条红线,不能越界。

3. 当出现第二位领导发出命令时,马上向第一位领导如实汇报。

当小林正准备给租车公司打电话下订单的时候,国际交流处的处长正好路过:"咦?小林啊?你在帮谁订车?……你们系主任?不用订了,我们国际交流处可以派车去接外宾,你别订了。"

这时候,如果小林迷迷糊糊听了处长的话,就不订车了,是非常严重的错误。他应该马上报告最初的领导,即系主任,为什么要这么做呢?

因为,职场中第一条黄金定律就是:永远只对你的直属上司负责,不对第二个人负责。在接待外宾的事件中,小林的直属上司就是最初的领导——系主任,所以小林从头到尾都只对系主任负责。

不管第二个出现的领导官位多大,也不论他发布的命令是否出于好心,只要他对我们发出指令,我们就必须要马上报告直属上司,让直属上司来做判断,做决定。

4. 提前预估工作量,向领导申请人员协助

其实,有时候领导在给我们布置工作的时候,他们并不知道实际的工作量大小,他们很可能会给我们布置过多的工作量。所以,我们要学会提前预估工作量,学会向领导索取帮助。

"小林,这次接待外宾的事,就由你来负责了啊。"

"好的老师。不过,接待外宾的工作量很大,我需要帮助,您可否给我安排几个人?"

大部分领导都会同意这样的请求。对于领导来说,通知几个下属,打几个电话,是非常容易的事情。

不过使用这一条的时候,要特别注意一点:千万不要私自去指使别人,这是职场大忌。

私自指使别人,就是不尊重别人的领导。所以,当我们需要人员帮助的时候,一定要向自己的领导提出申请,由领导来决定如何调配委派人员。

总之,下属与领导沟通,要讲究方法、运用技巧。与领导进行有效沟通,保持良好上下级关系,不是人格扭曲,不是阿谀奉承,也不是人际交往的异化流俗,而是为人处世的一门学问!

二、职场中与同事的沟通艺术

想在职场获得发展和成功,领导的支持非常重要,同时有良好的群众基础也很重要。

(一) 容忍差异

每个人的背景、经历、学历、年龄、性格的不同,决定了每个人的行事风格是不同的。要接纳每个人的个体差异。在要求别人为你做什么的时候,首先要考虑自己能为公司,能为其他同事做什么。

（二）克服傲慢

不要希望其他同事都能成为你所从事的领域的专家,更不要因此而轻视他们。

（三）树立内部服务观念（树立团队意识）

你的内部顾客对你是否满意会通过各种方式传达给你的外部顾客。每个人如同汽车里的零部件,只有彼此相互配合,汽车才能跑得又快又稳。

（四）了解对方需要你做什么

告诉对方你的需求,也了解对方需要你做什么,尽量使用双方都能够理解的"语言"。

（五）如何与同事沟通

1. 尊重是同事间沟通的前提

（1）多倾听对方意见,尊重对方

"你希望别人怎样对待你,你就应该怎样对待别人。"这句话被大多数商务人士视为工作中待人接物的"黄金准则"。每个人都渴望被重视、被尊重。真正有远见的人明白,要获得同事的信赖和合作,不仅要在日常交往中为自己积累最大限度的"人缘",同时也要给对方留有回旋余地。给对方留足"面子",其实也就是给自己挣"面子"。言谈中少用一些"绝对肯定"等感情色彩强烈的词,多用一些"可能""也许""我试试看"等感情色彩不强、褒贬意义不太明确的中性词,以使自己"伸缩自如"。如果你伤害了对方,让对方对你产生忌恨,那么更谈不上与你有好的沟通了。

（2）尊重对方劳动

以平等的姿态与人沟通,相信他的劳动是有价值的。同时也要相信别人获得的成绩是通过劳动获得的,不要眼红,更不可无端猜忌,应该在对成绩表示祝贺的时候,试着向人家靠近,学习人家成功的经验,这样才能提高自己。

（3）自觉保守同事的秘密

帮助同事保守秘密,才能获得同事的信任。

2. 与同事沟通的技巧

（1）要有协作意识。

你想要得到别人的支持,首先你要给对方提供支持协作,然后再要求别人配合。

（2）善用微笑和幽默。

（3）与同事分享快乐,情绪是可以传染的。

（4）主动让利。在我们的工作过程中,很多人都站在自己的角度,为自己争取利益。工作中斤斤计较,喜欢占小便宜的,这样的人定会被他人讨厌。在工作中应体现大度,这样当你需要别人的信任和帮助时,别人才会不遗余力地支持你。

（5）聪明应对异议和分歧,融洽相处。同事之间容易产生利益竞争关系。如果对一些小竞争不能正确对待,就容易形成隔阂。

a. 以大局为重,多补台少拆台。在合作过程中,有了成绩,不要把功绩包揽给自己。合作中出现失误和差错,要勇于负起责任,体现担当。要形成以集体利益为重的观念,多补台少拆台。

b. 对待分歧,应求大同存小异。同事之间由于经历、立场等方面的差异,对同一个问题,往往会产生不同的看法,引起一些争论,一不小心就容易伤和气。因此,与同事有意见分歧时,不要过分争论,否则容易激化矛盾而影响团结。

如果涉及原则问题,当然不能"以和为贵"。面对原则问题,要努力寻找双方的共同点,争取求大同存小异。实在不能一致时,不妨冷处理,表明"我不能接受你们的观点,我保留我的意见",让争论淡化,又不失自己的立场。

c.对待升迁、功利,要保持平常心。许多同事平时待人一团和气,然而遇到利益之争,就当"利"不让;或在背后互相谗言,说风凉话。这样既不光明正大,又于己于人都不利,对待升迁、功利等要时刻保持一颗平常心。

(6)与同事交往时,保持适当距离。如果某几个人交往过于频繁,容易形成表面上的小圈子,容易让别的同事产生猜疑心理,让人产生"是不是他们又在谈论别人是非"的想法。

(7)发生矛盾时,要宽容忍让,学会主动道歉。同事之间经常会出现一些磕磕碰碰,如果不及时妥善处理,就会形成大矛盾。俗话讲,冤家宜解不宜结。在与同事发生矛盾时,要主动忍让,从自身找原因,换位为他人多想想,避免矛盾激化。如果确实是自己做得不对,要学会主动道歉,化解矛盾。

(8)虚心向老同志学习。有的年轻人就觉得自己能力强,看不起老同志。事实上往往老同志在岗位上工作了许多年,知道这个工作哪些环节容易出问题,以及怎么应对。这些经验都是宝贵的,值得我们年轻人学习。

三、与下属沟通的艺术

(一)"伟大来源于对待小人物上"

领导与下属人格上是平等的。有句话说得很对:"伟大来源于对待小人物上"。尊重你的下属,实际上所获得的是不断增进的威望。

(二)多激励,少斥责

每个人的内心都有自己渴望获得的"评价",希望别人能了解,并给予肯定和赞美。身为领导者,应适时地给予下属鼓励、慰勉,认可褒扬下属的某些能力。例如下属不能愉快地接受某项工作任务之时,领导会说"当然我知道你很忙,抽不开身,但这事我对其他人没有把握,思前想后,觉得你才是最佳人选。"对于下属工作中出现的不足或者是失误,特别要注意,不要直言训斥,要同下属共同分析失误的根本原因,找出改进的方法和措施,并鼓励其一定会做得很好。斥责会使下属产生逆反心理,而且很难平复,会对以后的工作带来隐患。

积极的激励和消极的斥责,对于下属的影响会是两种不同的结果,更重要的是心理上的影响,这是最根本的东西。

(三)尽量站在下属的角度考虑问题

俗话说,设身处地,将心比心,人同此心,心同此理。作为领导,在处理许多问题时,都要换位思考。比如在说服下属效果不理想时,往往并不是没把道理讲清楚,而是由于领导者没有站在对方的角度考虑问题。如果换个位置,领导者放下架子,站在下属的位置上"瞻前顾后",同时,又把下属放在领导的位置上陈说苦衷,抓住了下属的关注点,这样沟通就容易成功。

（四）领导应该是下属真正的朋友

领导的说服工作，在很大程度上，可以说是情感的征服。只有善于运用情感技巧，以情感人，才能打动人心。感情是沟通的桥梁，要想说服别人，必须架起这座桥梁，才能到达对方的心理堡垒，征服别人。领导与下属谈话时，要使对方感到领导不抱有任何个人目的，没有丝毫的私心，而是真心实意地帮助自己，为下属的切身利益着想。这样沟通双方的心就接近多了。

情感是交往的纽带，领导如能很好地运用。和下属交朋友，就会使下属成为自己的得力助手和完成群体目标的主要力量。

（五）尽量语言幽默，轻松诙谐

领导与下属谈话，营造一个和谐的交谈氛围很重要，领导和下属谈话时，可以适当点缀些笑话、歇后语，从而取得良好的效果。只要语言使用得当，就能把抽象的道理讲得明白，也会产生一种吸引力，使下属愿意和领导交流。

领导的语言艺术，对于下属来说，既是一种享受，又是一种激励，可以拉近上下级间关系的距离。

任务 2　有效沟通的 4 个法则

有效沟通，就是将信息通过听、说、读、写等思维的外在表现形式，用演讲、会见、对话、讨论、信件等途径，准确、恰当地表达出来，以促使对方接受。

达成有效沟通须具备两个必要条件：首先，信息发送者清晰地表达信息的内涵，以便信息接受者能准确理解；其次，信息发送者重视信息接受者的反应，并根据其反应及时修正传递的信息，免除不必要的误解，两者缺一不可。

实施有效沟通有 4 个法则：

看微课

沟通的障碍及克服策略

一、沟通是一种感知

沟通只有在有接受者时才会发生，与他人说话时，必须依据对方的经验。接受者的认知取决于他的教育背景、经历以及他的情绪等。如果沟通者没有意识到这些问题的话，他的沟通将是无效的。另外，晦涩的语句就意味着杂乱的思路，所以，需要修正的不是语句，而是语句背后想要表达的看法。

有效的沟通取决于接受者如何去理解。例如经理告诉其助手："请尽快处理这件事，好吗？"助手会根据经理的语气、表达方式和身体语言来判断，这究竟是命令还是请求。

所以，无论使用什么样的沟通渠道，沟通的第一个问题必须是："这一信息是否是在接受者的接受范围之内？他能否顺利接收？会如何理解？"

二、沟通是一种期望

对管理者来说，在进行沟通之前，了解接受者的具体期待尤为重要。只有这样，我们才可以知道是否能利用他的期望来进行沟通，或者是需要用"孤独感的震撼"与"唤醒"来突破接受者的期望，并迫使他领悟到意料之外的事已经发生。因为我们所察觉到的大都是我们期望察觉到的东西,我们的心智模式会使我们强烈抗拒任何不符合"期望"的企图,出乎意料的事通常是不会被接受的。

例如,一位经理安排一名主管去管理一个生产车间,但主管认为,管理该车间这样混乱的部门是件费力不讨好的事。经理于是开始了解主管的期望,如果这位主管是一位积极进取的年轻人,经理就应该告诉他,管理该车间更能锻炼和体现他的能力,今后还可能会得到晋升;如果主管只是"得过且过",经理就可告诉他,由于公司精简人员,他必须去车间,否则只能离开公司。

三、沟通产生要求

一个人一般不会做不必要的沟通。沟通永远是一种"宣传",都是为了达到某种目的,例如发号施令、指导、斥责或款待。沟通总是会产生要求,如要求接受者要成为某人、完成某事、相信某种理念,也经常因此诉诸激励。换言之,如果沟通能够符合接受者的渴望、价值与目的的话,就具有说服力,这时沟通会改变一个人的价值与渴望。假如沟通违背了接受者的渴望、价值与动机时,可能一点也不会被接受,甚至是受到抗拒。

四、单纯的信息不是沟通

单纯的信息不涉及人与人间的关系,只经过组织的、带有目的的信息才具有沟通的作用。

任务3 有效沟通的"6C"原则

为了更有效地进行沟通,在沟通过程中,必须遵循包括清晰、简明、准确、完整、有建设性和礼貌在内的"6C"原则:

(1)清晰(clear)。清晰是指表达的信息结构完整、顺序清楚。

(2)简明(concise)。简明是指表达同样多的信息要尽可能占用较少的信息载体容量,这样做既可以降低信息保存、传输和管理的成本,也可以提高信息使用者处理和阅读信息的效率。

(3)准确(correct)。准确是衡量信息质量的最重要的指标,也是决定沟通结果的重要指标。不同的信息往往会导致不同的结论和沟通结果。准确包括多个层面,首先是信息发出者头脑中的信息要准确,其次是信息的表达方式要准确,特别是不能出现重大的歧义。

(4)完整(complete)。完整也是对信息质量和沟通结果有重要影响的一个因素,我们大家都非常熟悉的"盲人摸象"的故事,讲得就是片面的信息导致判断错误的生动例子。

(5)有建设性(constructive)。有建设性实际上是对沟通的目的性的强调。沟通的目的是促进沟通双方的信息传播,因此,沟通中不仅要使表达的信息要清晰、简明、准确、完整,还要考虑信息接受方的态度的接受程度,力求通过沟通使对方的态度有所改变。

(6)礼貌(courteous)。礼貌的语言、姿态和表情能够在沟通中给予对方良好的第一印象,甚至可以产生移情作用,有利于沟通目标的实现。相反,不礼貌的语言和举止会使沟通无法进行下去,更不要说达到沟通的目标。

以上 6 个词汇在英文中都是以字母"C"开始的,因此可以简称为有效沟通的"6C"原则。

课中实训

实训一:自 我 测 试

回答下列问题,并根据评分标准进行自我评价。

自我沟通技能诊断

测试题:

1. 我经常与他人交流以获取关于自己优缺点的信息,以促使自己提高。
2. 当别人给我提反面意见时,我不会感到生气或沮丧。
3. 我非常乐意向他人开放自我,与他人共享我的感受。
4. 我很清楚自己在收集信息和作决定时的个人风格。
5. 在与他人建立人际关系时,我很清楚自己的人际需要。
6. 在处理不明确或不确定的问题时,我有较好的直觉。
7. 我有一套指导和约束自己行为的个人准则和原则。
8. 无论遇到好事还是坏事,我总能很好地对这些事负责。
9. 在没有弄清楚原因之前,我极少会感到生气、沮丧或是焦虑。
10. 我清楚自己与他人交往时最可能出现的冲突和摩擦的原因。
11. 我至少有一个以上能够与我共享信息、分享情感的亲密朋友。
12. 只有当我自己认为做某件事有价值时,我才会要求别人这样去做。
13. 我在做决定前会较全面地分析做这件事可能给自己和他人带来的结果。
14. 我坚持每周有一个只属于自己的时间和空间去思考问题。
15. 我定期或不定期地与知心朋友交流一些问题的看法。
16. 在每次沟通时,我总是听主要的看法和事实。
17. 我总是把注意力集中在主题上并领悟讲话者所表达的思想。
18. 在听的同时,我努力深入地思考讲话者所说内容的逻辑。
19. 即使我认为所听到的内容有错误,仍能克制自己继续听下去。
20. 当我在评论、回答或不同意他人观点之前,总是尽量做到用心思考。

评价标准:

非常不同意/非常不符合(1分)	不同意/不符合(2分)
比较不同意/比较不符合（3分）	比较同意/比较符合(4分)
同意/符合（5分）	非常同意/非常符合(6分)

自我评价：

将你的得分与三个标准进行比较：

（1）比较你的得分与最大可能得分（120）。

（2）比较你的得分与班里其他同学的得分。

100 分或更高：具有优秀的沟通技能；

92 分～99 分：具有良好的自我沟通技能；

85 分～91 分：自我沟通技能较好，但有较多地方需要提高；

84 分或更少：需要严格地训练自己以提升沟通技能。

实训二：测评你的沟通技巧

回答下列问题，测评你的沟通技巧。选择与你的经历最相近的答案选项，请尽量如实作答。最后把得分汇总，参考"分析"，评定你的沟通技巧。根据自己的回答找出你在哪些方面仍然需要改进。

选项：1. 从不　　2. 有时　　3. 经常　　4. 总是

选"1"得 1 分，选"2"得 2 分，选"3"得 3 分，选"4"得 4 分。

1. 我适时地把适当的信息传递给合适的人。		1　2　3　4
2. 在决定该如何沟通前，我认真思考信息内容。		1　2　3　4
3. 我表现出自信，讲话是信心十足。		1　2　3　4
4. 我希望对方就我的沟通提供反馈。		1　2　3　4
5. 我注意聆听并在回答前检查我的理解是否正确。		1　2　3　4
6. 评价他人时，我努力排除各种个人成见。		1　2　3　4
7. 会见他人时，我态度积极、礼貌周到。		1　2　3　4
8. 我及时向他人提供他们需要与想要的信息。		1　2　3　4
9. 我利用单独会见的时机检查团队成员的表现并辅导他们。		1　2　3　4
10. 我通过提问了解他人的想法以及他们的工作进展。		1　2　3　4
11. 我分发书面指示以提供关于某一任务的所有相关信息。		1　2　3　4
12. 我运用专业的电话技巧改进沟通。		1　2　3　4
13. 我通过所有可以利用的电子媒介进行沟通。		1　2　3　4
14. 我把写文章的规则应用到外部与内部沟通中去。		1　2　3　4
15. 会见、调查或作会议记录时，我使用有效的记录方法。		1　2　3　4
16. 写重要信件或文件时，在定稿前，我常征求可信赖的批评者的意见。		1　2　3　4
17. 我运用快速阅读技巧来提高工作效率。		1　2　3　4
18. 做演讲前，我认真准备并多次试讲，演讲取得了成功。		1　2　3　4
19. 进行内部培训时我发挥着明显的积极作用。		1　2　3　4
20. 我安排的大型会议已达到了专业水平。		1　2　3　4
21. 我用软性和硬性推销技巧说服他人接受我的观点。		1　2　3　4
22. 谈判前我已经对问题进行了深入研究，并熟知对方的需要。		1　2　3　4
23. 我写的报告结构合理，内容准确、简明、清晰。		1　2　3　4

24. 提出提议前我往往进行彻底的调查。	1　2　3　4
25. 我努力了解有关听众对组织的看法。	1　2　3　4
26. 我认真考虑技巧娴熟的顾问如何帮助我解决公关问题。	1　2　3　4
27. 我与记者及其他媒体工作人员进行有益的接触。	1　2　3　4
28. 我确保由合格的专业人员来完成设计之类的专门工作。	1　2　3　4
29. 我交给广告代理商的书面指示是以明确的商业目标为基础的。	1　2　3　4
30. 我把定期与团队成员沟通看作重要工作。	1　2　3　4
31. 我积极接收并回应来自团队成员和他人的反馈。	1　2　3　4
32. 我确定了沟通目标，并且不允许任何行为阻碍这一目标的实现。	1　2　3　4

　　分析：现在你已经做完自我测评题目，请把各题得分加起来，然后通过阅读相应评语，检查你的表现。无论你在沟通方面已经取得了多么大的成功，一定要记住：永远有改进的余地。检查一下你在哪一方面做得最差，然后参看本书中的有关章节，找到实用的建议和提示以改进沟通技巧。

32~64：你不能有效地沟通。要倾听反馈，努力吸取教训。

65~95：你在沟通方面表现一般。要针对弱点，努力提高。

96~128：你能极好地沟通。但要记住：沟通多多益善。

课后提升

案例 1

不会沟通，从同事到冤家

　　小贾是公司销售部的一名员工，为人比较随和，很少与人发生争执，和同事的关系处得都比较好。但是，前一段时间，不知道为什么，同一部门的小李总是处处和他过不去，有时候还故意在别人面前指桑骂槐，甚至还抢了小贾的好几个老客户。

　　起初，小贾觉得都是同事，没什么大不了的，忍一忍就算了。但是，看到小李如此嚣张，小贾一赌气，告到了经理那儿。经理把小李批评了一通，从此，小贾和小李成了绝对冤家。

案例思考题：

　　请对本案例进行点评。

案例 2

同样的事物，不同的理解

　　前些日子出差，我在客户的公司门口看到一家宠物店，店中有一条小狗。经过一番讨价还价，我买下小狗并带回家。

　　晚上给二姐打电话，告诉她我买了一条博美犬，她非常高兴，马上询问它是什么颜色，多大了，是否可爱。

　　晚上，大姐打电话来询问我最近的情况，小狗在我接电话的时候叫起来，大姐在电话里一听到有狗在叫，就问狗是否很脏，咬人不，有没有打预防针……

　　同样一条狗，不同的人反应的确差别很大。二姐从小就喜欢狗，所以一听到狗，在她的脑海中肯定会描绘出一幅一条可爱小狗的影像。而大姐的反应却是关心狗是否会给我们带来什么麻烦，在脑海中也会浮现出一副"凶恶的狗"的影像。

案例思考题：

　　这个案例说明了什么？

项目四
自学自测

项目五

书面沟通

▶ 看微课

书面沟通

学习目标 ●●●

◆ 了解书面沟通流程和重要性
◆ 掌握不同文本的写作要求
◆ 熟悉各种商务文书的常规结构格式
◆ 掌握如何恰当地选择写作文本以及写作要点

课前自学 ●●●

任务 1　日常业务函电

日常业务函电,就是指采用信函、报告、电子邮件、通知等书面形式进行的信息传递和交流。分为商务信函、介绍信与证明信、电子信函等。

一、商务信函

书信是日常生活中常用的文体,是用以交涉事宜、传达信息、交流思想、联络感情、增进了解的重要工具。书信一般可分为商务信函(或公函)和私人信函两大类。本书仅介绍商务信函的相关知识。以下用一些日常往来常用商务信函来说明。

(一)商务信函的特点与要求

1.商务信函的特点

内容比较单一,结构相对简单,语言表达简练。

2.商务信函的要求

结构完整而简洁,内容准确而无误,语气友好而诚恳,礼节规范而自然,格式讲究而规范。

例文:

感　谢　信

亲爱的玛琳女士:

我和我的家人对您赠送给我们的刺绣图表示感谢。这幅图是那样的精巧、美丽,我已把它挂在我书房的墙上。每当我看到它,都会回想起在上海到贵公司做短暂访问时的情形,令人难以忘怀。

我期待着我们两家公司就合资项目进行进一步洽谈,我相信这一项目将对双方有利。希望能再次见到您。

您的朋友:×××
××××年×月×日

（二）商务信函的基本结构

一封比较规范、完整的商务信函一般包括:信头、存档号码、收信人地址、主题行或标题、称谓、正文、结束语、落款、时间九个部分。

1. 标题（事由）

标题位置在信函首页上方,居中书写。标题要概括出函件的主旨、中心,使收件人通过标题一目了然地明白信函的主要内容。如"关于贵司所购复印机货款的函""介绍有关保险情况的函"等。

2. 称谓

称谓是对收信人或收信公司的称呼。其书写位置在标题之下、正文之上,单独占行、顶格书写,称呼后用冒号。商务信函一般在称呼之后直接进入正文,不必像私函那样客套寒暄。

商务信函比较重视称谓。若收信方是公司或公司的某个部门,都应写全称;若收信方是个人,要在公司名称和对方名字后加职务,以示尊重。如"××有限公司×××总经理""×××董事长"等。如果不知对方职位或职务,可选"先生""女士""小姐"等称呼。

3. 正文

信函的正文是书信的核心,叙述商业业务往来联系的实质问题,通常包括:

（1）发函的事由。如果是初次发函,可先作自我介绍,使对方对本公司业务或产品有个概要的了解;如果是复函,可先引述来文日期、来文事由,表明复函的针对性。比如"贵方3月28日查询我司产品价格的来函已收悉"。

（2）发函的事项。要清楚发函的目的,然后或介绍具体情况,或告知有关事项,或提出解决问题的方法。若事项内容较多,可分条列项,以使层次清楚。

（3）对对方的希望或要求。在发函的事项交代完毕后,结尾往往用简单的一两句话,写明希望尽快得到对方的答复。比如"特此函达,候复""望来函告知"等。同时写表示祝愿或致敬的话,如"此致敬礼""敬祝健康"等。祝语一般分为两行书写,"此致""敬祝"可紧随正文,也可和正文空开。"敬礼""健康"则转行顶格书写。

（4）落款包括发函公司的名称、签章和日期。落款通常写在正文后另起一行（或空一、二行）的偏右下方位置。以公司名义发出的商务信函,署名时可写公司名称或公司内具体部门名称,也可同时签署写信人的姓名。重要的商务信函,为郑重起见应加盖公章。

（5）日期一般写在署名的下一行。发函日期要写明具体的年、月、日。作为凭证,日期是商务信函非常重要的一项内容,不可遗漏。

（6）有发函人署名的必须亲笔签名,不能用图章代替。打印的信件在打印的姓名前面也必须亲笔签名,因为商务信函是重要的凭证。

（7）附件。附件是指信函的补充材料,随信函一起发送。商务信函的附件一般是商品目录、价格表、订货单、发货单等。商务信函如有附件,应在正文下空 2 格标注"附件"二字,"附件"二字后加冒号和附件名称、份数。比如"附件:兴发贸易公司 2019 年产品目录 2 份"。附件应与商务信函正文一起装订。并在附件左上角第一行顶格标注"附件"字样。

（三）商务信函的主要类型

根据不同的分类标准,商务信函可以有多种形式:

（1）从商务信函的形式及其传递的内容看,商务信函包括通知、公告、通讯、介绍信、感谢信、邀请信、慰问信、求职信、备忘便条等。

（2）从商务信函的沟通目的及其采用的语气来看,商务信函可分为肯定性信函、负面性信函、说明性信函和劝说性信函。

二、介绍信与证明信

（一）介绍信与证明信

介绍信与证明信是公文信函的一种,介绍信是单位对所属工作人员去外单位公务时的身份介绍之用,同时会写明持信人此行要办理的具体事项,请求外单位配合,并由本单位对其公务的过程及结果负责。证明信则只是证明持信人的公务身份,不对其拟办事项进行言明,也不承担其他的法律责任。

（二）介绍信和证明信的区别

介绍信是国家行政机关、企事业单位或社会团体为本单位人员外出联系工作、了解情况、参观学习、出席会议等事宜而开具的一种专用信函。证明信是用来证明某人的身份、经历或证明某一事情的真相的专用信函。证明信和介绍信一样,都是从本单位角度来证明本单位的人和与之有关的事,但介绍信主要是介绍情况,是派人到有关单位商洽工作时所使用的函件;而证明信的作用主要是证明情况,往往是应有关单位的要求而出具的函件。常见的证明信有身份证明信、学历证明信、结婚证明信、政治表现证明信和事实真相证明信等。证明信具有凭证作用,在司法诉讼活动中,可作为证据在法庭上出示。

（三）介绍信的规范写法

介绍信的字号要与存根相同。第三行顶格写称呼,即联系单位或个人姓名,后边加冒号。正文部分填空的内容要与存根部分相同。结尾语用"此致敬礼"。落款部分写开介绍信的单位名称,署名下面写日期,单位介绍信一定要加盖公章。

本文部分由标题、字号、称呼、正文、结尾语和落款几部分构成。第一行居中写标题"介绍信",下面写字号。

介绍信的书写有两种形式:一是在单位信笺上书写,一是在印有存根的有固定格式的介绍信专用纸上书写。下面例文就是在介绍信专用纸上写的,由"存根""间缝""本文"三个部分组成。存根部分由标题、字号、正文、日期几部分构成。存根与介绍信本文之间,有一条虚线。

例文：

介绍信(存根)

××介字第 21 号

兹介绍王居正等 2 位同志前往你局联系合作办学事宜。

××××年×月×日
××教育局

介　绍　信

兹介绍王居正等 2 位同志前往你局联系合作办学事宜。

此致

　　敬礼

(××××公章)
××××年×月×日
(有效期：5 天)

（四）证明信的规范写法

证明信可以由组织出具，也可以由个人出具。其书写格式一般都要有标题、称呼、正文、结尾语和落款几部分。例文在第一行居中以较大字体写"证明信"三个字作为标题。标题下面顶格写收信单位的名称，名称后加冒号。另起一行，空两格写正文。下方例文证明的是某个人的表现，将姓名、工作时间、单位、工作表现和获奖情况都写得很清楚。最后是结尾语，另起一行空两格写上"特此证明"四个字。正文下面是落款。在末行右下方写上出具证明的单位名称，并加盖公章，下面写日期。

例文：

证　明　信

××××：

　　×××同志于 2018 年 9 月至 2020 年 7 月在我单位预算处工作。该同志工作认真负责，业务能力较强，2019 年被评为我单位优秀干部。

特此证明。

××建筑公司(公章)
20××年 9 月 1 日

三、电子邮件

（一）电子邮件（即电子信函、E-mail）是建立在计算机网络上的一种通信形式

计算机用户可以利用网络传递电子邮件，实现相互通信。电子邮件可在计算机局域网上进行，也可在计算机广域网上进行。进行电子邮件通信，必须在网络文件服务器上建立电子邮件的"邮局"。它是电子邮件的中心集散地，可为每个用户设置有地址的信箱。别人可向该信箱发送电子邮件，信箱的主人则可在方便时从信箱中取出对方发来的邮件。这里的"邮局"实际上是网络文件服务器上的一组数据库文件。

电子邮件伴随着计算机的普及，成为当今时代人际交流的重要的文书样式。它既可用于处理公务，还可用于私人交往，起着沟通信息、交流感情的作用。使用电子邮件进行对外联络，不仅安全保密、节省时间、基本无篇幅限制、传输速度快、能跨越时空，而且还可以大大地降低通信费用,它为信息时代人们的快节奏、高效率信息传递提供了便利与可能。

（二）电子邮件的撰写

1. 电子邮件的结构与内容

电子邮件由邮件头和正文结构而成。邮件头包括收件人、抄送人地址、主题（邮件名称）、发件人地址等内容。正文包括三部分内容。

（1）信头。第一行顶格写对收信人的称呼。

（2）信体。开门见山、直接入题,告知事宜,传递信息,分享情绪,可自由发挥。

（3）信尾。写明发邮件人姓名、发邮件日期。

2. 电子邮件的撰写要求

（1）主题要明确。一封电子邮件,大都只有一个主题,并且往往需要在文前注明。若是将其归纳得当,收件人见到它便对整个电子邮件一目了然。

（2）语言要流畅。电子邮件要便于阅读,就要以语言流畅为要。尽量不写生僻字、异体字。引用数据、资料时,则最好标明出处,以便收件人核对。

（3）内容要简洁。电子邮件的内容应当简明扼要,越短越好。

（4）结构要完整。要有"头"有"尾",有称谓有署名,保持应用文体例格式规范的写作习惯。

（三）电子邮件使用注意事项

1. 避免滥用

在信息社会中,任何人的时间都是无比珍贵的。在社会交往中要尊重他人,首先就要懂得替他人节省时间。

有鉴于此,若无必要,轻易不要向他人乱发电子邮件。尤其是不要与他人谈天说地,或是只为了检验电子邮件能否成功发出而乱发,更不宜随意以这种方式在网上"征友"。

2. 注意礼节

一般而言,收到他人的重要电子邮件后,应即刻回信,这既可以回复对方所提事宜,又是一种礼节的需要。

3. 注意编码

由于中文文字自身的特点加上一些其他的原因,不同的国家和地区间可能使用着互不相同的中文编码系统。因此,当用中国大陆地区的编码系统向生活在中国大陆地区之外的其他地区的中国人发电子邮件时,由于双方所采用的中文编码系统有所不同,对方很有可能只会收到一封由乱码所组成的"天书"。因此,此时必须同时用英文注明自己所使用的中文编码系统,以保证对方可以收到自己的邮件。

4. 慎选功能

现在市场上所提供的先进的电子邮件软件,可有多种字体备用,甚至还有各种信纸可供使用者选择。这固然可以强化电子邮件的个人特色,但是此类功能对于商务人士而言是必须慎用的。

这主要是因为,一方面,对电子邮件修饰过多,难免会使其容量增大,收发时间增长,既浪费时间又浪费精力,而且往往会给人以华而不实之感。另一方面,电子邮件的收件人所拥有的软件不一定能够支持上述功能。这样一来,所收到的电子邮件就很有可能会大大地背离发件人的初衷,而导致前功尽弃。

例文 1:

意见征问函

尊敬的××客户:

感谢您长期以来对我公司的关心与惠顾!目前因网络使用客户激增,迫使我们要对网络进行扩容与改进,以方便客户,提供最有效的服务。您有什么意见和建议敬请提出。我公司的 E-mail 地址:×××××。

××××网络公司客户服务部
20××年×月×日

例文 2:

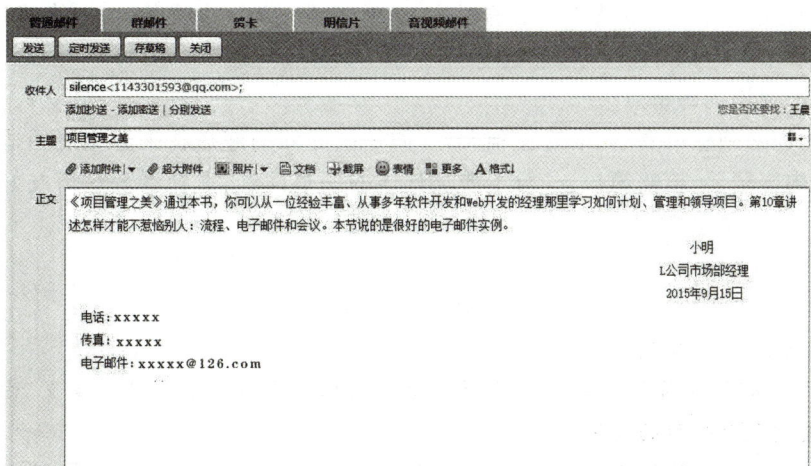

任务 2　商务礼仪函电

一、请柬、邀请函、贺卡

请柬的内容较少,只需说明会议或活动举办的基本要素即可;而邀请函内容翔实,需要详细介绍会议或活动的主要内容。请柬使用的范围更广泛,而在商务活动中,邀请函要更为正式。

例文 1:

请　　柬

尊敬的＿＿＿＿＿＿先生/女士:

第 1 届西部高新企业联谊会暨 2019 年(成都)国际高新产业研讨会定于 2019 年 10 月 25 日上午 9:30 在成都××××会展中心(地址:成都市××××)举行。诚邀您届时莅临指导。

第 1 届西部高新企业联谊会组委会
二〇一九年九月

例文 2：

邀　请　函

尊敬的莎莎女士：

下周五（5 月 20 日）晚 7 时，我们在××中心多功能厅聚会，庆贺××部门网络系统胜利完工。感谢您对我们工作的大力支持，诚邀您参加我们的聚会，分享这份成功的快乐。期待着在晚会上见到您。

您的朋友：×××
××××年×月×日

二、欢迎词、欢送词、开幕词

欢迎词、欢送词统称迎送词，是用以表示欢迎、欢送的文辞。它们都用于具有宾主关系的交往场合，且大多是在一定的仪式上（如宾至、宾归的迎送会，招待宴）当众演说的文稿。

（一）迎送词的特点

迎送词必须感情真挚、语言文雅大方，如是国际间的迎送往来还应使用适当的外交辞令；内容精要，篇幅简短，一般不涉及具体的细节问题，重在展现热情友好的交往态度。

例文：

欢　迎　词

女士们、先生们，朋友们：

值此×××厂 30 周年厂庆之际，请允许我代表×××厂，并以我个人的名义，向远道而来的朋友们表示热烈的欢迎！

朋友们不顾路途遥远，专程前来贺喜并洽谈贸易合作事宜，为我厂 30 周年厂庆增添了一份热烈与祥和。我由衷地感到高兴，并对朋友们为增进双方友好关系所作的努力，表示诚挚的谢意！

今天在座的各位朋友中，有许多是我们的老朋友，我们之间有着良好的合作关系。建厂 30 年能取得今天的成绩，离不开老朋友们的真诚合作和大力支持。对此，我们表示由衷的钦佩和感谢。同时，我们也为能有幸结识来自全国各地的新朋友感到十分高兴。在此，我谨再次向新朋友们表示热烈欢迎，并希望能与大家密切协作，发展相互间的友好合作关系。

"有朋自远方来，不亦乐乎"。在此新朋老友相会之际，我提议：为今后我们之间的进一步合作，为我们之间日益增进的友谊，为朋友们的健康幸福，干杯！

本例文开头部分对宾客的光临表示热烈的欢迎。主体部分对大家的到来表示谢意，并回顾与老朋友们相互交往的历程，阐明新朋友们来访的意义及合作前景。结尾表示良好祝愿。全文主旨明确，语言精要礼貌。

（二）迎送词的写作方法

迎送词的行文格式基本相同，一般由标题、称谓、正文、祝语四部分构成。

（1）欢迎词

欢迎词开头通常应说明现场举行的是何种仪式，发言者代表什么人、向哪些来宾表示欢迎。中间一般要阐述和回顾宾主双方在共同的领域所持的共同的立场、观点等内容,较具体地介绍来宾的成就及突出贡献,同时要指出来宾本次到访或光临的意义。结尾再次向来宾表示欢迎,并表达自己的良好祝愿。

（2）欢送词

欢送词开头通常应说明此时在举行何种欢送仪式,发言人是以什么身份、代表哪些人向宾客表示欢送。中间要回顾和阐述双方在合作或访问期间在哪些问题和项目上达成了一致的立场、取得了哪些有突破性的进展,阐述其深远意义。结尾再次向来宾表示真挚的欢送之情,并表达期待再次合作的心愿。

例文:

欢　送　词

尊敬的女士们、先生们:

首先,我代表×××,对你们访问的圆满成功表示热烈的祝贺。

两天来,我们本着平等互利的原则,经过认真协商,签订了《××协议》,为双方今后的合作和发展打下了良好的基础。明天,你们就要离开××了,在即将分别的时刻,我们的心情是依依不舍的。大家相处的时间是短暂的,但我们之间的友好情谊是长久的。我们之间的合作才刚刚开始,中国有句古语:“来日方长,后会有期。”希望我们加强合作,不断往来,欢迎各位女士、先生在方便的时候再次来××做客,相信我们的友好合作会结出丰硕果实!

祝大家一路顺风,万事如意!

三、贺信、贺电

（一）贺信、贺电的内容

贺信、贺电一般由标题、称谓、正文、结尾和落款五部分构成。

1. 标题

贺信的标题通常由文种名构成。如在第一行正中书写“贺信”二字。有的还在“贺信”或“贺电”的前面加上收信方或者写明祝贺事由等。个人之间的贺信、贺电也可以不写标题。

2. 称谓

顶格写明被祝贺单位或个人的名称或姓名。写给个人的,要在姓名后加上相应的礼仪名称如“同志”。称呼之后要用冒号。

3. 正文

贺信的正文要交代清楚以下几项内容:

（1）结合当前的形势状况,说明对方取得成绩的大背景,或者某个重要会议召开的历史条件。

（2）概括说明对方都在哪些方面取得了成绩,分析其成功地主观、客观原因。贺寿的贺信要概括说明对方的贡献及他的宝贵品质。总之这一部分是贺信的中心部分,一定要交代清楚祝贺的原因。

（3）表示热烈的祝贺。要写出自己祝贺的心情,由衷地表达自己真诚的慰问和祝福。要写些鼓励的话,提出希望和共同理想。

4. 结尾

结尾要写上祝愿的话。如"此致敬礼""祝争取更大的胜利""祝您健康长寿"等。

5. 落款

写明发文的单位或个人的姓名、名称，并署上成文的时间。

（二）贺信、贺电的分类

1. 上级给下级的贺信、贺电

这类贺信、贺电可以是节日祝贺；可以是对工作成绩表示祝贺等。这类贺信、贺电最后都要提出希望和要求。

2. 下级给上级的贺信、贺电

这类贺词一般是对全局性的工作成绩表示的祝贺，此外还要表明下级对完成有关任务的信心和决心。

3. 平级单位之间的贺信、贺电

这类贺信、贺电一般是就对方单位所取得的工作成绩表示祝贺，同时还可以表明向对方学习的谦虚态度，以及保持和发展双方关系的良好愿望。

4. 个人之间的贺信、贺电

这类贺信、贺电用于亲朋好友在重要节日、重大喜事中互相祝贺、慰勉、鼓励；或者祝贺某人在工作、学习中取得了好成绩，以分享快乐。

例文：

祝　贺　信

尊敬的泰勒先生：

我刚刚得知您已晋升为贵公司的副总经理，特向您表示祝贺！得知这一好消息，我真心地为您感到高兴，因为您是一个非常优秀的管理者，晋升是"水到渠成"。您现在所处的职位比过去更富有挑战性了，但我相信，您在这个职位上会做得更加出色。

在过去的三年里，我们合作得非常愉快，我期待着我们在不久的将来能够有进一步的合作。

您的朋友：×××

××××年×月×日

任务3　常用文体

一、自荐信

无论是接受完何种教育，我们都会面临就业问题。解决就业问题可以通过相关的中介部门，可以通过学校的就业指导部门，也可以自行寻找。无论选择哪一种方式，每个求职者都希望用人单位多了解自己，特别是多了解自己优秀的地方。面对面交流也许是你期待的一种形式，但往往是要经历过初选后才能有这样的机会。更多的人会选用递交就业自荐信的方式，实现与用人单位的有效沟通，获得面试和就业机会。也许你留给用人单位的第一印象就来自你的就业自荐信。

（一）自荐信的主要内容

一份标准的自荐信内容应该包括：理由、自我介绍、相关实力、所受培训和成就等内容。写自荐信的理由可以从获得招聘信息的渠道、申请的目的、加入企业的原因、申请职位几方面写；做自我介绍时，要说明你为什么适合所申请的职位，提出你能为未来的单位做些什么，而不是他们为你做些什么；通过表述自己的相关能力，告诉对方你比别人更适合这个职位的原因。结尾一般要提出你的进一步行动请求，感谢对方的阅读，并留下自己的联络方式。

（二）写自荐信的注意事项

自荐信要短，并且一定要引人入胜。因为人事经理阅读一份自荐信的时间只有几秒钟，所以要在这几秒钟吸引他的注意力。如何吸引？就要在自荐信中重点突出你的背景材料中与未来雇主最有关系的内容，这就需要事先了解招聘单位和岗位，内容的针对性要强。写自荐信要言简意赅，不能面面俱到；要真实可靠，切忌过分吹嘘；要有特色即个性化，切忌"千人一面"；要用词得当，不宜出现错字、别字、病句及文理欠通等现象。

针对性是自荐信奏效与否的"生命线"。只有针对性和个性化强的自荐信，才能"脱颖而出"。

二、计划

计划是经济管理活动中使用范围很广的重要文体形式。主要包括工作计划、战略规划、工作方案、工作安排等。

三、总结

总结一般包括如下内容：① 完成的主要工作，特别是那些与其他部门关联性比较大的工作；② 工作中遇到的主要困难；③ 解决这些困难的主要思路，如果详细写的话可以包括，问题确认、原因分析、解决措施、责任人和期限等，尤其是第三点是最重要的，所要总结的工作特色基本上都表现在这里。

四、报告

报告指在对特定对象进行深入考察了解的基础上，经过准确地归纳整理、科学地分析研究，进而揭示事物的本质，得出符合实际的结论，由此形成的汇报性应用文书，包括调查报告、经济活动分析报告、可行性研究报告、述职报告等。

（一）调查报告

调查报告是对某项工作、某个事件、某个问题，经过深入细致的调查后，将调查中收集到的材料加以系统整理，分析研究，以书面形式向组织和领导汇报情况的一种文书。具有写实性、针对性和逻辑性等特点。

1. 调查报告的种类

（1）情况调查报告

这是比较系统地反映本地区、本单位基本情况的一种调查报告。这种调查报告的目的是为了弄清情况，供决策者使用。

（2）典型经验调查报告

这是通过分析典型事例，总结工作中出现的新经验，从而指导和推动某方面工作的一种调查报告。

（3）问题调查报告

这是针对某一方面的问题进行专项调查，澄清事实真相，判明问题的原因和性质，确定造成的危害，并提出解决问题的途径和建议，为问题的最后处理提供依据，也为其他有关方面提供参考和借鉴的一种调查报告。

2. 调查报告一般由标题和正文两部分组成

（1）标题

标题可以有两种写法。一种是规范化的标题格式，即"发文主题"加"文种"，基本格式为"××关于××××的调查报告""关于××××的调查报告""××××调查"等。另一种是自由式标题，包括陈述式、提问式和正副题结合使用三种。陈述式标题如《××大学硕士毕业生就业情况调查》，提问式标题如《为什么大学毕业生择业倾向沿海和京津地区》，正副标题结合式中，正题陈述调查报告的主要结论或提出中心问题，副题标明调查对象、范围、问题，这实际上类似于"发文主题"加"文种"的规范格式，如《高校发展重在学科建设——××大学学科建设实践报告》等。作为公文，调查报告最好用规范化的标题格式或自由式中正副题结合式标题。

（2）正文

正文一般分为前言、主体、结尾三部分。

前言有几种写法：第一种是写明调查的起因或目的、时间和地点、对象或范围、经过与方法以及人员组成等调查本身的情况，从中引出中心问题或基本结论来。第二种是写明调查对象的历史背景，事件大致发展经过、现实状况、主要成绩、突出问题等基本情况，进而提出中心问题或主要观点来。第三种是开门见山，直接概括出调查的结果，如肯定做法、指出问题、提示影响、说明中心内容等。前言起到画龙点睛的作用，要精练概括、直入主题。

主体是调查报告最主要的部分，这部分详述调查研究的基本情况、做法、经验，以及分析调查研究所得材料中得出的各种具体认识、观点和基本结论。

3. 结尾的写法比较多，可以提出解决问题的方法、对策或下一步改进工作的建议，或总结全文的主要观点，进一步深化主题，或提出问题，引发进一步思考，或展望前景，发出鼓舞和号召。

（二）实习报告

将实习过程、结果以及体会用书面文字写出来的材料就是实习报告。

1. 实习报告的资料收集

从开始实习的那天起，就要注意广泛收集资料，并以各种形式记录下来（如写工作日记等）。丰富的资料是写好实习报告的基础。主要收集这样一些资料：单位组织学习的内容是什么、什么学习方式、学习后的效果如何、对自己的思想有否提高；专业知识在工作中如何灵活运用；观察周围同事如何处理问题、解决矛盾。实习是观察体验社会生活，将学习到的理论转化为实践技能的过程，所以既要体验还要观察，从同事、前辈的言行中去学习，观察别人的成绩和缺点，以此作为自己行为的参照。

2. 实习报告的写法

（1）以实习时间、地点、任务作为引子，或把实习过程的感受、结果用高度概括的语言概括出来以引出报告的内容。

（2）实习过程（实习内容、环节、做法）。一是将学校里学到的理论、方式方法变成实践的行为；二是观察、体验在学校没有接触过的东西，它们是以什么样的面目、方式方法，以怎样的形态或面貌出现的。

（3）实习体会、经验教训，今后努力的方向等。

也可以以实习体会、经验为条目来架构全文。例如，在实践中发现自己的优势：团队协作意识强；善于根据自己的知识、能力挑战新工作；事后善于总结等。从实践中看到自己的缺陷：专业知识欠扎实；动手能力差等。用这些体会把自己实践的过程和内容串联起来。

3. 实习报告写作要求

实习报告必须写自己的实习经历，可参考别人的资料，但不能抄袭。如有引用或从别处摘录的内容要标明出处。实习报告开头要有内容摘要和关键词；语言要求简练，符合公务文书的要求，字数一般在 3 000 字以上。

课中实训

实训一：报告的撰写规范

假设你是学校的课程设置建议委员会的学生代表。现在该委员会打算评估你所在专业的学位课程情况。作为学生代表，你需要将自己对课程设置的观点和改进意见写出一份报告。

任务：3~4 名同学一组，评估你所在专业的课程设置情况，确定课程要求是否实用，可以访问其他老师和同学。预计需要对专业负责人做哪些说服工作才能改变课程要求，把你的建议放到你写出的原因和理由之后。

实训二：邀请函的撰写训练

自拟主题，练习书写一份商务邀请函。

实训三：总结的撰写训练

请写一份年度个人学习总结，字数在 1 500 字左右，总结要有标题、正文和落款。正文要包含取得的成绩、存在的问题和今后的打算等。

实训项目评价

技能点评价表

	技能点评价指标	分值	得分
实训一	调查报告前言精练概括,直入主题;主体详述调查研究的基本情况、做法、经验,以及分析调查研究所得材料中得出的各种具体认识、观点和基本结论;结尾可以提出解决问题的方法、对策或下一步改进工作的建议或总结全文的主要观点。	40	
实训二	邀请函内容翔实,需要详细介绍会议或活动的主要内容。	20	
实训三	完整阐述完成的主要工作;清楚工作中遇到的主要困难;能抓住重点并列举解决困难的主要思路。	40	

使用说明:

按评价指标评价项目技能点成绩,满分 100 分。

课后提升

案例

微软公司前大中华区总裁在一次招聘时出过这样一道题目:店铺营业员小王错把一台价值两万人民币的计算机以一万人民币卖给了客户,事情发生后小王赔了差价。店铺经理觉得小王很冤,于是想给客户写一封信,把钱要回来。

案例思考题:

如果你是店铺经理,这封信应该怎么写?

项目五
自学自测

看微课

学习目标

◆ 了解电话沟通的基本礼仪
◆ 掌握拨打与接听电话的技巧及程序
◆ 能够熟练掌握电话接听技巧
◆ 能够熟练转达电话内容及通过电话应对特殊事件

课前自学

电话,作为一种成熟的通信工具,在现代社会的各个领域发挥着重要的作用。电话可以给远方的朋友带去温馨的祝福,可以传递浓情的爱意,也可以使营销员不必再四处奔跑联系业务。电话营销已成为一个专门的领域,"电话业务员""电话销售代表"也已成为一种职业,身处信息时代,有必要全面了解使用电话的基本礼仪、接打电话的技巧。

任务 1　电话沟通礼仪

电话沟通礼仪

一、重要的第一声

当我们打电话给某单位,若一接通,就能听到对方亲切、优美的招呼声,心里一定会很愉快,对该单位有较好的印象,使双方对话能顺利展开。在电话中只要稍微注意一下自己的行为就会给对方留下完全不同的印象。

同样说:"你好,这里是××公司"。如果声音清晰、悦耳,吐字清脆,会给对方留下好的印象,对方对其所在单位也会有好印象。因此要记住,接电话时,应有"我代表单位形象"的意识。

二、要有喜悦的心情

打电话时我们要保持良好的心情,这样即使对方看不见你,但是也会被你欢快的语调感染,并留下极佳的印象,由于面部表情会影响声音的变化,所以即使在电话中,也要抱着"对方在看着我"的心态去应对。

三、端正的姿态与清晰明朗的声音

打电话过程中绝对不能吸烟、喝茶、吃零食，即使是懒散的姿势对方也能够"听"出来。如果你打电话的时候，弯着腰躺在椅子上，对方听你的声音就是懒散的、无精打采的；若坐姿端正、身体挺直，所发出的声音也会亲切悦耳，充满活力。因此打电话时，即使看不见对方，也要当作对方就在眼前，尽可能注意自己的姿势。

声音要温雅有礼，以恳切之话语进行表达。嘴与话筒间，应保持适当距离，适度控制音量，以免因声音太小听不清楚，滋生误会；或因声音粗大，让人误解为盛气凌人。

四、迅速准确地接听

现代商务人员业务繁忙，桌上可能不止有一部电话。听到电话铃声，应准确迅速地拿起听筒，接听电话，最好在铃声响两次之内接听。电话铃声响一次大约 3 s，若长时间无人接电话，或让对方久等是很不礼貌的，对方在等待时心里会急躁，会给他留下不好的印象。即便电话离自己很远，听到电话铃声后，附近若没有其他人，我们应该用最快的速度接听电话，这样的态度是每个人都应该拥有的，这样的习惯是每个办公室工作人员都应该养成的。如果电话铃声响了五次才拿起话筒，应该先向对方道歉，若电话响了许久，接起电话只是"喂"了一声，对方会十分不满，会给对方留下非常不好的印象。

五、认真清楚的记录

随时牢记"5W1H"技巧，所谓"5W1H"是指：When（何时）、Who（何人）、Where（何地）、What（何事）、Why（为什么）、How（如何进行）。在工作中收集这些资料都是十分重要的，对打电话和接电话具有相同的重要性。电话记录的简洁和完备，都有赖于5W1H 技巧。

六、有效电话沟通

工作时间的来电几乎都与工作有关，每个来电都十分重要，不可敷衍，即使对方要找的人不在，也不能草率答复。接电话时也要尽可能问清事由，避免误事。对方查询本部门其他人员电话号码时，应迅速查告。

对于来电，我们首先应确认对方身份、了解来电的目的，如自己无法处理，也应认真记录下来，委婉地探求对方来电目的，就可不误事且能赢得对方的好感。

对对方提出的问题应耐心倾听，对方表示意见时，应让他适度地畅所欲言，除非不得已，尽量不要插话。其间可以通过提问来探究对方的需求与问题。注重倾听与理解、抱有同理心、建立亲和力是有效电话沟通的关键。

接到带有责难或批评性的电话时，应委婉解释，并向其表示歉意或谢意，不可与来电人持续争辩。

通过电话交谈事项，应注意语言的正确性，将事项完整地表达清楚，以增加对方认同感，切不可敷衍了事。

如遇需要查询数据或另行联系回复查催，应先估计可能耗用时间之长短，若查阅或查催时间较长,最好不让对方久候,应改用另行回话之方式,并尽早回电。

七、挂电话前的礼貌

要结束电话交谈时,一般应当由打电话的一方先提出,然后彼此客气地道别,应有明确的结束语,说一声"谢谢""再见",再轻轻挂上电话,不可只管自己讲完就挂断电话。

通话记录具有相同的重要性。通话记录既要简洁又要完备,需谨记"5W1H"技巧。

任务 2　电话沟通技巧

在现代社会,电话营销取代了部分传统的营销工作。但是很多营销员在刚刚开展业务时,虽然也通过电话联系了很多的客户,可是往往都是石沉大海。营销人员在打电话联系业务时应该做到事前有所准备,在打电话的过程中让对方保持愉快的心情并吸引对方的注意,还要做好结束电话后的整理工作。这些过程都要求营销人员必须掌握基本的打电话的技巧。

一、电话沟通的准备工作

(一)研究目标客户的基本资料

在和客户沟通之前要了解目标客户的基本情况,并根据客户情况寻找产品的需求点。比如在争取新客户到本公司设立股票户头时,作为业务人员可以在电话中这样介绍:"张先生,选择我们营业部开户之后,您会体验到我们优质的服务,买卖股票更顺手(感性需求),而我们的手续费是业界最合理的(理性需求)。"在对客户情况熟悉以后,通过以前的电话沟通和交际,可以判断客户的类型,比如顾客是分析型、犹豫型、挑剔型或是交际型。再根据不同类型顾客的特点使用不同的沟通技巧。

(二)确定自己的主要目标和次要目标

在打电话之前一定要确定希望在电话结束之后达到什么样的目标,即使自己的主要目标没有达成,但是能达成次要目标也是可以的,否则这次通话是效果不佳的。以销售人员为例,通话前,销售人员可以列一张表,填写完毕再拨通对方电话(见表6-1)。

表 6-1　电话沟通目标表

主要目标	电话目的	我为什么打电话?
	明确目标	电话结束后,我希望客户采取什么行动?
	两个问题	客户为什么会与我交谈? 客户的目标是什么?
次要目标	不能和客户达成协议的情况下,应争取和客户形成什么样的关系?	

在有明确目标的情况下,销售人员在电话中即使没有达成目标也不会造成情绪低落,而且通过这张表也可以测评电话沟通的效率。

（三）整理一份完整的建议书

在研究客户资料以及确定自己主要目标之后，还要根据不同的工作背景和顾客类型制定详细的建议书，对付不同的人要及时调整思维，使用不同的方法保证对方不挂电话并且及时作决策。在顾客提出异议时能引导顾客向自己设定的方向发展。切勿一味按照自己设计好的思路进行，这样有可能失去顾客。

（四）其他准备事项

选择适当的时间通电话；深呼吸调整自己的情绪，用积极、谦虚和热情的态度对待自己的顾客；准备备忘录和笔，可以用来记录时间、地点和人物以及事情的概况；如果需要沟通的信息有很多，可以先喝点温开水来松弛声带。

二、通话过程中

（一）要用新奇的开场白吸引对方的注意

在电话营销中，顾客不会喜欢浪费时间去听一些和自己无关的事情，除非这种电话让他们得到某种好处。因此开场白一般都包括三个方面的内容：我是谁或我代表哪家公司、我打电话给客户的目的是什么、我公司的服务能给客户带来什么好处。

案例 1

客户："我听说您能提供万能牌的套装工具，这种产品怎么样？"

业务经理："噢，是这样的，我们这种套装工具包括有 14 支扳钳，价钱是 220 元。"

案例 2

客户："我听说您能提供万能牌的套装工具，这种产品怎么样？"

业务经理"噢，是这样的，这种套装工具包括有 14 支扳钳。这套工具经过精心设计，适用于市场上任何型号的螺栓、螺母，而且，所有扳钳都经过磁化，可以将螺母从人手拿不到的地方吸出来。这套工具的保质期为 5 年，而卖价仅为 220 元，如果靠自己来配齐这套扳钳，至少要花费 340 元。"

如果你是客户，你觉得你会和哪个业务经理继续谈下去？

作为客户你不想和业务经理谈下去的原因是什么？业务经理错在哪里？

（二）达成协议的一般技巧

成功的电话销售有三个阶段，每个阶段需要使用对应的技能：

（1）引发兴趣。引发电话另一端潜在客户的足够兴趣，在客户没有兴趣的情况下是没有任何销售机会的，介绍要销售的产品也是没有任何意义的。这个阶段需要的技能是对话题的掌握和运用。

（2）获得信任。在最短时间内获得一个陌生人的信任需要高超的技能，以及比较成熟的个性，只有在这个信任的基础上开始销售，才有可能达到销售的最后目的——签约。这个阶段需要的技能就是掌握取得客户信任的具体方法，赢得潜在客户的信任。

（3）达成有效协议。这个阶段需要的技能则是异议防范和预测、有效谈判技巧、预见潜在问题的能力等。

电话销售中的"4C"流程也是必须要了解的，"4C"本身不是技巧，它是实施技巧的一个标准流程。经验不足的电话销售人员可以在从业初期的时候按照这个销售流程执行,熟练以后一般就忘记了这个流程,但是销售实力却不知不觉地明显提高了。"4C"的流程是这样的,迷茫客户(Confuse)、唤醒客户(Clear)、安抚客户(Comfort)、签约客户(Contract)。第一个"C"是应用在第一阶段的,第二、第三个"C"是应用在第二阶段的,第四个"C"是应用在第三阶段的。

(三)有效结束电话

不管是否和客户达成协议,都要在适当的时候礼貌地结束电话。

1. 和客户达成协议

如果和客户达成了协议,要在结束电话之前将事情的重要信息复述一遍,确保信息的正确性,然后说些礼貌用语结束对话,比如:感谢对方购买自己的产品;感谢对方对本公司的支持或者是用赞美的语言来肯定对方决策的正确。

2. 对待不大可能签约的客户

和没有希望达成协议的客户要尽快结束通话,但是也要使用礼貌的方式,比如:"王先生,虽然您没有购买我们的产品,但还是感谢您给予的意见,将来有机会希望能为您服务"。不能因为和对方没达成协议,语气就开始变得生硬,或者直接挂断电话。

三、结束电话后的整理工作

(一)记录好客户的情况

通话结束后的记录工作也是很重要的,不同的电话沟通效果要分别记录,以便为后面的工作提供信息。

如果联系业务成功,要及时记录客户的需求信息,如需求数量、时间以及送货方式等。必要的时候建立客户资料库。

如果这次打电话对方的决策者不感兴趣或是被其他接听者挡住没有接触到决策者,这时也应该及时记录,稍后再打或者隔天再打,同时记录打电话的次数。如果连续几次都没有和决策者接触,就要找出具体原因或者是放弃继续沟通。

记录没有希望成功签约的客户,将其从通讯录里面删掉,以免重复拨打,不仅浪费业务人员的时间,同时也浪费客户的时间、增加客户的厌烦感。

有些客户是现在并没有作出决定的,当时需要记下日后再和准客户联络的时间。这时一定要把时间、地点、主要事宜和人名准确地记录下来,方便自己再次针对此类客户做详细的计划。

记录在电话沟通中得到介绍的客户名单,作为自己的潜在客户。

(二)迅速调整情绪去拨通另外一个电话

不管是电话成功或者是失败,都应该尽快调整情绪去进行下一笔业务。能控制自己的情绪是对销售人员的基本要求。

案例 3

一次失败的电话销售

数月以前,一家国内 IT 企业进行笔记本电脑的促销活动,我是接到推销电话的一个他们认为的潜在客户。

"先生,您好,这里是××公司个人终端服务中心,我们在搞一个调研活动,我们可以占用您一些时间问两个问题吗?"(点评点一)

一个月以前,应该有不少人会接到类似的电话。这是××公司在做笔记本电脑的促销活动,我就是其中之一。

我说:"你讲。"

销售员:"您经常使用电脑吗?"

我说:"是的,工作无法离开电脑。"

销售员:"您用的是台式机还是笔记本电脑。"

我说:"在办公室用的是台式机,在家就用笔记本电脑。"

销售员:"我们最近的笔记本电脑有一个特别优惠的促销活动,您是否有兴趣?"(点评点二)

我说:"你就是在促销笔记本电脑吧? 不是搞调研吧?"

销售员:"其实,也是,但是……"(点评点三)

我说:"你不用说了,我现在对笔记本电脑没有购买兴趣,因为我有了,而且,现在用得很好。"

销售员:"不是,我的意思是,这次机会很难得,所以,我……"

我问:"你做电话销售多长时间了?"

销售员:"不到两个月。"

我问:"在开始上岗前,××公司给你们做了电话销售的培训了吗?"

销售员:"做了两次。"

我问:"是外请的电话销售的专业公司给你们培训的,还是你们的销售经理给培训的?"

销售员:"是销售经理。"

我问:"培训一次多长时间?"

销售员:"一次大约就是两个小时吧,就是说了说,也不是特别正式的培训。"

我问:"你现在做这个笔记本电脑的电话销售,成绩如何?"

销售员:"其实,我们遇到了许多销售中的问题,的确,销售成绩不是很理想。"

这番对话没有终止在这里,我们继续谈了大约半小时,我向她讲解了销售培训中应该提供的知识以及她们的销售经理应该给她们提供的各种工作中的辅导。

点评与分析:

类似的推销电话,许多人都接到过,然而多数电话销售的成绩都不理想,其中一个重要的原因就是对销售队伍的有效培训不到位。其实,许多企业根本没有科学的、合理的电话销售培训。那么,电话销售的要点又是什么呢? 不妨从对上面的对话开始分析。

点评一:回避在电话接通的开始就露出销售的目的需要经过周密的策划、精心的布置和培训,让电话销售人员可以巧妙地建立与没有见过面的、本来就疑心深重的潜在客户的最初的沟通。但是,这种方法对销售人员的要求相当高,一旦潜在客户识别出来以后,销售人员要有高超的沟通水平来挽回客户更加强烈的抵抗心理,所以,从这个细节来看,××公司的确培训了,但是培训效果并不好,从后面的对话还可以看出来该销售人员的不足。

点评二:潜在客户已经表明了自己已经有笔记本电脑,而该销售人员没有有效地响应客户的话题,只顾按自己预先设计好的思路来推进,怎么会取得效果呢?其实,在客户的回答以后,恰恰应该是发问的最好时机,既可以有效地呼应开始设计的调研借口,也可以逐渐挖掘客户在使用笔记本电脑时的主要困惑,从而来揭示客户的需求,可惜,这个销售人员不过是简单、机械地按照培训的套路来自说自话。这是一个严重错误。

点评三:销售人员严重缺乏随机应变的有效培训,在这个关键转折点,恰好就是对潜在客户进行有效赞扬的时机,从而来获取客户充分的信任,结果,这个销售人员的回答暴露了一切弱点,并导致潜在客户完全没有了耐心。

仅仅凭借经验、热情、努力和勤奋,电话销售无法获得满意业绩。成功需要方法!电话销售需要明确的技能、可操作的技巧、可以应用的流程,这才是构成电话销售的核心。

四、接电话的技巧

打电话和接电话是沟通的互动过程。因此在打电话时应注意的技巧同样适用于接电话环节,比如:准备调整心态以积极友好的态度对待对方,准备好纸笔记录谈话中的重要信息。作为电话销售人员如何应对客户打来的各种电话,如何留住客户,这些技巧贯穿在接电话前的准备工作、接电话的过程以及结束电话沟通后的整理工作中。

(一)接电话的准备工作

1. 调整心态

在电话沟通中,声音是给对方形成的第一印象,声音可以反映你的心情以及你的内心活动,因此在对方打来电话时,如果你在处理繁忙的工作或是心情不好,应该深呼吸平静心态,让声音清晰明朗,音调适中,并且伴随着礼貌用语,给对方留下良好的第一印象。

2. 准备纸笔

接听电话时,一般是电话铃声响二或三次后接起来,有的管理严格的企业规定,员工在电话铃声响了六次以后接起来的,则必须要先道歉。接线员应随时准备好纸笔,以便在通话中有重要信息时可随时记录。

(二)通话过程中

1. 技巧性地打听客户姓名

如果你能在不经意间说出客户的姓名会让客户觉得自己很重要,即使客户有什么不满也会因此而稍微平息下来。如果你不能准确地知道客户的姓名,你可以委婉地询问:"我想您是张先生吧?""您不会是公司的新客户吧?"等等,在打听客户姓名的同时,找出客户的记录,有针对性地与客户谈话。

2. 有效倾听客户的意图

客户打来电话时,销售人员并不知道客户打来电话的真正的意图,因此不要急于解释什么或者说话,要集中精神倾听,尽量了解情况,不能同时讲两个电话或者心不在焉,以至于在客户讲完之后不知所云,这会给对方一种不被尊重的感觉,破坏和客户的关系。在倾听的同时思考回答难题的对策,争取在客户结束讲话之后想出问题的解决方案。即使问题并不在自己的责任范围之内,也要耐心解释,这样会让客户觉得销售人员很有经验,从而留下好印象。

3. 其他应该注意的事项

电话沟通中,如果需要翻阅资料,被问及"需要多少时间"时,回答应该比要等的时间长,这样会给客户办事效率高、被重视的感觉,在回来听电话时要先道歉:"抱歉,让您久等了。"如果你估计要等很长时间,就要跟客户先道歉然后说明情况,挂断电话然后再回拨给客户,不过此后一定要记住自己的承诺。

没听明白或者是重要的事情一定要复述给对方听,确保沟通信息的正确性。

如果电话中客户要找的人不在时,要先和对方讲清楚,然后礼貌地询问对方是否需要传话,如果先打听什么事情,再说某人不在,会让人觉得是不想接听电话,这时会让人有种被玩弄和欺骗的感觉。

如果在有访客的时候电话响起,这时候要坚持访客优先的原则,征得访客同意之后再接听电话,也可以让别人帮忙接听,这时要告诉对方待会再打电话过来或者自己稍后回复对方。切勿在听到电话响起就马上接电话或者接听电话以后把访客丢在一边,这些都是不礼貌的做法。

4. 有效结束电话

如果暂时没有有效解决客户的问题要向客户道歉,并向客户承诺会最大限度地解决问题,同时向客户致谢,比如"谢谢您打电话来""谢谢您提出宝贵意见,我们会改正的。"

要让客户先挂电话,自己不要先说再见,这样会让对方觉得你不耐烦,从而可能产生不满。

(三)结束电话后的整理工作

结束电话以后要记录客户电话中的问题,方便以后查询和工作改进;注意记录事情的重要顺序,以免遗漏或者是将顺序打乱而使得有的客户等待时间过长;要记录对客户的承诺,尽快地落实所有细节,这样会使客户感觉被重视。

五、打电话和接电话的程序

(一)打电话和接电话程序上应注意的问题

1. 电话铃响两次后,取下听筒

电话铃声响 1 秒,停 2 秒。如果过了 10 秒,仍无人接电话,一般情况下人们就会感到急躁:"糟糕!人不在。"因此,应在铃响 3 次之内接听电话。那么,是否铃声一响,就应立刻接听,而且越快越好呢? 也不是,那样反而会让对方感到惊慌。较理想的是,电话铃响完第二次时,取下听筒。

2. 自报姓名的技巧

接电话时如果第一声优美动听,会令打或接电话的对方感到身心愉快,从而放心地讲话,故电话中的第一声印象十分重要,切莫忽视。接电话时,第一声应说:"您好。这是××公司。"打电话时则首先要说:"我是××公司的×××。"双方都应将第一句话的声调、措辞调整到最佳状态。

3. 轻轻挂断电话

挂断电话时通常是由打电话一方先放电话,但对于一般公司职员来说,如果对方是领导或客户,就应让对方先放电话。待对方说完"再见!"后,等待 2~3 秒再轻轻挂断电话。

　　无论通话多么完美得体,如果最后毛毛躁躁"咔嚓"一声挂断电话,则会功亏一篑,令对方很不愉快。因此,结束通话时,应慢慢地、轻轻地挂断电话。

(二) 接听电话的程序

接听电话的程序见图 6-1。

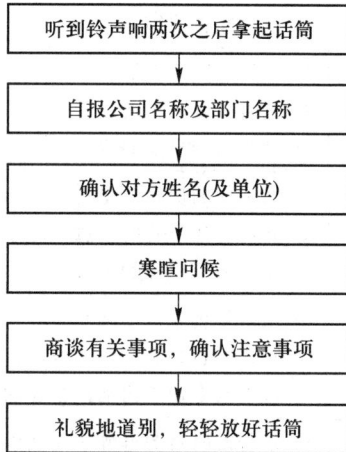

```
┌──────────────────────┐
│  听到铃声响两次之后拿起话筒  │
└──────────────────────┘
            ↓
┌──────────────────────┐
│   自报公司名称及部门名称   │
└──────────────────────┘
            ↓
┌──────────────────────┐
│   确认对方姓名(及单位)   │
└──────────────────────┘
            ↓
┌──────────────────────┐
│       寒暄问候        │
└──────────────────────┘
            ↓
┌──────────────────────┐
│  商谈有关事项,确认注意事项  │
└──────────────────────┘
            ↓
┌──────────────────────┐
│  礼貌地道别,轻轻放好话筒   │
└──────────────────────┘
```

图 6-1　接听电话的程序

(三) 拨打电话的程序

拨打电话的程序见图 6-2。

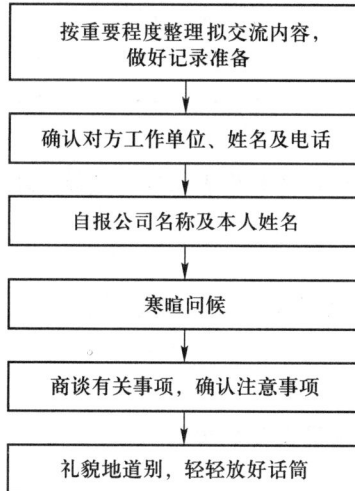

```
┌──────────────────────┐
│  按重要程度整理拟交流内容,  │
│      做好记录准备      │
└──────────────────────┘
            ↓
┌──────────────────────┐
│ 确认对方工作单位、姓名及电话 │
└──────────────────────┘
            ↓
┌──────────────────────┐
│   自报公司名称及本人姓名   │
└──────────────────────┘
            ↓
┌──────────────────────┐
│       寒暄问候        │
└──────────────────────┘
            ↓
┌──────────────────────┐
│  商谈有关事项,确认注意事项  │
└──────────────────────┘
            ↓
┌──────────────────────┐
│  礼貌地道别,轻轻放好话筒   │
└──────────────────────┘
```

图 6-2　拨打电话的程序

思考:

回顾检查拨打、接听电话的要点,找出目前的不足之处后制订改进计划。

需要注意的要点	要点	具体改进计划
要点 1　电话机旁应备有笔记本和笔	◇ 是否把记事本和笔放在触手可及的地方 ◇ 是否养成随时记录的习惯	
要点 2　先整理通话内容,后拨电话	◇ 时间是否恰当 ◇ 情绪是否稳定 ◇ 条理是否清楚 ◇ 语言能否简练	
要点 3　态度友好	◇ 是否微笑着说话 ◇ 是否真诚面对通话者 ◇ 是否使用平实的语言	
要点 4　注意自己的语速和语调	◇ 谁是你的信息接受对象 ◇ 先获得接受者的注意 ◇ 发出清晰悦耳的声音	
要点 5　不要使用简略语、专用语	◇ 用语是否规范准确 ◇ 对方是否熟悉公司的内部情况 ◇ 是否对专业术语加以必要的解释	
要点 6　养成复述习惯	◇ 是否及时对关键性字句加以确认 ◇ 善于分辨关键性字句	

课中实训

实训一:情景模拟——接打电话

某公司为了解宽带用户的宽带使用情况及满意度,拟在宽带用户中抽取 50 名进行电话访问。

活动要求:

1. 学员两人一组,分别扮演客服人员及宽带用户;
2. 客服人员书写电话访问脚本;
3. 模拟电话访问的情景;
4. 由老师与学生对每组表现进行评价。

实训二:电话销售技巧

每两名学员为一组,一名学员扮演销售人员,另一位学员扮演客户,选一种产品进行电话销售,练习电话沟通的技巧。

实训三：小组案例讨论

许强是××公司的销售人员,在朋友李飞的介绍下要将自己公司的软件推荐给另外一个客户使用。(下面是两人的通话)

……(开场白)

许强:"您公司里现在的办公软件怎么样?"

客户:"那已经是很久以前安装的办公软件了,到现在已经跟不上业务的发展速度了,大家普遍反映不太好用。"

许强:"那您对现在的软件主要的不满意在哪些方面呢?"

客户:"第一是速度太慢……"

许强:"这些问题对您的影响很大吗?"

客户:"当然啦,说白了公司不得不两个人做一个人的事……"

许强:"那我个人认为您应该解决这些问题,如果这些问题不存在,会给您带来什么改变呢?"

客户:"那还用说吗? 公司可以节省好多钱,而且也不用那么难受了。"

许强:"那您理想的软件包括什么呢?"

客户:……

许强:"那您觉得现在不能尽快解决这些问题吗?"

客户:"哦。我一直想着手做,就是没时间……。"

讨论题:

(1)你觉得这则通话是成功的吗?

(2)你认为许强在打电话之前做了哪些工作?

实训项目评价

技能点评价表

	技能点评价指标	分值	得分
实训一	电话沟通脚本结构完整;问题条理清晰、准确;电话访问符合规范	30	
实训二	电话销售技巧运用得当;电话销售规范标准	30	
实训三	回答问题思路清晰、答案准确。	40	

使用说明:

按评价指标评价项目技能点成绩,满分100分。

课后提升

案例 1

打印机的电话销售

销售员："您好,请问,李峰先生在吗?"

李峰："我就是,您是哪位?"

销售员："我是××公司打印机客户服务部章程,就是公司章程的章程,我这里有您的资料记录,您公司去年购买的××公司打印机,对吗?"

李峰："哦,是,对呀!"

章程："保修期已经过去了7个月,不知道现在打印机使用的情况如何?"

李峰："好像你们来维修过一次,后来就没有问题了。"

章程："太好了。我给您打电话的目的是告诉您这个型号的机器已经不再生产了,以后的配件也比较昂贵,提醒您在使用时要尽量按照操作规程,您在使用时阅读过使用手册吗?"

李峰："没有呀,不会这样复杂吧? 还要阅读使用手册?"

章程："其实,还是有必要的,实在不想阅读也是可以的,但机器寿命就会降低。"

李峰："我们也没有指望用一辈子,不过,最近业务还是比较多,如果坏了怎么办呢?"

章程："没有关系,我们还是会上门维修的,虽然收取一定的费用,但与购买一台全新的机器相比还是便宜的。"

李峰："对了,现在再买一台全新的打印机什么价格?"

章程："要看您想要什么型号的,您现在使用的是××公司的3333型,后续的升级的产品是4100型,不过哪种合适要看一个月大约打印多少纸张。"

李峰："最近的量开始大起来了,有的时候超过10 000张了。"

章程："要是这样,我还真要建议您考虑4100型了,4100型的建议使用量是每月15 000张的A4正常纸张,而3330型的建议月纸张量是10 000张,如果超过了定量会严重影响打印机的寿命。"

李峰："你能否给我留一个电话号码,年底我可能考虑再买一台,也许就是后续产品。"

章程："我的电话号码是888××××转999。我查看一下,您是老客户,年底还有一些特殊的优惠,不知道您何时可以确定要购买,也许我可以将一些好的政策给您保留一下。"

李峰："什么政策?"

章程："4100型号的,渠道销售价格是12 150,如果作为3330型的使用者购买的话,可以按照8折来算或者赠送一些您需要的外设,主要看您的具体需要。这样吧,您考虑一下,然后再联系我。"

李峰："等一下,这样我要计算一下,我在另外一个地方的办公室添加一台打印机会方便营销部的人,这样吧,基本上就确定了,是您送货还是我们来取?"

章程："都可以,如果您不方便,还是我们过来吧,您看送到哪里,什么时间好?"

后面的对话就是落实具体的交货地点和时间等事宜了。

案例2

顾客的投诉电话

客户："是天宇公司吧,我姓张,我有些问题需要你们处理一下!"

接线员："您好,张先生,我可以帮您什么?"

客户："我使用你们的笔记本电脑已经快一年了,最近我发现显示器的边框裂开了。因为我知道你们的电脑是3年保修,所以想看看你们如何解决?"

接线员："您是指显示器的边框裂开了?"

客户："是的。"

接线员："您的电脑有过磕碰的情况吗?"

客户："我的电脑根本没摔过,没有碰过,是它自动裂开的。"

接线员："那不可能。我们的电脑都是经过检测的。"

客户："但它确实自动裂开了,你们怎么能这样对我?"

接线员："那很对不起,显示器不在我们3年保修范围之内,这一点在协议书上写得很清楚了。"

客户："那我的电脑裂开就没有办法维修了?"

接线员："那很抱歉,我不能帮您。请问还有什么问题吗?"

客户："见鬼去吧!"

案例思考题:

(1)接线员是否有弄清楚客户打电话的主要目的?

(2)接线员是否了解客户的资料?

(3)如果你是该公司的接线员,你认为自己应该怎么做?

项目六
自学自测

第二部分

礼仪篇

项目七

礼仪概述

▶ 看微课

礼仪的起源
与沿革

学习目标

◆ 了解我国礼仪的发展史
◆ 掌握礼仪的含义与基础知识
◆ 能区别中西方礼仪差异点
◆ 能够熟悉礼貌、礼节与礼仪概念及其关系
◆ 能熟练运用礼仪的功能

课前自学

礼仪是一个人乃至一个民族、一个国家文化修养和道德修养的外在表现形式,文明讲礼是做人的基本要求。中华民族自古以来就非常崇尚礼仪。孔夫子曾说过:"不学礼,无以立。"就是说一个人要有所成就,就必须从学礼开始。在现代社会,虽然一个国家、一个民族的综合国力所包含的内容十分广泛,但在评价一个国家、一个民族时,通常是从这个国家、这个民族人们的言行举止、文明习惯所体现的公民素质与精神面貌开始的。因为,从国家和民族的角度说,礼仪是一个国家、一个民族社会风貌、道德水准、文明程度、公民素质的重要标志。从个体的角度说,礼仪是一个人思想觉悟、道德修养、精神面貌和文化教养的综合反映。通过一个人在社会生活中对礼仪的运用程度,可以察知其教养的高低、文明的程度和道德的水准。

任务1 了解我国礼仪的起源及发展史

一、我国礼仪的起源

我国具有五千年文明史,素有"礼仪之邦"之称。礼仪文明作为我国传统文化的重要组成部分,对我国社会历史发展有广泛而深远的影响。古代礼仪包括的范围内容和形式非常广泛,几乎渗透于我国古代社会的各个方面,诸如政治体制、朝廷法典、祭祀、水旱灾害祈禳、科举、军队征战,行政区域划分、房舍陵墓营造,乃至衣食住行、婚丧嫁娶、言谈举止,无不与礼仪有关,它是一个几乎囊括了国家政治、经济、军事、文化一切典章制度以及个人的伦理道德修养、行为准则规范的庞大概念。

可以认为,"礼仪"的产生于以下两方面:

（一）从理论上说，礼仪的产生，是人类为了协调主客观矛盾的需要

首先，礼的产生是为了维护自然的"人伦秩序"的需要。人类为了生存和发展，必须与大自然抗争，不得不以群居的形式相互依存，人类的群居性使得人与人之间相互依赖又相互制约。在群体生活中，男女有别，老少有异，这既是一种天然的人伦秩序，又是一种需要被所有成员共同认定、保证和维护的社会秩序。人类面临着的内部关系矛盾必须得到妥善处理，因此，人们逐步积累和自然约定出一系列"人伦秩序"，这就是最初的礼。

其次，礼起源于人类寻求满足自身欲望与实现欲望的条件之间动态平衡的需要。人对欲望的追求是人的本能，在实现欲望的过程中，人与人之间难免会发生矛盾和冲突，为了避免这些矛盾和冲突造成严重后果，就需要为"止欲制乱"而制礼。

（二）从具体的仪式上看，礼仪产生于原始宗教的祭祀活动

原始宗教的祭祀活动都是最早也是最简单的以祭天、敬神为主要内容的"礼"。这些祭祀活动在历史发展过程中逐步完善了相应的规范和制度，正式形成祭祀礼仪。随着人类对自然与社会各种关系认识的逐步深入，仅以祭祀天地鬼神祖先为礼，已经不能满足人类日益发展的精神需要和调节日益复杂的现实关系的需求。于是，人们将祭祀活动中的一系列行为，从内容和形式扩展到了各种人际交往活动，从最初的祭祀之礼发展到社会各个领域的各式各样的礼仪。

二、我国礼仪的发展史

我国礼仪在其传承沿袭的过程中不断发生着变革，从历史发展的角度来看，其演变过程可以分成以下几个阶段：

（一）礼仪的起源时期：夏朝以前（公元前 17 世纪前）

礼仪起源于原始社会，在原始社会中晚期（约旧石器时代）出现了早期礼仪的萌芽。整个原始社会是礼仪的萌芽时期，初期的礼仪较为简单和虔诚，还不具有阶级性。当时制定了明确血缘关系的婚嫁礼仪，区别部族内部尊卑等级的礼制，为祭天敬神而确定的一些祭典仪式，以及一些在人们的相互交往中表示礼节和表示恭敬的动作。

（二）礼仪的形成时期：夏、商、周三代（公元前 21 世纪~公元前 771 年）

人类进入奴隶社会，统治阶级为了巩固自己的统治地位把原始的宗教礼仪发展成符合奴隶社会政治需要的礼制，礼被打上了阶级的烙印。在这个阶段，我国第一次形成了比较完整的国家礼仪与制度。《礼记》就是我国最早的礼仪学专著。在汉朝以后近 2 000 年的历史中，《礼记》中的内容一直是国家制定礼仪制度的经典著作，被称为"礼经"。

（三）礼仪的变革时期：春秋战国时期（公元前 771 年~公元前 221 年）

这一时期，学术界形成了百家争鸣的局面，以孔子、孟子为代表的儒家学者对礼教给予了广泛研究和讨论，对礼仪的起源、本质和功能进行了系统阐述，第一次在理论上全面而深刻地论述了社会等级秩序划分及其意义，使其得到了发展。

孔子对礼仪非常重视，把"礼"看成是治国、安邦、平定天下的基础。他认为"不学礼，无以立"，"质胜文则野，文胜质则史。文质彬彬，然后君子"。他教导人们用礼的规范来约束自己的行为,要做到"非礼勿视,非礼勿听,非礼勿言,非礼勿动",倡导"仁者爱人",强调人与人之间要有同情心,要相互关心,彼此尊重。

孟子把"礼"解释为对尊长和宾客严肃而有礼貌,即"恭敬之心,礼也",并把"礼"看作是人的善性的发端之一。

(四)强化时期:秦汉到清末(公元前 221 年~公元 1911 年)

在我国长达 2 000 多年的封建社会中,尽管在不同的朝代礼仪文化具有不同的社会政治、经济、文化特征,但却有一个共同点,就是一直为统治阶级所利用,礼仪是维护封建社会的等级秩序的工具。这一时期的礼仪的重要特点是尊君抑臣等。在漫长的历史演变过程中,它逐渐演变为妨碍个体自由发展,阻挠个体平等交往,妨碍思想自由的精神枷锁。

纵观封建社会的礼仪,内容大致有涉及国家政治的礼制和家庭伦理两类。这一时期的礼仪是构成中华传统礼仪的主体。

(五)现代礼仪的发展

辛亥革命以后,各种西方思想涌入中国,中国的传统礼仪规范、制度,受到强烈冲击。新文化运动对腐朽、落后的礼教进行了清算,符合时代要求的礼仪被继承、完善、流传,传统礼仪中的繁文缛节逐渐被抛弃,同时一些国际上通用的礼仪形式被接受,新的礼仪标准、价值观念得到推广和传播。新中国成立后,逐渐确立以平等相处、友好往来、相互帮助、团结友爱为主要原则的具有中国特色的新型社会关系和人际关系。改革开放以来,随着我国与世界的交往日趋频繁,一些通行的礼仪、礼节陆续传入我国,同我国的传统礼仪一道融入社会生活的各个方面,构成了社会主义礼仪系统的基本框架。许多礼仪从内容到形式都在不断变革,现代礼仪进入了全新的发展时期。

从总体上说,现代礼仪与我国古代礼仪主要存在着三点明显的差异:

(1)两者的形成基础不同。古代礼仪是以封建等级制度为基础的;现代礼仪虽承认身份差异,但更强调以人为本、人格平等、社会公平,并以尊重人、爱护人作为立足点与出发点。

(2)两者的目的不同。古代礼仪以维护封建统治秩序为目的;现代礼仪则重在追求人际交往的和谐与顺利。

(3)两者的范围不同。古代礼仪所讲究的是"礼不下庶人",因而往往与平民百姓无关;现代礼仪则普遍适用于任何交际活动的参与者。

三、中西方礼仪区别

我国是四大文明古国之一,中华民族是有悠久历史的民族。我国的礼仪,经过不断地发展变化,逐渐形成体系。与我国的现代礼仪相比,国际上所流行的礼仪的最大的不同,是其主要起源于西方,受西方文化影响较深,由于历史、政治、地理位置、宗教信仰等因素的不同,导致中西方礼仪不同,其区别点包括:

(1)国际礼仪强调个人至上。它强调个人至上、个性自由,反对损害个人尊严,要求尊重个人隐私,维护人格自尊,这一点贯彻在国际礼仪的各个环节之中。

如在对待血缘亲情方面。我国非常重视家族和血缘关系,"血浓于水"的传统观念很强,人际关系中最稳定的是血缘关系。西方人独立意识强,相比较而言,不很重视家庭血缘关系,而更看重利益关系。

如在对待隐私权方面。西方礼仪强调个人拥有的自由,将个人的权利看得神圣不可侵犯。在西方,冒犯对方"私人的"所有权利,是非常失礼的行为。我国非常注重共性拥有,强调群体,强调人际关系的和谐,邻里间的相互关心,问寒问暖,是一种富于人情味的表现。

(2)国际礼仪强调交际务实。它认为交际活动中,既要讲究礼仪,又重在沟通,重在互动,不提倡过分客套,不认同过度的自谦、自贬。

如在表达形式方面,西方礼仪强调实用,表达率直、坦诚。中国人以"让"为礼,凡事都要礼让三分,与西方人相比,常显得谦逊和含蓄。在面对他人夸奖所采取的态度方面,东、西方人各不相同。面对他人的夸奖,中国人常常会说"过奖了""惭愧"等字眼,表示自己的谦虚;而西方人面对别人真诚的赞美或赞扬,往往会用"谢谢"来表示接受对方的美意。

如在礼品馈赠方面,在我国,人际交往重视礼尚往来,往往将礼物作为人际交往的媒介和桥梁。西方礼仪强调交际务实,在讲究礼貌的基础上力求简洁便利。西方人一般不轻易送礼给别人,除非相互之间建立了较为稳固的人际关系。在送礼形式上,他们非常重视礼品的包装,讲究礼品的文化格调与艺术品位。

(3)国际礼仪强调女士优先。它主要用于成年的异性进行社交活动之时。"女士优先"的含义是:在一切社交场合,每一名成年男子都有义务主动而自觉地以自己的实际行动去尊重妇女、照顾妇女、体谅妇女、保护妇女并且想方设法、尽心尽力地为妇女排忧解难。

任务 2 了解礼仪的概念、功能和原则

一、礼仪概念的界定

(一) 礼

礼在古代的本意为敬神,后引申为表示敬意的通称。礼的含义比较丰富,它既可以指表示敬意和隆重举行的仪式,也可泛指社会交往中的礼貌礼节,是人们在长期的生活实践中约定俗成、共同认可的行为规范。在《中国礼仪大辞典》中,礼的定义为特定的民族、人群或国家基于客观历史传统而形成的价值观念、道德规范以及与之相适应的典章制度和行为方式。礼的本质是"诚",有敬重、友好、谦恭、关心、体贴之意。"礼"是人际间乃至国际交往中,相互表示尊重、亲善和友好的行为。

(二) 礼貌

礼貌是指人们在交往过程中相互表示敬意和友好的行为准则和精神风貌,是一个人在待人接物时的外在表现。它通过仪表及言谈举止来表示对交往对象的尊重。它反映了时代的风尚与道德水准,体现了人们的文化层次和文明程度。

(三) 礼节

礼节是指人们在日常生活中,特别是在交际场合中,相互表示问候、致意、祝愿、慰

问及给予必要的协助与照料的惯用形式。礼节是礼貌的具体表现,具有形式化的特点,主要指日常生活中的相关个体行为。

（四）礼仪

礼仪包括"礼"和"仪"两部分。"礼",即礼貌、礼节;"仪"即"仪表""仪态""仪式""仪容",是对礼节、仪式的统称。

礼仪是指人们在人际交往中必须恪守的行为规范,也就是说它是人们在同别人打交道时所应当采取的标准化、正规化的做法。从广义的角度看,它泛指人们在社会交往中的行为规范和交际艺术。从狭义的角度看,礼仪通常是指在较大或隆重的正式场合,为表示敬意、尊重、重视等所举行的合乎社交规范和道德规范的仪式。

（五）礼貌、礼节、礼仪之间的关系

礼貌、礼节、礼仪都属于礼的范畴,礼貌是表示尊重的言行规范,礼节是表示尊重的惯用形式和具体要求,礼仪是由一系列具体表示礼貌的礼节所构成的完整过程。"礼貌""礼节""礼仪"三者尽管名称不同,但都是人们在相互交往中表示尊敬、友好的行为,其本质都是尊重人、关心人。三者相辅相成,密不可分。有礼貌而不懂礼节,往往容易失礼;谙熟礼节却流于形式,充其量只是客套。礼貌是礼仪的基础,礼节是礼仪的基本组成部分。礼是仪的本质,而仪则是礼的外在表现。礼仪在层次上要高于礼貌礼节,其内涵更深、更广,它是由一系列具体的礼貌、礼节所构成的;礼节只是一种具体的做法,而礼仪则是一个表示礼貌的系统、完整的过程。

二、礼仪的功能

《礼记·曲礼》指出,礼仪是人区别于动物的根本标志。"鹦鹉能言,不离飞鸟;猩猩能言,不离禽兽。今人而无礼,虽能言,不亦禽兽之心乎?"其意思是说,人类如果没有礼仪,虽然能够说话,不也是同禽兽一样吗? 人以礼仪道德使自己区别于禽兽,礼仪是使人成为人,并使人高出于动物之上的本质特征。

自古以来,礼仪都是一个国家、一个民族文明程度的重要标志,是衡量社会公众教养和道德水准的尺度。中华民族富有优良的文明礼貌传统,素有"礼仪之邦"的美称,几千年来,形成了一整套完善的礼仪系统,为人类的文明作出了卓越的贡献。如今我国社会经济各个领域正逐步与世界接轨,人际交往日益频繁,人们已经把讲究礼仪看作是自己走向社会的名片,是广交朋友的法宝,是生活和事业成功的基础。礼仪具备以下几个功能:

（一）教育功能

礼仪是人类社会进步的产物,是传统文化的重要组成部分。礼仪蕴涵着丰富的文化内涵,体现着社会的要求与时代精神。礼仪通过评价、劝阻、示范等教育形式纠正人们不正确的行为习惯,指导人们按礼仪规范的要求去协调人际关系,维护社会正常生活。对国民进行礼仪教育,可以从整体上提高国民的综合素质。

（二）沟通功能

礼仪行为是一种信息性很强的行为,每一种礼仪行为都表达一种甚至多种信息。在人际交往过程中,交往双方只有按照礼仪的要求,才能更有效地向交往对象表达自己的尊敬、敬佩、善意和友好,人际交往才可以顺利进行和延续。热情的问候、友善的目光、亲切的微笑、文雅的谈吐、得体的举止等,不仅能唤起人们的沟通欲望,彼此建立起好感和信任,而且可以促成交流的成功,扩大交流的范围,进而有助于事业的发展。

（三）协调功能

在人际交往过程中,不论体现的是何种关系,维系人际沟通与交往的礼仪,都承担着十分重要的"润滑剂"作用。礼仪的原则和规范,约束着人们的动机,指导着人们立身处世的行为方式。如果交往的双方都能够按照礼仪的规范约束自己的言行,不仅可以避免某些不必要的感情对立与矛盾冲突,还有助于建立和加强人与人之间相互尊重、友好合作的新型关系,使人际关系更加和谐,社会秩序更加有序。

（四）塑造功能

礼仪讲究和谐,重视内在美和外在美的统一。礼仪在行为美学方面指导着人们不断地充实和完善自我,并潜移默化地熏陶着人们的心灵。通过学习礼仪,人们的谈吐变得越来越文明,举止仪态越来越优雅,体现出时代的特色和精神风貌。

（五）维护功能

礼仪作为社会行为规范,对人们的行为有很强的约束力。在维护社会秩序方面,礼仪起着法律所起不到的作用。社会的发展与稳定,家庭的和谐与安宁,邻里的和谐,同事之间的信任与合作,都依赖于人们所共同遵守的礼仪规范与要求。

三、礼仪的原则

在日常生活之中,学习、应用礼仪,有必要在宏观上掌握一些具有普遍性、共同性、指导性的礼仪规律,这些礼仪规律,即礼仪的原则。掌握这些原则,将更有助于更好学习礼仪,运用礼仪。

（一）平等原则

现代礼仪中的平等原则,是指以礼待人,有来有往,既不能盛气凌人,也不能卑躬屈膝。平等原则是现代礼仪的基础,是现代礼仪有别于古代礼仪的最主要特征。在具体运用礼仪时,要允许因人而异,要根据不同的交往对象采取不同的具体方法。但必须强调,在礼仪的核心点即尊重交往对象、以礼相待这一点上,对任何对象都必须一视同仁,给予同等程度的礼遇。

（二）互尊原则

古人云:"敬人者,人恒敬之。"只有相互尊重,人与人之间的关系才会融洽和谐。所谓互尊原则,就是要求人们在交际活动中,与交往对象既要互谦互让、互尊互重、友好相待、和睦共处,也要将对交往对象的重视、恭敬、友善始终置于第一位。

思政小课堂

尊重他人是一种修养

上海有一家电影院曾发生这样一件事:年末,电影院经理把员工包括离退休人员及其家属都请到电影院来开茶话会。会上把专门制作的这些离退休人员和在职职工的生活录像片放给大家看。每个人,尤其是离退休职工都非常感动。原因很简单,这些人一辈子干的工作就是给别人放电影,从来未感受到自己被搬上银幕是什么滋味。今天他们有机会坐在给别人放了一辈子电影的电影院里,看自己走上银幕,感受到电影院领导没有忘记自己一辈子的辛苦,因而很自然地加深了对自己单位的感情,同时也使在职职工感到振奋,团体的凝聚力大增。

要想在与人交往中通过礼仪的形式体现出对对方的尊重,就应从以下几个方面做起:

(1)与人交往,要热情而真诚。热情的态度,意味着对别人的隆重接纳,会给人留下受欢迎、受重视、受尊重的感觉,而这本来就是礼仪的初衷和要旨。当然,热情不能过火,过分的热情会使人感到虚伪和缺乏诚意。所以,待人热情一定要出自真诚,是尊重他人的真挚情感的自然流露。如果心存不敬,却又要故意表现出热情,只会让人感到做作,引起反感。这一点在与客户及其他来访者交流时尤为重要。不论来访者是不是客户,都应该热情接待;不论是不是自己的客户,都要热情真诚地为其服务。

(2)要给他人留有"面子"。所谓"面子",即自尊心。即便一个毫无廉耻之心的人,也存在着一定的自尊心。失去自尊,对一个人来说,是一件难以容忍的事情。所以,伤害别人的自尊是严重失礼的行为。

(3)允许他人表达思想,表现自己。每个人都有表达自己思想、表现自身的愿望。社会的发展,为人们弘扬个性提供了更为广阔的空间。丰富的个性色彩和多元思想的共存,是现代社会区别于传统社会的一个基本特征。因此,现代礼仪中的互尊原则,要求人们必须学会彼此宽容,尊重他人的思想观点和个性。

(三)诚信原则

诚信原则是指"言必信,行必果"。在社会交往中,取信于人在人际交往中是非常重要的。

当一个人被信任的时候,别人就会想:这个人说的"靠得住"。所以,常常是别人信任你,才认为你是对的。因此,在人际交往过程中,博得人们的信赖,更有利于成功。信任是靠慢慢积累的,与客户初次打交道,客户都会抱着怀疑的态度,接触得多了,发现我们在工作中做到言而有信,客户也就慢慢开始信任我们,这样就更利于自己开展工作,更好地为客户服务。

自信也是获取信任、取信于人的方法。一个人要对自己有信心,不要因为曾经有过各种失败或小挫折就以为自己不讨人喜欢,从而失去自信,放弃了自己。其实,一个人有失败并不奇怪,关键是要有勇气,跌倒后还能爬起来,还能保持自信,自信自己能努力做到最好。

(四)宽容原则

宽容原则基本含义是:人们在交际活动中运用礼仪时,既要严于律己,更要宽以待人,要多体谅他人、多理解他人。"海纳百川,有容乃大",能设身处地为别人着想,能原谅别人的过失,也是一种美德,被视为现代人的一种礼仪素养。

那么,如何在礼仪中体现宽容原则呢?我们认为,应从以下几个方面做起:

(1)要做到"入乡随俗"。尤其是到了一些文化差异较大的国家和地区,要严格遵守当地的风俗习惯。

（2）理解他人，体谅他人，对他人不求全责备。俗话说"金无足赤，人无完人"。现实生活中的人，没有十全十美的。表现在礼仪方面，有些人擅长于礼仪交际，说话办事"滴水不漏"；有些人则不熟悉礼仪知识，举止粗俗。要能够理解并宽容不同的行为。

（3）虚心接受他人对自己的批评意见，即使批评错了，也要认真倾听。俗话说"人非圣贤，孰能无过"。有了过错后允许他人批评指正，才能得到大家的理解和尊重。有时，批评者的意见是错误的，但只要不是出于恶意，就应以宽容大度的姿态对待，有则改之、无则加勉。

（五）自律原则

学礼仪、讲礼仪、用礼仪，更重要的就是自我要求、自我对照、自我反省、自我检点，这就是所谓自律的原则。礼仪宛如一面镜子。对照着它，我们可以发现自己的品质是真诚、高尚还是丑陋、粗俗。真正领悟礼仪、运用礼仪，关键还要看自己的自律能力。

思政小课堂

程门立雪

《宋史·杨时传》里有段话："见程颐于洛，时盖年四十矣。一日见颐，颐偶瞑坐，时与游酢侍立不去。颐既觉，则门外雪深一尺矣。"

这里说的是"程门立雪"的故事：宋代学者杨时和游酢二人，原先以程颢为师，程颢去世后，他们都已四十岁，而且已考上了进士，然而他们还要去找程颢的弟弟程颐继续求学。故事就发生在他们初次到嵩阳书院，登门拜见程颐的那天。

杨时、游酢来到嵩阳书院拜见程颐，但是正遇上程老先生闭目养神，坐着假睡。这时候，外面开始下雪。这两人求师心切，便恭恭敬敬侍立一旁，不言不动，如此等了大半天，程颐才慢慢睁开眼睛，见杨时、游酢站在面前，吃了一惊，说道："啊！你们两位还在这儿没走？"这时候，门外的雪已经积了一尺多厚，而杨时和游酢并没有一丝疲倦和不耐烦的神情。

这个故事在宋代读书人中流传很广。后来人们常用"程门立雪"的成语表示求学者尊敬师长和求学心诚意坚。

课中实训

实训一：小组案例讨论 1

国别习俗

国内某家专门接待外国游客的旅行社，有一次准备在接待来华的意大利游客时送每人一件小礼品。于是，该旅行社订购制作了一批真丝手帕，由杭州知名工厂制造，每个手帕上绣着花草图案，十分美观大方。手帕装在特制的纸盒内，盒上又印有旅行社社徽。我国丝织品闻名于世,他们料想会受到客人的喜欢。旅游接待人员带着盒装的真丝手帕,到机场迎接来自意大利的游客。致欢迎词也热情、得体。之后在车上旅行社赠送给每位游客礼品。没想到车上一片哗然,议论纷纷,游客显得不高兴,特别是一位女士,大声叫喊,表现极为气愤,还有些伤感。接待人员一下心慌了,好心好意送人家礼物,不但得不到感谢,还出现这般景象。

思考:为什么会出现以上情况? 结合国际礼仪习俗谈谈你的观点。

实训二:小组案例讨论 2

有一批高校应届毕业生共 22 个人,实习时被导师带到北京的国家某部委实验室里参观。全体学生坐在会议室里等待领导的到来,这时有秘书给大家倒水,同学们表情木然地看着她忙活,其中一个还问了句:"有绿茶吗? 天太热了。"秘书回答说:"抱歉,刚刚用完了。"毕业生林然看着有点别扭,心里嘀咕:"人家给你倒水还挑三拣四。"轮到他时,他轻声说:"谢谢,大热天的,辛苦了。"秘书抬头看了他一眼,眼神中满含着惊奇,虽然这是很普通的客气话,却是她今天唯一听到的一句有礼貌的话。

门开了,领导走进来和大家打招呼,不知怎么回事,静悄悄的,没有一个人回应。林然左右看了看,犹犹豫豫地鼓了几下掌,同学们这才跟着拍手,由于不齐,越发显得凌乱。领导挥了挥手:"欢迎同学们到这里来参观。平时这些事一般都是由办公室负责接待,因为我和你们的导师是老同学,非常要好,所以这次我亲自来给大家讲一些有关情况。我看同学们好像都没有带笔记本,这样吧,王秘书,请你去拿一些我们部里印的纪念手册,送给同学们作纪念。"接下来,大家都坐在那里,很随意地用一只手接过领导双手递过来的手册。领导脸色越来越难看,来到林然面前时,已经快要没有耐心了。就在这时,林然礼貌地站起来,身体微倾,双手握住手册,恭敬地说了一声:"谢谢您!"领导闻听此言,不觉眼前一亮,伸手拍了拍林然的肩膀:"你叫什么名字?"林然照实作答,领导微笑点头,回到自己的座位上。早已汗颜的导师看到此景,才微微松了一口气。

两个月后,同学们各奔东西,林然的去向栏里赫然写着该部委实验室。有几位颇感不满的同学找到导师:"林然的学习成绩最多算是中等,凭什么推荐他而没有推荐我们?"导师看了看这几张尚属稚嫩的脸,笑道:"是人家点名来要的。其实你们的机会是完全一样的,你们的成绩甚至比林然还要好,但是除了学习之外,你们需要学的东西太多了,修养是第一课。"

小组讨论:这个案例给我们什么启示?

实训项目评价

技能点评价表

	技能点评价指标	分值	得分
实训一	观点合理,切中要害。	50	
实训二	回答问题思路清晰、答案准确。	50	

使用说明：

按评价指标评价项目技能点成绩,满分 100 分。

课后提升

案例 1

"女士优先"应如何体现

在一个秋高气爽的日子里,某宾馆迎宾员小贺,穿着一身剪裁得体的新制服,第一次独立地走上了迎宾员的岗位。一辆白色高级轿车向宾馆驶来,司机熟练而准确地将车停靠在宾馆豪华大转门的雨棚下。小贺看到后排坐着两位男士、前排副驾驶座上坐着一位外国女宾。小贺想通常后排座为上座,一般身份地位略高的人都是在后排右座就座。前排副驾驶座通常是翻译或秘书的位置。于是,他以规范、标准的姿势一步上前,目视客人,礼貌亲切地问候,以优雅姿态和职业性动作,先为后排右座的客人打开车门,做好护顶。关好车门后,小贺迅速地走向前门,准备以同样的礼仪迎接那位女宾下车。整套动作麻利而规范、一气呵成。没想到那位女宾满脸不悦,使小贺茫然不知所措。

案例思考题:

优先为重要客人提供服务是宾馆服务程序的常规,这位女宾为什么不悦？难道小贺做错了吗？

案例 2

玉帛成干戈

公元前 592 年,齐国国君齐顷公在朝堂接见来自晋国、鲁国、卫国和曹国的使臣,各国使臣都带来了墨玉、币帛等贵重礼品品献给齐顷公。献礼的时候,齐顷公向下一看,只见晋国的亚卿郤克是跛脚,鲁国的上卿是个秃头,卫国的上卿孙良夫只有一只眼睛,而曹国的大夫公子首则是个驼背,不禁暗自发笑:怎么四国的使臣都是有毛病的。

当晚,齐顷公见到自己的母亲萧夫人,便把白天看到的四个人当笑话说给萧夫人听。萧夫人一听便乐了,执意要亲眼见识一下。正好第二天是齐顷公设宴招待各国使臣的日子,于是便答应,让萧夫人届时在帷帐的后面观看。第二天,当四国使臣的车子一起到达,众人依次入厅时,萧夫人掀开帷帐向外望,一看到四个使臣便忍不住大笑了起来,她的随从也个个笑得前仰后合。笑声惊动了众使者,当他们弄明白原来是齐顷公为了让母亲开心,特意做了这样的安排时,个个怒不可遏,不辞而别。四国使臣约定各自回国请兵伐齐,洗刷在齐国所受的耻辱。四年后,四国联合起来讨伐齐国,齐国不敌,大败,齐顷公只得讲和,这便是春秋时期著名的"鞍之战"。

案例思考题:

1. 是什么原因导致玉帛成干戈？

2. 从这个故事我们可以吸取什么样的教训？

项目七
自学自测

◆ 掌握站姿、坐姿、行姿、蹲姿礼仪
◆ 掌握手势礼仪
◆ 掌握服饰和饰品的搭配技巧
◆ 掌握眼神的运用
◆ 掌握微笑的运用
◆ 掌握仪容的修饰

任务 1 仪 态 礼 仪

仪态即举止，是指一个人的动作、体姿与表情，举止是一种无形的语言，也称体态语言，它反映了一个人的素养、修养，以及能够被人信任的程度。人的风度是通过人的举止体现出来的，我们通过得体的举止礼仪展示个人的气质内涵。

一、站姿、坐姿、走姿、蹲姿

站姿、坐姿、走姿、蹲姿构成人的基本举止姿态。中国古代形容不可言喻的形体美，只有一个"态"字，"态"是什么？是优雅、自然、生动的姿态和动作，是风度、气质的表现，是一种美的形体语言！毫无疑问，你的仪态就是你的一部分，它每时每刻，无声无息，如影随形地表达着你自己。端庄、大方的站姿、坐姿，自信的走姿都能使你成为气质与风度的典范。

（一）站姿

站姿是基本的体态姿势，也是其他姿势的基础，是我们日常生活中正式或非正式场合中第一引人注视的姿势。男士要求"站如松"，刚毅洒脱；女士则应秀雅优美，亭亭玉立，这也是一种静态美，是培养优美典雅仪态的起点，也是发展不同质感和动态美的起点和基础。良好的站姿能衬托出美好的气质和风度。训练符合礼仪规范的站姿，是培养仪态美的起点，其动作要领也是培养其他优美仪态的基础。

1. 站姿基本规范

（1）头正，双目平视，嘴角微闭，下颌微收，面容平和自然。

（2）双肩放松，稍向下沉，人有向上拔的感觉。

（3）躯干挺直，挺胸，收腹，立腰。

（4）双臂自然下垂于身体两侧，中指贴拢裤缝，两手自然放松。

（5）双腿直立并拢，脚跟相靠，两脚尖张开呈"V"字形，身体重心落于两脚中间。

站姿可分为肃立与直立两种。

肃立：身体直立，双手置于身体两侧，双腿自然并拢，脚跟靠紧，脚掌分开呈"V"字形；面部表情严肃、庄重、自然。例如，参加升降国旗仪式或庄重严肃的场合应该用肃立站姿。

直立：身体立直，一手掌平抚前腹，另一只手轻握该掌手腕部分，两掌可以交换位置，或两手背后相搭在臀部（后背手式），两腿并拢，脚跟靠紧，脚掌分开呈"V"字形（男女适用，男士两脚可以略分开站立更显洒脱）。

2. 女士立姿

女士的立姿要柔美（图8-1）。所谓"亭亭玉立"，以体现女性轻盈、妩媚、娴静、典雅的韵味。女性主要站姿为前腹式，两脚并拢或两脚尖略展开，丁字步也是不错的选择。这种站姿可以巧妙地掩饰"O型腿"女士的缺点，并使腿看起来更加纤细。

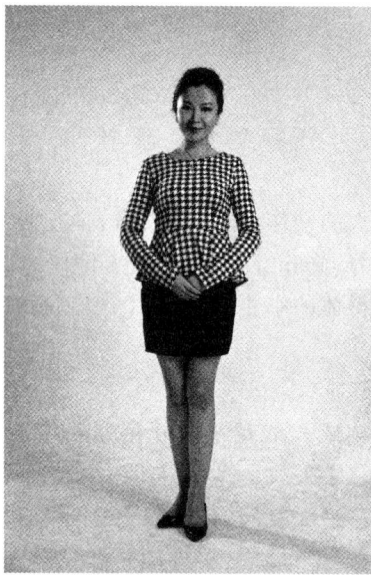

图8-1　女士立姿

女士直立时手位：两手自然并拢，大拇指交叉，右手握放在左手四指的部位上，轻贴在腹前。女士着礼服或旗袍时，可让双脚之间前后距离约5 cm，以一只脚为重心。

3. 男士立姿

男士立姿要稳健，身体立直，两腿分开，两脚平行，比肩宽略窄些，距离以20 cm左右为宜；或站"V"字形。男士直立时手位：两手叠放在背后或双臂自然下垂，也可以双手相握叠放于腹前。正确健美的站姿会给人以挺拔笔直、舒展俊美、端庄大方、精力充沛、信心十足、积极向上的印象。

4.不雅的站姿

不论男女,站姿切忌歪头、缩颈、耸肩、含胸、塌腰、撅臀;切忌身躯歪斜、弯腰驼背、趴伏依靠、手位失当(如抱在脑后、手托下巴、插入衣兜)、腿位不雅(双腿叉开太宽、双腿扭在一起、双腿弯曲、一腿高抬、身体抖动等)、脚位欠妥("人"字式、蹬踩式、独脚式等)。更不要下意识地做小动作,如摆弄笔、打火机、香烟盒、玩弄衣带、咬手指甲等。这些不但显得拘谨,也给人以缺乏自信和教养的感觉。

5.站姿训练的方法

好的站姿能通过学习和训练而获得。进行理论学习后,还要在生活中加以训练。利用每天空闲的时间练习 20 min 左右,效果将会非常明显。训练方法如下:

(1)贴墙法。使后脑、双肩、臀部、双脚跟部紧贴墙壁。让你的头、肩、臀、腿之间纵向连成直线。

(2)贴背法。两人背对背相贴,部位要求同上,在肩背部放置纸板,纸板不掉下。

(3)顶书法。头顶最好先放一个小圆环,再平放书本,颈挺直,收下颌,挺直上身至书不掉为宜(图 8-2)。

图 8-2　顶书法

在各种场合的站姿会依时间、地点、场合的不同而有所变化。但不论何种站姿,只是改变脚部姿势或角度,身体仍需保持挺直,使站姿自然、轻松、优美。

(二)坐姿

坐姿也是一种静态的身体造型,是人们在社交应酬中采用最多的姿势。坐姿的原则是"坐如钟",正确的坐姿给人以端庄、大方、自然、稳重的感觉,而且也是展现自己气质和风度的重要形式。

基本要求:坐在椅子上,上身保持站姿的基本姿势,双膝并拢,两脚平行,鞋尖方向一致,双手自然搭放。

入座要轻而稳,女士着裙装要先抚顺裙子或轻拢裙摆,而后入座。

坐在椅子上,一般坐满椅子的 1/3~2/3。一般情况下,不要靠住椅背,休息时可轻靠椅背。

根据所坐椅子的高度调整坐姿，双脚可正放或侧放，并拢或交叠。但必须切记女士的双膝应并拢，任何时候都不能分开。

双手可自然弯曲放在膝盖或大腿上。如果坐有扶手的沙发，男士可以将双手分别搭在扶手上，而女士最好只搭一边扶手，以显示优雅。

起立时，双脚往回收半步，用小腿的力量将身体支起，不要双手撑着腿站起，要保持上身的直立状态。

1. 女士六种坐姿

（1）标准式。正坐式，双膝并拢，手放在腿上（图8-3）。

（2）侧坐式（或侧点式）。双腿向左或向右侧转适宜的角度摆放，双脚并拢或呈丁字式或双脚尖侧点式（图8-4）。

 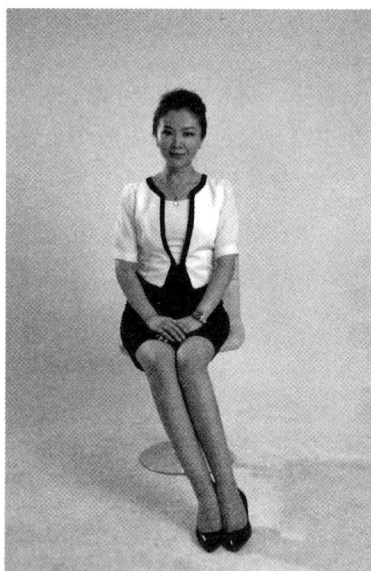

图8-3 标准式　　　　　　　　图8-4 侧坐式

（3）前交式。正坐式，双膝并拢，两脚略前伸交叉，两脚重叠（图8-5）。

（4）屈直式。屈直式可分为正坐式和侧坐式。双膝并拢，两小腿一前一后分开，并处在一条直线上，两手放在前伸腿上。

（5）重叠式。重叠式可分为正身重叠式和侧身重叠式两种。一腿放在另一腿上，两腿自然弯曲下垂。注意在下的一条腿稍内收，放在上面的一条腿会较轻松自然（图8-6）。

（6）侧挂式。两腿均斜放并叠加。

2. 男士六种坐姿

（1）标准式。正坐式，双膝并拢或稍分开，双膝分开时双脚应取平行位。手放膝上或腿上。

（2）前伸式。双膝稍分开，两腿一前一后摆放即可。

（3）前交叉式。双膝稍分开，两腿略前伸交叉，两脚重叠。

（4）后点式。双膝稍分开，两小腿后缩脚掌点地或两小腿交叉脚掌后点地。

（5）屈直式。双膝略分开，两小腿一前一后分开，两手放在腿上。

（6）重叠式。一腿放在另一腿上，两腿自然弯曲下垂。注意在下的一条腿稍内收，这样放在上面的一条腿会感到轻松自然。

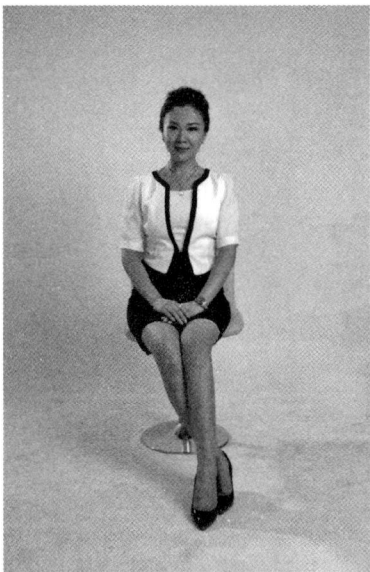 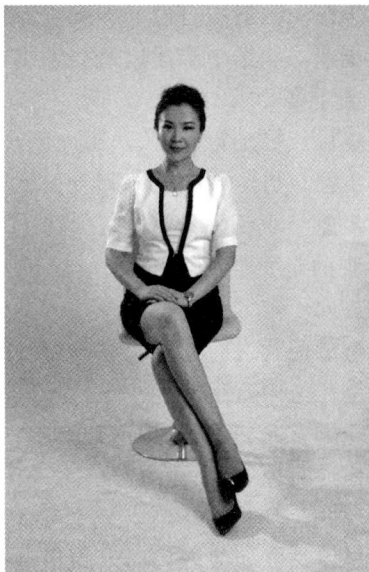

图 8-5　前交式　　　　　　　　　图 8-6　重叠式

3. 不雅的坐姿

与人交谈时，以下这样的坐姿是不礼貌的：双腿不停地抖动甚至脚跟离开鞋跟在晃动；坐姿不符合环境要求，如与职位高者、长者交谈时叠腿；双脚搭到椅子、沙发、桌子上；叠腿姿势成"4"字形，俗称二郎腿；坐下后脚尖相对，或双腿拉开成八字形，或将脚伸得很远。

（三）走姿

走姿是人体所呈现的一种动态，是站姿的延续，走姿是展现人的动态美的重要形式。走路是最引人注目的肢体语言，最能表现一个人的风度和活力。走姿优美，可增添人的魅力。

1. 走姿基本规范

（1）头正。以站姿为基础，目光平视前方。

（2）肩平。双肩平稳，双臂自然下垂，有节奏地前后摆动。

（3）手位。手臂摆幅为 35 cm 左右，双臂外开不要超过 20°。

（4）步位直。行走时，两只脚行走的内侧轨迹为一条直线。

（5）步幅适当。步幅一般应该是自己的一脚长度。

（6）步速稳健。行走时保持一定的步速，并有一定的节奏感。

（7）重心稍前倾，跨出的步子应是脚跟先着地，膝盖不能弯曲，脚腕和膝盖要灵活，富有弹性，不可过于僵直。

2. 女士走姿要求

（1）步位。女士行走时,两脚轨迹可有直线形、柳叶形、小"S"形;职场中以直线形、柳叶形步位为宜;注意女士行走时两脚重心始终在一直线上。中年女士以平行步位为宜。

（2）步幅。一般以自己的一脚长为宜。穿旗袍、高跟鞋步幅应小些。

（3）步速。职场中步速以每分钟120步左右为宜。

3. 男士走姿要求

（1）步位。男士行走时,两脚内侧轨迹在一条直线上,即平行步位。

（2）步幅。男士步幅以一脚半长度为宜。

（3）步速。职场中步速以每分钟110步左右为宜。

4. 不雅的走姿

（1）方向不定,忽左忽右。

（2）弯腰驼背、摇头晃脑、晃肩、摆胯扭腰。

（3）脚位呈内八字或外八字。

（4）左顾右盼,走路时抽烟,双手插裤兜。

（5）横冲直撞、与人抢道等。

（四）蹲姿

蹲姿是由站立姿势变化而来的相对静止的体态,是由站立姿势转变为两腿弯曲并使身体高度下降的姿势。

1. 蹲姿基本规范

一脚在前,一脚在后;两腿紧靠,前脚全着地,后脚脚掌着地;臀部向下,高腿向人。

2. 女士蹲姿

（1）半蹲式。这种姿态一般用来从地上拾起较高的物品,如手提箱等。其要求是走到物品的一侧,上身稍许弯下,但不宜与下肢构成直角或锐角,臀部应向下而不能撅臀部,物品在右侧,则重心放在右脚上;反之亦然。

（2）高低式。一脚在前,一脚在后,脚在低位的一侧腿膝盖靠紧在高位脚的小脚边。

（3）交叉式(图8-7)。此蹲姿适用于女性。下蹲时右脚在前,左脚在后,右腿小腿垂直于地面,全脚着地。左膝由后面伸向右侧,左脚跟抬起,脚掌着地,两腿靠紧,合力支撑身体。臀部向下,上身稍前倾。这种蹲姿比较适合于穿短裙的女士。

3. 男士蹲姿

男士常用的蹲姿:半蹲式、高低式。方法同女式,但男士两腿间可留有适当的缝隙。

4. 不雅的蹲姿

（1）弯腰拾捡物品时,两腿叉开,臀部向后撅起。

（2）双腿敞开而蹲,这种蹲姿叫"如厕蹲姿",是最不得体的动作。

（3）不要面对他人或被背对他人而蹲。下蹲时注意内衣不露、不透。

图 8-7　女式蹲姿（交叉式）

二、手势礼仪

肢体语言亦称"人体示意语言""动作语言"等，是人际交往中一种传情达意的方式。在日常人际交往中，最常见的肢体语言就是手势。了解手势，不仅有助于理解别人的意图，而且能够使自己的表达方式更加丰富，表达效果更加直接，进而使人与人之间更和谐。

手势是指表示某种意思时用手所做的动作，也是一种表现力较强的"体态语言"。在日常交往中，恰当地使用手势，有助于语言表达，并且能给人以肯定、深刻的印象，增加感染力。

（一）手势的基本规范

（1）指示方向时应使手掌自然伸直，掌心向上，与地面夹角约呈 45°，手指自然并拢（女士拇指并拢，男士拇指自然分开），手腕和小臂形成一直线（图 8-8）。

（2）与人交谈时，手势不宜过多，动作不宜过大，速度快慢及时间的长短要根据场景来控制。

（3）手臂前伸时，上肢可微前倾 5°～10°。

（4）眼神要与手势方向一致。运用手势时，一定要目视宾客，面带微笑，以示对宾客的尊重。

（二）社交常用手势

1. 横臂式

横臂式手势用来指引较近的方向。大臂自然下垂，小臂轻缓地指向一旁，小臂摆出时略呈水平，另一手下垂或背在背后，面带微笑，双脚并拢或成右丁字步，同时加上礼貌用语，如"您请""请进"等。

2. 直臂式

这种手势用来指示或引领较远方向。五指并拢伸直，肘关节伸直，手臂抬至约肩

图 8-8　指示方向的手势

高并指向目标方向(图 8-9)。

图 8-9　直臂式

3. 曲臂式

这种手势常用于一只手扶房门或电梯门,或一手拿东西,同时又要做出"请"或指示方向时。指示方向的手臂弯曲约 90°并放腹前,手腕距离身体约 20 cm 处摆放,手掌向上,身体稍前倾,指向目标处。

4. 双臂式

这种手势用来向众多来宾表示"请"或指示方向。双手一前一后、一高一低同时向身体一侧抬起。

（三）不雅的手势

在日常交往中,有些手势会令人极其反感,严重影响人的形象,应避免出现。如单指指人、当众搔头皮、掏耳朵、抠鼻孔、剔牙、咬指甲、揩眼屎、搓泥垢等,这些都是交往活动中应该避免出现的举止。

（四）常见手势的含义

由于各民族文化和风俗的不同,对同一个手势,往往会有不同的含义。为此,在交往中必须仔细分辨手势使用的具体场合,不可乱用。下面简要介绍几种常见的手势。

1. "OK"手势

用大拇指和食指构成一个圆圈,再伸出其他三指,掌心向外,即为"OK"手势。这种手势在中国和法国表示零;在欧美大部分国家表示"好""准备好了""赞同"等;在日本、韩国、缅甸用这一手势表示金钱;在巴西、希腊、俄罗斯表示对人的咒骂和侮辱;在印度尼西亚表示不成功、什么也干不了的意思;在印度表示正确;在泰国表示没问题等。

2. "V"手势

"V"手势即伸开食指和中指,掌心向外,呈现"V"形手势。在欧美国家用这一手势表示胜利、成功;呈现"V"手势时,手背对着他人是表示数字"2"的意思。（该手势是第二次世界大战结束时,英国首相丘吉尔首先使用的。）

3. 竖大拇指的手势

在我国人们用这种手势表示称赞、夸奖、鼓励,有"了不起""好""真棒"的意思;德国人、意大利人表示数字"1";日本人用这种手势表示"老爷子";在美国和欧洲部分地区,用来表示"要打车";希腊人表示"够了";而尼日利亚、澳大利亚和新西兰把这种手势视为对人格的侮辱。

4. 伸出食指

在我国和韩国、印度尼西亚、墨西哥等国家,用伸出食指这种手势表示数字"1";在新加坡则表示"重要"的意思;在缅甸是"摆脱"的意思;而在澳大利亚用这种手势表示再来一杯啤酒;在法国是请求、提出问题的意思。

任务 2　服 饰 礼 仪

服饰,是指人的服装穿着、饰品佩戴、妆容等几个方面的集合。服饰搭配是一种文化,反映人的文化修养、精神面貌、社会地位和审美情趣。在商务场合注意服饰礼仪,有助于营造良好的交往氛围、树立良好的个人和企业形象、促进贸易的达成。

一、服饰的功能

服饰是人在长期的生存进化中所创造的服务于人的产物,用于御寒防晒、遮体避羞、饰身悦目,具有防护、伦理、表达与美化四种功能。

二、着装的原则

（一）"TPO"原则

服装所具有的实用功能与审美功能要求穿着者首先要明确着装的目的,要根据穿着的对象、环境、场合、时间等基本条件去进行设想,寻求人、环境、服装的高度和谐。这就是我们通常说的着装原则和前提条件——"TPO"原则。

T、P、O 三个字母分别代表时间(time)、地点(place)、主体、着装者(object)。

1. 时间

时间主要是指穿戴服饰时应考虑时代性、季节性、早晚性。

时代性是指服饰应顺应时代发展的主流和节奏,不可太超前,也不可太滞后。

季节性是指服饰穿戴应考虑春、夏、秋、冬四季的气候环境。就服装来说,夏季应着轻软、凉爽的服饰,冬季应穿保暖、大方的服饰;不可冬服夏穿,夏衣冬穿;春秋季的服装可以自然、随意一些。

早晚性是指服饰应根据每天的早、中、晚时间变化而调整。通常早上、白天因户外活动或非正式活动较多,可以在穿着方面稍微随便一点;晚上因宴请、舞会等活动较多,出席类似这样的活动应当穿戴正式些。

2. 地点

地点主要是指服饰穿戴者将要出现的空间环境,要考虑地理位置、自然条件、民俗风情习惯;也要考虑不同国家、不同地区所处的地理位置、自然条件及生活习俗等。如在气候较热的地方,上身的礼服最好为白色;在寒冷的地区,室外虽寒冷,但若室内有暖气,女子穿短袖或无袖的晚会盛装也不足为奇。庄重、严肃的庆典、仪式活动着装应尽量正规;轻松愉快的郊游、远足应尽量随意。

3. 主体、着装者

人是服装的中心,在着装前我们要对着装者的各种因素进行分析、归类,才能使着装具有针对性和定位性。应根据不同的地区、性别、年龄、体态、文化背景、教育程度、个性与修养、艺术品位以及经济能力等因素决定着装方案。比如:要符合身份,就要区分男女、长幼、职业等;要扬长避短就要区分个高个矮、皮肤黑白、胖瘦程度等。

（二）个性化原则

个性化原则主要指依个人的性格、年龄、身材、爱好职业等要素着装,力求反映一个人的个性特征。选择服装要因人而异,重点在于展示所长、遮掩所短,显现独特的个性魅力和最佳风貌。现代人的服饰呈现出越来越强的个性化趋势。

（三）整洁原则

整洁原则指在任何情况下,服饰都应该是整洁的。衣服不能沾有污渍,不能有脱线的地方,更不能有破洞,扣子等配件应齐全。衣领和袖口处尤其要注意整洁。

三、服装的搭配

（一）男士篇

男士在商务场合主要是穿着西装。西装的盛行,起源于 17 世纪的欧洲,至今已经在全球范围内成为男士在各种正式场合的日常衣装。西服之所以长盛不衰,不仅因为

看微课

男士正装

其着装效果能体现出大方简洁、端正、挺括、工艺精致感和合体贴切性,并且适用的年龄跨度大,适合老中青三代。能否选择一套适合自己的西装并将领带、皮鞋、袜子、腕表等有机结合起来,决定了男士着装的成败。

1. 西装的选择

挑选西装主要考虑以下五个方面:

（1）面料

毛料为西装首选面料。高档西装面料具有以下四个特点:轻——犹如丝绸般轻飘;薄——面料轻薄,无厚重感;软——穿着柔软舒适,无束缚挤压感;挺——西装外表挺括雅观。

（2）色彩

西装色彩应庄重、正统,首推藏蓝色,其次是深蓝、深灰、黑色,正式、半正式场合应穿深色、纯色无图案的西装,不宜穿着色彩鲜艳、杂色或反光面料的西装。

（3）款式

欧式西装:上衣呈倒梯形,纽扣的位置较低,衣领较宽,强调肩部与后摆,不重视腰部,垫肩与袖笼较高,腰身中等,后摆无开衩。

英式西装:不刻意强调肩宽,而讲究穿在身上自然、贴身。多为单排扣式,衣领是"V"形,并且较窄。腰部略收,垫肩较薄,后摆两侧开衩。

美式西装:外观上方方正正,宽松舒适,较欧式西装稍短一些。肩部不加衬垫,被称为"肩部自然"式西装。领型为"V"形,腰部宽大,后摆中间开衩,多为单排扣式。

日式西装:上衣的外形呈现为"H"形,不过分强调肩部与腰部。垫肩不高,领子较短、较窄,不过分地收腰,后摆也不开衩,多为单排扣式。

（4）尺寸

西装以宽松适度、平整、挺括为标准,具体来讲,西装的衣领应紧贴衬衫领并且低于衬衫领 1~2 cm;上衣身长应与手的虎口相平,衬衫袖口略长于西装袖口 1~2 cm,下摆要塞到裤子里。西裤作为西服整体的另一个主体部分,要求与上装互相协调,以构成和谐的整体。裤长以裤腿边前盖脚面、后不擦地为准。

（5）做工

选择西装时应仔细察看:衬里是否外露,衣袋是否对称,纽扣是否牢靠,表面是否起泡,针脚是否均匀,外观是否平整。

2. 衬衫的选择

（1）衬衫的面料

衬衫的面料有多种,真丝、混纺、夹丝、棉,各有优劣,真丝质感好但容易起皱,混纺不起皱但不吸汗,纯棉质感好、吸汗,但比较厚,必须熨烫,生活中常常选用棉质衬衫。

（2）衬衫常用的颜色与花纹

衬衫的常用颜色按顺序依次为:白、浅蓝色、蓝、浅灰、灰、褐,常用花纹为条纹、细暗格。

（3）衬衫的尺寸

领口和袖口是决定衬衫是否合身的关键部位,另外,衬衫领子应高于西装衣领 1~2 cm,袖口应该刚好盖到手腕,露出西装 1~2 cm(为了西装的保洁)。衬衫必须塞进裤子内。

（4）衬衫的领型

较常见的搭配西装的衬衫有正规型、短领型、长领型、有扣型。此外还有与古典西装搭配的圆领型；与正规三件套西装搭配的别针领型；领口垂直立起，领尖向前弯曲，专门与礼服搭配的翼领型。具体来说，方脸或圆脸一般选长领或有扣型，脸型适中或长脸选正规领，脖长选高领或短小领型。

看微课

领带系法

3. 领带的选择

领带的面料以真丝为最优，也可以用羊毛材质的。比较常用的有纯藏蓝色或酒红色的领带。使用最多的花色品种是斜条纹图案领带。

4. 西装、衬衫与领带的搭配

商务西装一般选比较沉稳的暗色，衬衫选浅色或柔和的颜色，如浅紫色、浅灰色等；领带选略微明显的淡雅色调，如蓝色、紫色等。

复杂的搭配只要记住几个原则：第一是"三色原则"：西服套装、衬衫、领带、腰带、鞋袜一般不要超过三种颜色；第二是"三一定律"：鞋子、腰带、公文包同色。

注意：一定要拆掉上衣袖子上的商标，黑裤子不要配白色或浅色袜子，忌穿起皱的西装外套和衬衣。

5. 皮鞋和搭配

皮鞋的选择重在颜色和做工。

（1）西装与皮鞋的搭配法则。

黑色的皮鞋可以搭配任何颜色的服装，灰色的皮鞋不宜搭配深色的西装，浅色的鞋只能搭配浅色的西装，漆色的皮鞋只能搭配礼服。

注意：永远不能穿运动鞋配西装出现在正式场合。

（2）西装和鞋袜的搭配

深色西装一定要配深色袜子、深色鞋，袜子的颜色应比西装深，花纹要朴素大方。忌用白色袜子配深色西装。袜子质地选择纯棉质，袜子长度应宁长勿短。

6. 男士西装穿着"十忌"

一忌西裤短，标准的西裤长度为站起时裤管盖住皮鞋；二忌衬衫放在西裤外；三忌衬衫领子太大，领脖间存在空隙；四忌领带颜色刺目；五忌领带太短，一般领带长度应是领带尖盖住皮带扣；六忌不扣衬衫就佩戴领带；七忌西服上衣袖子过长，应比衬衫短1~2 cm；八忌西服的上衣、裤子袋内装过多东西；九忌西服配运动鞋；十忌皮鞋和鞋带颜色不协调。

（二）女士篇

职业女性的基本服饰有：西装套装、套裙（多为黑色、深蓝色、米色），含套装颜色的丝巾，短大衣和长风衣（常用黑色、棕色、银灰色），颜色接近的上衣和裙子，各种颜色的单色衬衣，肉色丝袜，与套裙颜色匹配的皮鞋，黑色或浅色手提包，优质美观的手表。

套裙。女士职业服装选择余地极为广阔，裙装、裤装均可，其中以着西装套裙为最宜。

套裙的款式。套裙分两件套和三件套，大都是两件套配衬衫穿着。套裙的上装以

西服式样居多,也有圆领、"V"字领、披肩领等式样,扣子有单排或双排的。整体造型上主要分 H 、X 、A 、Y 四种:

H 型——上衣宽松,裙为直通式,直上直下,浑然一体;

X 型——上衣紧身,裙为喇叭式,上宽下松,凸显腰部;

A 型——上衣紧身,裙为宽松式,衣紧裙松,凸显上身;

Y 型——上衣宽松,裙为紧身式,衣松裙紧,凹陷下身。

造型要根据遮掩短处、衬托长处的原则选择适合自己身材的套裙。

套裙的面料。可选择羊毛制品或亚麻制品。应平整、光洁、柔软、挺括,以轻、薄、垂为特点,避免过于厚重的毛料、呢料。

套裙的颜色。商务场合以庄重大方为主,因此颜色首选黑色、深蓝、深灰等冷色调,与男士西服颜色类似。即使有图案,也只能选择暗纹和朴素简洁的几何形状。

尺寸要长短适宜,上衣不宜过长,裙子长度要在膝盖处,入座时离膝不超过10 cm。

女式衬衫面料以纯棉布和真丝为适宜,不要过于柔软,否则会有居家的感觉。与套裙相配的衬衫的面料最好是丝绸,但需要注意的是丝绸易起褶。纯棉的衬衫也可以,但必须熨烫平整。

被广泛接受的服装颜色是白色和淡蓝色,但是女性选择的范围比较宽,可选择一些浅淡的暖色,诸如淡紫色、浅灰色、玫瑰红、浅驼色、卡其色、湖蓝色、灰色、灰绿色、米色、驼色、象牙色、松石蓝色等看起来优雅平和的单色。衬衫下摆必须塞入腰间,纽扣必须系好,在公共场合不宜外穿衬衫。

套裙要搭配皮鞋来穿,一般选择中跟或中高跟皮鞋(忌系带、搭扣、露趾)、长短靴、凉靴等,鞋跟 3~5 cm,忌坡跟、松糕跟,这样久立不会太疲劳,又显得身材挺拔,颜色一般选择黑色或其他暗色。与套装颜色相配的鞋,不可以颜色过于鲜艳,要保持鞋面清洁亮丽,若有破损起皱要及时更换。

丝袜要选择贴合个人肤色的透明肉色连裤袜,若是筒式袜则要配吊带裤,以防丝袜下滚的尴尬,禁止穿彩色、黑色袜子或网眼袜,在入座时不能露出丝袜的收口部分或是连裤袜的裤底,若丝袜破损要及时更换,不得穿短袜或光腿。

四、饰品的佩戴

(一)男士饰品

1. 腰带

男士腰带的颜色以深色,特别是黑色为最好,2.5~3 cm 的宽度较为美观。腰带扎好后,不应在腰带上扣挂钥匙等物品,如皮面磨损应及时更换。

2. 手表

手表要选择与身份相称的品牌,设计要大方简约,切勿过分显眼。

3. 袖扣

有些衬衫需要用到袖扣,要求袖扣的款式简单大方,颜色与西装纽扣相称。

4. 围巾

围巾的面料有毛绒、纯棉、人造毛织物、真丝、涤丝绸等。男士一般应选用毛绒、人造织物制作的围巾,色彩应选用灰色、棕色、深绛色或海蓝色,不能选用丝绸类的围巾。

5. 眼镜

眼镜的款式要与体形相称,同时要考虑自身的发型;镜框的颜色要与肤色相协调,要与自己的脸型相协调;佩戴装饰性眼镜时要考虑与身份相符。

6. 戒指

男士一般只允许佩戴婚戒,应戴在左手的无名指上。

(二)女士饰品

1. 首饰

项链,从长度上分,项链可分为四种:短项链长约 40 cm,适合搭配低领上衣;中长项链长约 50 cm,可广泛使用;长项链长约 60 cm,适合在一般社交场合使用;特长项链长约 70 cm,适合用于隆重的社交场合。

耳环(包括耳钉、耳坠)讲究成对使用。戴耳环时应兼顾脸型,不要选择与脸型相似的形状,以防同形相斥,使脸型方面的短处被夸大。

戒指一般戴在左手,在各手指上有不同含义:在食指上表示未婚或被求婚状态;戴在中指上表示正在热恋中;戴在无名指上,表示已订婚或结婚;戴在小指上则表明"处于单身情况是独身侠"。

看微课

饰品的佩戴

女士首饰的佩戴要遵循以下三条原则:

数量原则——同时佩戴的首饰不超过三件,一般指耳环、项链和戒指。佩戴丝巾则不戴项链。佩戴手表则不戴手链,且手表算在首饰数量之内。

色彩原则——首饰色彩一致,且与肤色一致,与服装颜色协调,比如,耳环是白金的,那么项链就不可以戴黄金的,只能挑银色的。同样,如果耳环是绿色宝石的,那么项链就不能挑珍珠类。

款式原则——款式简单,大小适中,避免佩戴造型怪异的饰品。比如,耳环只能戴耳坠或纽扣式耳环,而不应戴耳朵上穿了多个洞的链式耳环。一般脖子长的人要佩戴粒大而短的耳环,脖子短的人要佩戴粒小而长的耳环。

2. 丝巾

在稳重色调为主的商务场合,女士多彩的丝巾能平添几分活泼轻松的气氛。装扮高手总是能利用丝巾起到画龙点睛的点缀作用,营造出自己独特的女性特质。怎样才能做到恰到好处地戴好丝巾呢?

选色是关键。在商务场合全身的颜色一般不超过 3 种,因此适于戴丝巾的前提是套装或深灰色上装,或是接近的单一暗色,并且内衬的是无领衫或低领衫,这时可以挑选色彩比较丰富的花色丝巾。注意,挑选的彩色花纹丝巾里必须有一种色块与衬衫或是外套的颜色一致,搭配起来才不会有突兀之感。

丝巾的系法必须与个人的脸型、发型、脖子长度等因素相适应。下面介绍几种常见的丝巾系法:

(1)海芋结。将方巾重复对折,稍微扭转后绕在颈上,重复打两个平结,并让两端保持等长,将两端分别置于胸前或肩后。

(2)凤蝶结。折出斜角口长带后,将一端拉长套在颈上,打个结,将长的一端打个圈,短的一端绕个圈,打出单边蝴蝶拉好,结眼移到侧边,调整形状。

（3）玫瑰结。将左右两边带状一起以螺旋状旋转。再将其旋转至最底端。将旋转完成的带状以逆时针方向用手指环绕于活结上。再将其环绕至最高处，留 5 cm 左右的长度至"花"下，最后用别针别于活结处，调整两端的长度。

3. 皮包

正式场合应选用质地较好、做工精细、外观华丽、体积不宜大、横版型的皮包；平时上班和日常外出使用的皮包不必太华丽，以实用性和耐用性为主；使用皮包要考虑其颜色与季节、着装是否相一致。皮包的选择与使用人的体型也有很大的关系。

要保持皮包外观清洁，无破损。手包绝不能搭配双肩背包和斜肩背包。正式场合也不宜搭配印有卡通图案的手包。

4. 胸花

选择胸花时，一定要考虑服装的类型、颜色、面料，要考虑所出席的社交活动的层次，要考虑自身的体型和脸型。

任务 3　表 情 管 理

表情是情绪主观感受的外部表现模式。人的表情主要有三方面：面部表情、语言声调表情和身体姿态表情。三方面表情中，面部表情最为丰富，且最具表现力。面部表情通过眉、眼、嘴、鼻的动作和脸色的变化传情达意，能迅速而又充分地表达各种感情。表情表现的场所和范围相当广泛，只要及时观察脸上呈现的表情特征，就能够准确地接受信息，了解其内心真情，这对于社会交往来讲是非常重要的。

一、眼神的运用

"眼睛是心灵的窗户"。人们可以用不同的眼神，来表达不同的思想感情。兴奋、喜悦、悲苦、怨愁、恐惧、失望、猜疑、烦闷等情感均可从眼神中一览无余。

1. 时间要求

注视时间的长短往往能表达一定的意义。研究发现，人们在交谈时，实现接触对方脸部的时间应占全部谈话时间的 30%～60%，低于 30%，双方的交谈往往不愉快，交谈的结果也往往不会被信任和接受。

2. 角度要求

与对方交谈时，保持平视的角度会令人感觉平等亲切。避免斜视、俯视对方。

3. 注视区间的选择

（1）公务注视区间。公务注视区间是指在进行业务洽谈、商务谈判、布置任务等谈话时采用的注视区间。这一区间的范围一般是以两眼为底线，以前额上部为顶点所连接成的三角区域，称为上三角。由于注视这一部分能造成严肃认真、居高临下、压制对方的效果，所以常为企图处于优势的商人、外交官员、指挥员所采用，以便帮助他们掌握谈话的主动权和控制权。

（2）社交注视区间。社交注视区间指人们在普通的社交场合中采用的注视区间。其范围是以两眼为上限，以下颌为顶点所连接成的倒三角区域，称为下三角。由于注视这一区域容易形成平等感，因此，常被公关人员在茶话会、舞会、酒会、联欢会以及其他一般社交场合使用。注视谈话者的这一区域,会让对方感觉轻松自然,因此,他们能比较自由地将自己的观点、见解发表出来。

（3）亲密注视区间。亲密注视区间指具有亲密关系的人在交谈时采用的注视区间。主要指对方的双眼、嘴部和胸部构成的区域,称为倒三角。恋人之间,至爱亲朋之间,注视这些区域能够激发感情、表达爱意。

注视不等于凝视。用目光注视对方时,应是自然、稳重、柔和的,而不能死死盯住对方某一部位,或不停地在对方身上"扫射",交谈过程中可能出现双方目光对视的情况,这时最好稳重一点,不必惊慌,也不必躲闪,自然地让其对视 1~3 s,然后再缓缓移开,一触对方目光就慌忙移开的做法是拘谨、小气的表现,会影响谈话的正常进行,引起对方猜疑,也是很不礼貌的。

二、微笑的运用

1. 微笑的意义

微笑是人们用来表达愉快的表情。微笑是一种无声的语言,像一首舞曲的小调感召着双方。微笑具有普遍性、时效性、示意性、感召性、美感性、不稳定性、可交换性、超凡洒脱性、缓解缓冲性等。在日常交往中,巧用微笑可以消除彼此之间的陌生的感觉,打破交际障碍,为进一步沟通与交往营造有利的氛围。

2. 适当的微笑

在日常生活工作中往往需要掌握微笑的度。微笑有一度微笑、二度微笑、三度微笑之分。一度微笑时,只动嘴角肌;二度微笑时,嘴角肌、颧骨与括纹肌同时运动;三度微笑时要露出上下排牙齿,但上下排牙齿不能分开。微笑服务标准以露上齿 6~8 颗牙为宜。

3. 微笑的场合

微笑是"世界通用语言",但也不能走到哪里笑到哪里,见谁对谁笑。例如,特别严肃的场合不宜笑;当别人遭受重大打击时、心情不佳时不宜笑,在自然灾害发生现场不宜笑,更不应该谈论可笑的话题。

遵守"3 米 6 齿"国际微笑原则(即国际标准微笑要求):当别人在离你 3 m 左右时就可以看到你标准的微笑,即面容和善,嘴角微微上翘,露出上齿的 6~8 颗牙齿。注意要保持牙齿的清洁以表示尊重。

4. 微笑的练习方法

（1）口型练习法:拿一只细吸管,用牙齿轻轻横向咬住它。心里默念普通话"一"字;注意脸部笑肌抬高、嘴角上抬,不要露出牙龈。记住这时面部和嘴部的形状,这个口型就是合适的"微笑"。相同的动作反复几次,直到感觉自然为止。但是,这还只是"初级"的微笑(图 8-10)。

（2）情绪记忆法:即将生活中最令人高兴、最有趣的事情收集起来。需要微笑时,想一想那些快乐的事情,脸上就会自然地流露出笑容。

（3）心智管理法:在工作中要具备一定的职业素养,即有不愉快的事也不能带到工作中去,学会过滤烦恼。

（4）综合训练:口眼结合,训练笑意。这种微笑应该是发自内心的,不仅要求嘴唇动,还要求眼神含笑。训练时,可用一张厚纸挡住鼻子以下的部位,对着镜子练习眼神,直到可以看到眼睛中含着笑。

看微课

发型修饰

图 8-10　口型练习法

任务4　仪 容 礼 仪

仪容,通常是指人的外观、外貌。其中的重点,则是指人的容貌。在人际交往中,每个人的仪容都会引起交往对象的特别关注,并影响到对方对自己的整体评价。在个人仪表问题之中,仪容是重中之重。

仪容礼仪有三个层次:第一,要求仪容自然美;第二,要求仪容修饰美;第三,要求仪容内在美。真正意义上的仪容美,应当是这三个方面高度统一。忽略其中任何一个方面,都会使仪容美失之偏颇。在这三者之间,仪容的内在美是最高的境界,仪容的自然美是人们的心愿,而仪容的修饰美则是仪容礼仪关注的重点。

要做到仪容的修饰美,自然要注意修饰仪容。修饰仪容的基本规则是美观、整洁、卫生、得体。仪容美的基本要素是貌美、发美、肌肤美,下面分别介绍具体的要求。

一、头发

1. 头发的修饰

发型要求大方得体。男士头发长度要适宜,前不及眉,旁不遮耳,后不及领,不能留长发、大鬓角。女士应根据脸型选择适合自己的发型,并且应与体型、职业、年龄、服装相协调。

脸型一般分为瓜子脸、四方脸(国字脸)、圆脸和梨形脸等几种;瓜子脸的人发型选择余地大,比较容易装扮,因为脸型较瘦,也可以将头发束起、盘起,使其显得比较丰润,具有一定的美感;四方脸的人脸庞下方较宽,可将刘海剪成齐式或有层次感,使脸部外形看起来柔和些;圆脸一般要比实际年龄看起来年轻些,但缺乏立体感,可以选择线条比较简洁的发型,或将头顶部头发梳高,或是两侧头发下垂遮住双颊;梨形脸额头偏窄,下颌较宽,宜留短发,并应增加额头两侧头发的厚度,或可通过两侧下垂的卷发遮挡腮部,弥补不足。

2.头发的护理与保养

要勤于洗发,应该养成周期性洗发的习惯。油性的头发应该至少两天洗 1 次,干性的头发洗护间隔时间可稍长。洗发时要选择适合自己发质的洗发液,洗净后适当抹一些护发素,头发深层护理需要用高温加热的焗油膏,以保持头发的柔顺。如果发现发梢分岔,就必须及时修剪。

要勤于梳理、修剪头发,男士最好每月一次,女士因人而异。理发后要将洒落在身上的碎头发等清理干净,保持头发整洁、不散乱。不要将头发染成黑色以外的任何夸张色彩,以接近自然为宜。

看微课

皮肤护理

二、皮肤的护理

"世界上最美丽的服饰也比不上一身美丽的肌肤。"女人的肌肤应有一种独特的质感,这种质感是女人美丽品级的一种标志,是女性修养、素质、社会阶层、生活品质和性情的一份说明书。平滑、细腻、光洁、富有弹性的肌肤在视觉上传递了美好、舒服、愉悦的感受,而粗糙、灰暗、有色斑以及凹凸不平的肌肤多给人以负面的印象,甚至引发距离感和排斥感。因此女性肌肤护养已不单是挽留青春、保持光鲜美丽的问题。

（一）判断你的皮肤类型

皮肤护理的关键是针对不同肤质选择不同的护肤品和护养方法,一般将皮肤分为干性、油性、中性、混合型、敏感性五种类型。

（二）面部皮肤的日常护理

1.护理流程

早晨可以用洗面奶洗脸,然后使用化妆水并擦乳液,最后涂隔离霜或防晒霜。

晚上可用洗面奶洗脸,然后使用化妆水,再使用护肤精华,最后使用晚霜。

2.护理方法

（1）洗脸

洗脸的核心要点是掌握好洗脸的频率、用水和方式。洗脸水温以 37~40℃ 为宜。

正确的洗脸方法:首先用温水先湿润脸部,然后用适当的洗面奶,用手由下向上揉搓、打圈。手经过鼻翼两侧至眼眶周围沿正反方向反复打圈,从额头至颧骨至下颌部位反复打圈,由颈部至左、右耳根反复多次。再用温水冲净面部,最后用凉水冲洗,令毛孔收缩。

（2）拍化妆水

将化妆水倒入手心,面积以一元硬币大小为宜,双手合掌后轻轻拍在脸上,先拍在两颊,再拍到额头和下巴等部位,用双手轻轻按压。也可将化妆水浸湿在化妆棉上,以鼻子为中轴线,横向涂抹擦拭全脸,这样的手法不但可以让包括眼窝这样的细节都享受到化妆水的滋润效果,并且擦拭动作还可以帮助皮肤上的死皮细胞脱落老化,令肌肤干爽清洁。

面部精华主要是对人体肌肤起到护理作用。精华素分水剂、油剂两种,取适量点于额、双颊、鼻尖与下巴,沿皮肤纹理均匀涂抹面部,反复轻拍至完全吸收。

（3）擦乳液

将适量的乳液倒入掌心中,由脸部脸颊开始涂抹,沿肌肉走向轻轻抹开。干性肤质可以多涂一些,"T"型区(指额头和鼻子)要少抹一些,不小心涂太多或油性肤质者,可用面巾纸轻轻按压,吸去多余的油脂。

（4）涂隔离霜

涂上一层有防晒效果的隔离霜,既可以隔离彩妆刺激,又可以抵御粉尘、紫外线危害,是皮肤护理必不可少的步骤。注意,涂抹要均匀,涂抹方法同乳液。

（三）面部皮肤的每周护理

（1）洗脸。方法同上,只是不要用冷水洗。

（2）去角质。油性皮肤的女士每周一次;混合性皮肤的女士一周做全脸,一周做"T"型区轮转。

（3）热毛巾敷脸:用热毛巾敷全脸,时间约 3 min。

（4）按摩:在额头、双颊、鼻子、下颌各涂指甲大小的按摩膏,根据情况按摩 30～40 min 即可,然后用洗面奶洗干净。

（5）敷面膜:除眼周、嘴唇外把面膜均匀涂在脸上,15 min 后由上向下揭开,就可以进行平时的基础护肤了。注意,虽然面膜护理的效果很好,但不能每天都使用。

（四）皮肤的内调

皮肤除了以上的护理方式之外,还要通过饮食、睡眠、运动、心理调适等方法来进行调节,以期达到更好的效果。

看微课

女士化妆

三、女士的化妆

对女士而言,化妆是为了使人具有良好的精神风貌,弥补缺陷、增加色彩。自然协调、不露痕迹应当是化妆的最佳效果,浓妆艳抹不符合职场女性的特征。

（一）女士化妆的基本原则

1. 符合审美的原则

（1）审美感。面容化妆要顾及自己的工作性质和面容特征,一定要得体和谐。

（2）合理性。色彩要鲜明、丰富、和谐统一,给人以美的享受。最好选择接近或略浅于自己肤色的颜色,这样比较符合自然美的要求。

（3）差异性。化妆要注意差异性。如脸宽者,色彩可集中一些,描眉、画眼、涂口红和腮红都尽量集中在中间,以收拢脸部的五官,使脸型显得好看。眼皮薄者,眼线描浓些会显得眼皮厚,描淡些会显得更有精神。涂抹胭脂时,脸型长者宜从耳根涂至苹果肌;脸型宽者宜从太阳穴涂至苹果肌;瓜子脸则应以面颊中偏上处为重点,然后向四周散开。

（4）自然美。注重自然美也是化妆时不可忽视的原则。如脸型和眼睛形状较好可不画眼睛。如果有一双又黑又亮的大眼睛和长长的睫毛,就没有必要对眼睛大加修饰,因为自然美更有魅力。

2. 讲究科学性的原则

化妆品可分为美容、润肤、芳香和美发四大类,它们各有特点和功用,化妆时必须正确、合理的选择和使用,避免化妆品的危害,实现自然美和修饰美的完美统一。

3. 与场合相协调的原则

化妆的种类是随着环境、季节、年龄的变化而变化的。没有千篇一律的妆容,要灵活运用。在日常工作期间要化淡妆,化淡妆会显得自然大方、朴实无华、素净雅致,这样才能与自己特定的身份相称。社交时的化妆要有立体感,以沉着高雅的情调为宜。夜晚化浓妆比较合适,夜晚一般是娱乐时间,社交场所通常光线幽暗,出席晚宴、舞会时化浓妆就比较适宜。

(二)女士化妆的禁忌

(1)忌离奇出众:化妆时有意脱离自己的角色定位,而专门追求所谓的荒诞、怪异、神秘的妆容,会使人反感。

(2)忌技法出错:在化妆时,若技法不纯熟,出现了明显的差错将会暴露自己在美容素质方面的不足,从而贻笑大方。

(3)忌以残妆示人:残妆是指人在出汗之后或用餐之后妆容出现了残缺,应及时到化妆间补妆,否则长时间的脸部残妆会给人懒散、邋遢之感。

(4)忌当众化妆:在公众场所众目睽睽之下修饰妆容是失礼行为,既有碍他人,也不尊重自己。

(5)忌非议他人的妆容。

(6)忌借用他人的化妆品:出于卫生和礼貌,不论是谁、是否急需,都不应去借用他人的化妆品。

(三)女士化妆的基本步骤

女士化妆一般分为六个步骤(图8-11):

第一步 妆前准备 > 第二步 化底妆 > 第三步 化眼妆 > 第四步 抹腮红 > 第五步 定妆 > 第六步 唇部修饰

图8-11 女士化妆流程

1. 妆前的准备工作

化妆前先将脸洗净,涂上润肤霜或是润肤露,这一步很关键,好的润肤霜会在涂粉底之前为化妆过程打下一个好的基础,使皮肤看上去晶莹剔透。若眉形散乱还应先用修眉刀进行修整,切勿将眉形修得过细,务求自然。

2. 化底妆

化底妆分为三个步骤。第一步是擦粉底,粉底的作用是矫正肤色,要选择适合自己肤色的粉底,涂抹过程中要注意,尽量涂得轻薄,不要过于厚重,眼睑和发际线周围也要涂;第二步是遮瑕,如果粉底液不能遮住你的黑眼圈或是痘痕等小瑕疵,那就要用少量的遮瑕膏轻轻涂在上面;第三步是打定妆粉,可以用粉饼或是散粉,要挑粉质细腻,持妆效果好的产品使用,这样做可以尽可能长时间地保持良好的妆容,使其不会因为油脂的过度分泌而被破坏。

3. 化眼妆

(1)眉毛:用眉刷沾取适量眉粉,顺着眉毛轻轻扫过,使整条眉毛均匀自然,不要重复多次在同一部位涂抹。

(2)眼影:画眼影的时候要注意色彩的过渡。比如粉红色的眼影,就要先将整个眼眶都涂上一层淡粉,然后在近睫毛的地方加深。完妆后可在眉骨鼻梁上扫上一点高光粉,使其达到凸显立体感的效果。

（3）眼线：紧贴睫毛根部,用眼线笔填涂上眼睑的睫毛空隙,要描画均匀。然后使用眼线液叠画一层在眼睑上方。检查眼线,用眼线笔补画欠缺的地方,将眼线描画得更加圆润。画下眼线时,只画眼尾和眼角的部分,中间的地方要保留原状。在眼尾处涂抹略比眼影色深的颜色。

（4）睫毛：用睫毛夹上卷睫毛根部,使睫毛卷翘。从睫毛根部开始,沿着睫毛生长的方向,用睫毛膏刷头以"Z字形",即左右滑动的方式涂睫毛膏,使睫毛根根分明。切记应少量多次涂睫毛膏。

4. 抹腮红

腮红的颜色要跟服饰与眼妆的颜色相配,正式场合的腮红要抹得非常淡,手法要轻,过渡要自然。

5. 定妆

这是第二次涂定妆粉,最好用散粉,这次不用整脸地涂抹,只要在鼻梁、眉骨等高光的地方及下颌与脖子连接的地方轻轻扫过就可以了,注意不要扫到眼部。

6. 唇部修饰

在涂唇膏之前应先湿润嘴唇,在嘴唇中间涂少许口红,然后抿抿嘴唇,尽量使唇色轻薄自然,不要涂太厚。颜色应与整体妆容搭配。

四、其他部位的修饰及男士的洁妆

（一）手部整洁

在交际活动中,手会给人留下重要印象。接待客人时,我们通常以握手的礼节来表示对客人的欢迎,然后再伸出手递名片,很多时候客人总是先接触到我们的手,形成第一印象。通过观察手,可以判断一个人的修养与卫生习惯,甚至对生活的态度。因此,应经常清洗手部,修剪和洗刷指甲。不能留长指甲,指甲的长度不应超过手指指尖;要保持指甲的清洁,指甲缝中不能留有污垢。此外,绝对不要涂引人注目的艳色指甲油或在指甲上画图案或加装饰品。避免在任何公众场合（包括工作环境）修剪指甲。

滋润双手的方法：每晚用滋润的润手霜按摩双手;经常去除指甲上的死皮;做家务时戴上手套;经常运动,使之保持柔软;偶尔可涂抹现成或自制的护手膜。

（二）口腔整洁

牙齿洁白、口腔无味是待人接物的礼仪的先决条件。上班前不能喝酒,少吃葱、蒜、韭菜等带刺激性异味的食物。必要时,嚼片口香糖减少异味,但不要在他人面前嚼口香糖,特别是上班时间和与人交谈时,更不应该嚼口香糖。减少吸烟,不喝浓茶。如果长期吸烟或喝浓茶,牙齿表面必然出现一层"烟渍"或"茶渍",牙齿会又黑又黄。

（三）香水的使用

日常应勤洗澡使身体无异味,或使用去体味的喷剂,不应用浓烈的香水遮盖体味。工作场所,应使用一些香味淡雅清幽的香水,尤其是长时间处在一个封闭空间的时候,如飞机客舱、车辆内部等,但喷洒太多、香味太浓,会引起人的反感。探望病人,或是与鼻过敏的人同行时,不应涂抹香水。如不能恰当把握香水的使用,最好不用。

（四）男士的洁妆

1. 面部的清洁

男士皮肤护理的基础是清洁，由于荷尔蒙的影响，男性的皮脂较厚，油脂分泌旺盛，毛孔较粗大。黑头、粉刺自然会比较多，皮肤的吸收力较弱。

每次洗脸时，先用热的毛巾敷在脸上使毛孔张开，用洁面产品轻揉出泡沫，涂在脸上由内向外打圈，让泡沫充分发挥清洁作用，再细而柔顺地按摩脸部、鼻翼、额头，容易产生粉刺的地方更要仔细地重点清洗，然后用清水洗净，不要留下洁面残沫。

2. 剃须和修鼻毛

男士在正式场合一般不蓄须，胡须要每天修剪。清洁面部皮肤之后，再用专业剃须液软化胡须，然后剃须，动作一定要慢、轻、柔，从左向右，从上到下，先顺毛孔剃刮，再逆毛孔剃刮，最后再顺刮一次，注意不要东刮一刀，西刮一刀，毫无章法地乱剃。剃刮完毕，用热毛巾把泡沫擦净或用温水洗净后，再检查是否还有胡茬。剃须后要涂一些适合自己肤质的润肤乳，不要让脸太干或过于油光。还要注意经常修剪鼻毛，鼻毛不能外露。

课中实训

实训一：站姿、坐姿、行姿、蹲姿、手势训练

1. 训练内容

标准站姿、女士站姿、男士站姿训练；标准坐姿、男士坐姿、女士坐姿训练；行姿训练；男士蹲姿、女士蹲姿训练；常用手势训练。

2. 训练程序

学员先进行分组，5人为一组，进行站姿、坐姿、行姿、蹲姿及手势的练习，练习完后进行小组展示，最后进行小组互评、教师点评。

实训二：服饰搭配训练

（一）正装着装训练

1. 训练内容

规范的男士正装着装，规范的女士正装着装；进行各种领带系法的练习；女士进行各种方巾系法的练习。

2. 训练程序

学员先进行分组，5人一组，要求每一组均有男生、女生。小组进行正装着装检查；男士、女士练习系领带；女士练习系方巾。小组展示系领带、方巾。最后进行小组互评、教师点评。

（二）不同场合的服饰搭配训练

1. 训练内容

不同场合的服饰搭配（面试、郊游、登山等，场景可以自拟）。

2. 训练程序

学员先进行分组,5 人一组。学员讨论、商量确定不同角色、不同场合的着装要求及搭配原则,并分角色、分场合进行服饰搭配训练、演练。最后进行小组互评、教师点评。

实训三:妆 容 训 练

1. 训练内容

男士发型、妆容训练,女士盘发、化妆训练。

2. 训练程序

学员先进行分组,5 人一组(每一组要求有男生、女生)。学员讨论、商量男士工作岗位中的发型要求、妆容要求,女士工作岗位中的发型要求、化妆技巧,小组进行练习并演练。

最后进行小组互评、教师点评。

实训项目评价

技能点评价表

	技能点评价指标	分值	得分
实训一	站姿、坐姿、行姿、蹲姿、手势规范;小组展示整齐	30	
实训二	正装着装规范;领带系法规范,领结美观;方巾系法规范、美观 服饰搭配符合不同场合要求,美观大方;饰品搭配美观、规范	40	
实训三	男士发型、妆容符合岗位要求;女士盘发规范、美观,女士妆容自然	30	

使用说明:

按评价指标评价项目技能点成绩,满分 100 分。

课后提升 ●

寻找校园内的"微笑达人"

在校园内寻找微笑甜美、自然的人,拍出"最甜美的微笑"照片,可以尝试开展相关摄影比赛。

项目八
自学自测

项目九

日常会见礼仪

学习目标 ••• •••

◆ 了解会见的含义、特征以及会见与面谈的关系
◆ 熟悉会见、面谈的一般过程
◆ 掌握会见、面谈的一般原则和技巧
◆ 掌握几种重要的会见与面谈类型
◆ 熟练运用会见的常用礼节

课前自学 ••• •••

任务 1　了解会见的一般过程

会见是两个或者两个以上个体之间的碰面,本质上说它是社会性的,而且有一定的目的。会见中个体间的互动是复杂的,同时也反映了参加会见的个体在其中扮演的角色。通常会见的过程包括准备阶段、实施阶段与总结阶段。

一、准备阶段

会见是一项正式的工作安排,它要求参加者进行严密地组织,有计划地开展。认真地完成准备工作,才可能达成一个有效的会见。准备工作是面谈成功的关键,因为会见的时间并不能随会谈双方的喜好与需求无休止地延续下去,大量统计数据表明,会见的时间一般在 30 min 左右为宜,时间的约束要求会见者事先做好准备工作,以便充分利用宝贵时间。

会见所需要准备的内容涉及各方面的因素,其中首要的是主持会见的人的准备。在筹备一个会见的时候,主持人首先需要评估自己是否具备足够的资料和丰富的知识。例如,第一,是否对双方有充分的了解;第二,是否对所讨论的事项有充分的准备;第三,作为面谈主持人,自己是否能够以客观的态度进行发言,以及听取对方的意见。

除了主持人的准备外,针对每一个具体的会见,需要考虑以下几个重要的内容:

(一) 明确会见目的

会见的目的是一切与之相关话题的出发点,如果你想成为一名成功的会见者,就必须确定会见的目的。确定会见的目的就是需要问自己"为什么要进行这次会见,"

是为了了解信息,还是为了说服对方转变观念,或是为了发号施令,又或者是为了咨询。只有确定了会见目的,才可以进行下一步的准备工作。刘易斯·卡洛尔在其《爱丽丝漫游奇境记》一书中有这样一段话:

"请您告诉我,在这里我应该走哪条路?"爱丽丝问。

"这完全取决于你要到哪里去。"卡特说。

"我根本就不在乎到哪里。"爱丽丝说。

"那你走哪条路都无所谓。"卡特说。

这段话的启示是凡事要首先确定目标,如果像爱丽丝那样,便无法做到有的放矢。因此,只有先确定会见的目标,才能决定怎样去实现这个目标。为此,使目标明确必须做到两点:一是确切地知道将要完成什么工作;二是清楚地说出想要的是什么。

（二）确定需要从对方收集的信息

在会见开始之前,会见者通常会根据会见目的阅读有关的材料,把会见中要获取的信息进行归类,并且按照内在的逻辑关系进行排序,剔除那些重复的问题。然后将需要收集的信息列成一览表,这样既有助于对具体问题做出决定,也可以避免遗忘。

（三）准备相应资料,预测对方可能提出的问题

在准备阶段,需要考虑对方将可能怎样回答本方的提问,同时还要考虑对方可能会提出哪些问题,对方的个性特点与背景如何,以及上述因素将如何影响会见的进程。在准备资料时,应做到以下几点:

（1）哪些资料是会谈所需的？ 如有时间可全部收集。

（2）找出重要的资料,做仔细推敲。

（3）确定哪些资料可支持自己的观点,找出这些证据,并做记录和整理。

（四）确定会见环境与时间

1. 会见地点对会见的气氛和结果有较大的影响

在会见时,尽可能选择一个熟悉的环境,可以使自己有更强的控制力。如果做不到,也可以选择一个对双方来说都不会感到拘谨的环境,从而营造一种宽松的感觉。值得注意的是,办公室的空间安排会对会见的效果产生极大的影响。研究表明,大部分办公室都可以分为两个区域。一是压力区域,是指办公桌周围的区域,它的设置主要是为正式交谈服务。其特点通常是办公室主人坐在办公桌的后面,他们是交谈的引导者。二是半社会化区域,是指稍远离办公桌的那一片区域,如果是较大的办公室,其中可能还会有舒适的沙发和宽敞茶几。在这个区域内的交谈被认为是建立在比较平等的基础之上的。

会见双方的相对位置也会影响交谈的气氛。交谈时,双方座位呈直角时的交谈会比面对面的交谈要自然,也比肩并肩的交谈自然。

2. 会见时间的安排会影响会见的质量

时间仓促的会见难以达到预期的效果,如果是重要的会见,应该安排在双方的时间都比较宽裕的时候。因此,会见的时间应尽可能提前谋划,以便双方安排好工作,也可以使会见可以在不受干扰的情况下进行。

（五）会见构思

在决定了会见的目的和研究了有关资料后,应该对即将实施的会见进行概括性的排练,这是对准备工作的检查和进一步完善。

1. 会见前

日程中有恰当而充实的时间做布置;确定并通知对方会见的时间地点;写会见计划;做好各种准备工作,和对方联络,建立有助于会见的关系。

2. 会见中

如何开始,从何处着手表明目标;按计划展开主题,充分展示证据,加强所要表述的观点;总结并认可有关结论及所需要采取的行动;是否需要安排下次会见,是否有必要并确定何时结束会见;可能出现的尴尬有哪些,如何消除;如何达到目标;计划是否实现,是否有必要换备选方案;会见中如何做记录,等等。

3. 会见后

结束会见后,进行必要的回顾;对会见内容、过程按照会见记录进行回忆;整理记录;针对目标和计划评价会见结果,将会见所形成的计划付诸实践;跟踪同意采取的行动;兑现承诺。

下面是一份常规的会见准备清单(见表9-1):

表9-1　会见准备清单

准备要素	准备的问题
Why	1. 会见的主要类型是什么? 2. 会见希望达到什么目的? 3. 是需要寻找和传递信息吗? 如果是,是什么类型的信息? 4. 会见寻求信念和行为的改变吗? 5. 要解决的问题的性质是什么?
Who	1. 他们可能的反应和弱点是什么? 2. 他们有能力进行你所需要的讨论吗?
When/Where	1. 会见在一天中的什么时间进行? 2. 会见可能被打断吗? 3. 会见在何地进行? 4. 会见前可能会发生什么? 5. 你在这件事上处于什么位置? 6. 需要了解事情的全貌,还是只需要提示下迄今为止的最新情况。
How	1. 如何实现你的目标? 2. 应该如何表现? 3. 以友好的方式开始和直接切入主题,哪一种更好? 4. 你必须小心谨慎、多听少说吗? 5. 先解决一般性问题再具体问题,还是正好相反? 6. 你如何准备桌椅? 7. 如何避免会见被打扰?
What	1. 如何确定议程? 包括你的主题和问题。 2. 被问问题的类型有哪些?

二、实施阶段

实施阶段是会见的主题,任何准备工作都是为了实施的有效展开而服务的。会见的实施过程大致可分为以下几个方面:

(一)关系的建立

会见的气氛是指会见的语气和会见的总体状况。一般来说,会见要与对方建立良好的关系,创造舒适、和谐、开放的气氛,并且在会见的整个过程中,要不断注意这种气氛是否遭到破坏,要有意识地维护这种气氛。对于大多数来访者而言,会见是一种独特的经历,其地位的被动性以及被置身尴尬境地的可能性会使来访者紧张。营造宽松的气氛,有助于使来访者放松,令信息通畅的互换,提高会见成功的概率。

当然,宽松的气氛只是一般性而言,最终决定气氛的仍然是会见的目的。如果预期宽松的气氛会与会见目的相悖,也可以选择冲突的气氛。

(二)提问

提问是会见中获取信息最主要的手段,提出问题的不同方式会直接影响会见的气氛、来访者的情感和由此产生的会见结果。一般来说,有以下几种提问类型:

1. 开放式提问与封闭式提问

开放式提问给应答者提供充分的表现机会,能有效地鼓励应答者做出他认为全面完整的答复,从而为提问者提供全面的信息。典型的开放式提问如"大家对目前的考核办法是怎么看的?"封闭式问题则恰恰相反,它仅要求应答者作简短的回答,有时甚至只需要以"是"或"不是"作答。如"你愿意到我们这个团队工作吗?""你是否对目标的考核办法感到满意?"

2. 中性提问与引导性提问

中性提问不含有任何有关提问者偏好的暗示,因此应答者的回答真实性很高,所获信息也比较可靠。中性问题的例子有:"你为什么离开那家公司?""你是如何看待大学生谈恋爱的?""你对此次宣讲会有什么看法?"等。引导性提问则常常有意无意地将来访者的反应导向提问者希望的方面。在会见中,使用引导性问题应特别慎重,它虽然有助于证实一些事实性细节,但运用不当极易造成信息的扭曲与偏差。引导性提问特别适用于说服性工作,是营销员经常用的提问方式,通过引导性提问,营销员可以引导回答者接受他们的想法,如"你是否像大多数人一样喜欢使用××产品?"

3. 深入性提问

当你对某个问题感兴趣,需要进一步了解事情的细节和始末时,可以采用深入性提问。深入性提问可以把面谈的内容从一般引向具体,也可以鼓励畏惧交往的人对自己的观点进行深入表达。

4. 别有用心的提问

这类问题比引导性问题具有更强的诱导性,它们通常被用在需要了解来访者情绪和情感的场合,提问者通过这类问题配以适当的语气向来访者施加压力,迫使其暴露内心情感。当需要给来访者施加压力时,可以采用这种提问方式。在大多数会见中,没有必要使用此种手段,因为它对提问者的技巧有很高的要求。

5. 假设性提问

此类问题考察来访者处理具体问题的能力,或者其他有关信息,如"你若是总裁,如何看待不称职的部门经理?""如果你是营销主管,如何处理与生产部主管的关系?""如果你是人事部经理,如何处理这种事情?"等。这种方式的提问可为来访者提供在具体环境下处理问题的机会,使其展示其工作能力和工作方法,也可以进一步探究其对某问题的态度或者经验。

6. 重复性提问

当需要确认某个问题时,可以采用这种提问方式,如"看来你是打算提出辞职了?"重复性提问可以使对方了解自己在集中思想认真倾听,方便气氛达到融洽。

7. 重复与停顿

严格来说,重复与停顿并不属于提问的范畴,但是它们往往能起到提问的效果,它们是提问者暗示来访者继续表达信息的信号。

(三)倾听

在所有的交流方式中,积极倾听是必备的重要技能之一。正像有人所说的:"如果我倾听别人讲话,我就处于有利地位;如果是我讲话,别人就处于有利地位。"一般来说,应当利用会见时间的 2/3 去积极地倾听对方的话。

(四)回答问题

人们经常强调如何倾听,如何向别人提问,但是对回答问题却探究得很少。在事实相似的情况下,回答问题的方式会在很大程度上影响别人对你的看法,同时也会影响会见的气氛与结果。回答问题的方式大致可以分为直接型回答与委婉型回答。

直接型回答的优点在于直接、高效,清晰表明说话者的立场,但是直接型回答的效果在很多场合下不一定是好的。委婉型回答可以处理一些比较难以应付的情境,达到既回答了问题又使双方不会陷入尴尬境地的目的,同时还可以展示应答者机敏的特征。

例如,在面试的时候,可能会遇到这样的情况:

"你是学艺术的,为什么来申请做管理?"

直接型回答:"你们已经说明'不限专业',所以我想来试试。"

委婉型回答:"据说外行的灵感往往超过内行,因为他们没有思维定式。"

(五)记录问题

在多数情况下,把会见要点记录下来是一种明智的做法。这一点对于重要的会见尤为重要。但是在会见中埋头做记录往往会分散提问者的注意力,打扰会见的正常进行。因此,做记录应当做到尽量不引人注目,同时也不影响自己积极倾听。要做到这一点,有效的方法之一就是运用一张会见前拟好的标准格式表,如表9-2。会见前,根据可能利用的文件资料填写有关项目,会见中再填写内容,会见结束后,抽时间加以评注。

表 9-2　绩效考核面谈表

部门		职位		姓名	
考核日期	年　　月　　日				
工作成功的方面					
工作中需要改善的地方					
是否需要接受一定的培训					
本人认为自己的工作在本部门和全公司中处于什么地位？					
本人认为本部门工作最好、最差的分别是谁？全公司呢？					
对考核有什么意见					
希望从公司得到怎样的帮助					
下一步的工作和绩效的改进方向					
面谈人签名				日　　期	
备　　注					

说明：

绩效考核面谈表的目的是了解员工对绩效考核的反馈信息，并最终提高员工的业绩。绩效考核面谈应在考核结束后一周内由上级主管安排，并报行政人事部门。

（六）结束会谈

当接见者获得了所需信息之后，他就要准备结束会谈。通常，他会直截了当地说明其意图，并感谢来访者的合作，还会提供来访者了解相关信息的机会。接见者应坦率、简洁、全面地回答对方的提问，如下次会见的时间与地点安排等。

三、总结阶段

会见实施的结束、与来访者的道别并不标志着会见任务已经完成。此时，会见者手中掌握的只是一大堆事务性、细节性的材料，必须经过归纳、总结、整理，才能为解决问题提供依据，而解决问题才是会见流程的终点。

任务 2　了解会见的主要类型与技巧

会见的主要类型包括招聘会见、信息收集会见、信息发布会议、考绩会见、咨询会见、申诉会见、解惑会见、对立式会见（谈判）、会议沟通会见。会见的技巧是一门非常丰富的学问，它包括了为人处世的道理，人际交往的能力，讲话、表达的艺术等。

一、会见的主要类型

（一）招聘会见

招聘会见是会见中最常见的一种类型，就是一般所说的面试。在会见中，通过面试者与受试者面对面的接触和问答式的交谈，招聘单位可以了解应聘者的各方面情况，从而做出正确的录用选择。但是一方面，由于面试不可避免地是一种主观性评价方法,因此面试的有效性与可信度在很大程度上取决于主持面试者的经验及技巧。另一方面,从应聘者的角度来看,面试多多少少与紧张的心情结伴而行,要克服不稳定的心态,避免表现失真,就要求应聘者对面试的目的、内容有一定程度的了解与准备。

1. 招聘会见的一般过程

大致来讲,招聘会见的面试过程一般分为三个阶段:

(1)接触阶段。该阶段的目的在于消除紧张和恐惧,与应聘者建立和谐的关系。接触阶段交谈的内容一般包括:应聘者明确此次会见的内容和持续的时间;询问应聘者的业余爱好;询问应聘者的个人经历(包括学习与工作经验)。

在这一阶段,主要是通过询问一些易于回答的、挑战性不强的问题来缓解应聘者可能存在的紧张情绪,并使招聘者与应聘者建立融洽的关系。

(2)询问与回答阶段。该阶段的主要目的在于考察应聘者的能力与素质是否是他所应聘的岗位所需要的。不同的岗位所关注的综合能力和素质存在一定的差异,因此,所问的问题也不同。

(3)结束阶段。该阶段的主要目的有两个:一是招聘者与应聘者就今后的进程达成一致意见;二是对应聘者的素质作出大致的判断,为最终形成完整的评测报告做准备。

2. 面试中面试官应该注意的沟通问题

(1)注意营造和谐的气氛。在招聘面试中,应聘者总免不了有些紧张,和谐的气氛就显得尤为重要。在一般情况下,尽可能在面试刚开始时,问应聘者一些比较容易回答的问题,如让应聘者做一般性的自我介绍,询问工作和学习经历等,以缓解面试的紧张气氛,使应聘者在从容不迫的情况下表现出其真实的心理素质和实际能力。

(2)紧紧围绕面试的目的。这一点十分重要。有的面试官在面试时可能会离开主题,这样既浪费时间又达不到目标;有时候应聘者也会主动或无意识地偏离主题。

(3)不要轻视应聘者。有时面试官在面试中会表现出对应聘者一种漫不经心的态度,这样会使应聘者感觉到自己受到冷落,就不会积极地做出反应,面试官也就无法了解其真正的心理素质和潜在能力。

(4)注意非语言行为。人们的语言行为往往是通过大脑的深思熟虑才讲出来的,尤其在面试的时候,应聘者往往事先做过充分准备,交流的时候往往会把最好的一面表现出来。在此情形下,要真正了解应聘者的心理素质,应该仔细观察应聘者的表情、动作等非语言行为。

(5)防止"与我相似"的心理因素影响。这种心理因素就是指当面试官听到应聘者某种背景和自己相似时,就会对他产生好感,产生同情的一种心理活动,如老乡、校友等关系都易于引发这种心理反应。面试官应尽量防止"与我相似"的因素影响,确保面试的公正性。

(6)消除"晕轮效应"的消极影响。"晕轮效应"是指根据不完全的信息作出以偏概全的判断。许多面试官在招聘时会过度关注第一印象,往往根据第一印象做出闪电式的判断。研究表明,85%的面试官会在面试之前,仅根据应聘者的简历和外表就对其形成自己的看法。这种评价模式有损面试的有效性和可信度。

(7)防止"顺序效应"。应聘者的次序会影响到面试官的判断。研究表明,在连续面试几个不满意的人选后,在面试一个表现稍好的应聘者时,面试官对这个人的评价会高于其实际水平。而当连续面试了几个优秀人选后,在面试中等水平的应聘者时,对其评价会低于其实际水平。

(8) 注意控制说话的时间。一些面试官会利用面试的时间侃侃而谈,让应聘者做一个虔诚的倾听者,结果占用了向应聘者提问和应聘者回答问题的时间。

(二) 信息收集会见

信息收集会见是常用的一种会见方式,通常与以下内容有关:数据、事实、描述、评价与感受。当需要收集与某个话题有关的事例或者在需要帮助时,可以进行信息收集会见。

信息收集会见的结果常常包括报告或研究文件,它们可能用于指明单位(或组织)变革的范围,如新的人员政策、新的组织设计,同时兼顾组织变革的过程,指出变革的必要性,并把其作为有效变革管理的第一步。由此可以看出,信息收集会见通常是组织变革起始步骤中的关键一环。

1. 信息收集会见的过程

大多数的信息收集会见过程都可以分为以下几个阶段:

(1) 收集背景信息。由于信息收集会见的目的是为以后的分析、行动打下基础,并提供最原始的第一手资料,因此要求会见过程紧凑,充分利用时间,不必为可以通过其他渠道获得的信息在此浪费时间。收集信息时,可借助组织图表、生产记录等一系列文件树立关于所需信息的概念性认识,并构造开展会见的一个基本的常用框架,用以回答"什么""怎么样"和"谁"等问题。

(2) 准备阶段。在这个阶段,要决定在会见中需要获得何种信息,以及如何获取这些信息,这些决定将回答如下问题:会见人是谁? 顺序如何? 会见的时间有多长? 会见的地点在哪里? 是否存在有提问与回答的因素? 如果有,如何克服? 将会问一些什么样的问题? 会见结果如何记录,是笔记还是录音? 将如何开展提问以获取所需信息?

(3) 会见阶段。这一阶段是主持者熟练运用各项会谈技巧,充分收集所需信息的过程。由于会见过程的目的在于获得大量信息,因此主持者应循循善诱,调动被见者的主动性,为其创造一个畅所欲言的环境。获得信息的质量不仅取决于提出的问题,而且取决于提问的方式,一个老练的主持者将在会谈中运用一些开放性问题和沉默等技巧,较多使用追踪性提问,避免对被见者的回答做出当面评论,并掌握会谈的时间。

(4) 分析阶段。会谈结束之后,有必要分析所得到的信息及会谈过程的效率。同时,既然信息收集会见以获取信息为目的,那么在会见后将经过整理的会见记录交给被见者核对的做法,将大大提高所获信息的准确性,进而增进会见的效率。此外,由被见者核对记录的做法也体现了主持者对被见者的尊重,便于下一次会见的开展。

2. 信息收集会见的形式

常见的信息收集会见有以下几种形式:

(1) 调研会见。当管理者想了解市场的真正需求、顾客的偏好、顾客在挑选产品时最关注的地方、产品销售群体等信息时,往往会使用调研会见的方法。此时,会见双方较多采用简洁、易记录、易分析的封闭性问题。由于调研会见的正确性与可靠性主要取决于调查问卷、主持者和被见者,因此,在这种类型的信息收集会见中,应多采用有组织、有条理的问卷调查方式。

（2）离职会见。信息收集会见中,员工离职会见是比较特殊的一种会见形式,其特殊性在于获取真实信息的难度。离职会见的目的主要用于调查员工离职的原因。若一定数量的员工因为相同的原因而离职,就说明企业内部在组织安排、激励机制等管理方面存在着明显问题,需要调整。

由于员工已经做了离职的决定,因此在这种情况下,他们一般不愿过多批评单位的不足,这种心理造成了信息收集过程中的障碍,改善会见双方间的信任关系有助于克服这种障碍。作为管理者,应运用以下技巧与离职者交谈:

a. 要使离职者的情绪尽量放松。

b. 不抱成见。

c. 提出无确定答案的问题,不争论,也不提忠告。

d. 倾听离职者想说什么,不想说什么。

e. 对离职者的观点作出反应,不要曲解和补充离职者的叙述。

f. 即使离职者感到焦虑不安或采取敌视态度,也要想方设法将会见完成。

（三）信息发布会见

信息发布会见是以会见主持者向被见者发送信息为主要内容的会见形式。如向新员工介绍本公司基本情况、对其提出基本要求的迎新会见;向员工代表宣布企业某项重要决策的会见;向骨干员工宣布企业经营状况信息的会见等。信息发布会见的主要目的是通过传递必要信息来影响与激励员工,增强员工的凝聚力,使员工与组织真正成为"命运共同体"。此外,通过迎新会见还可以帮助新员工明确自己的工作职责,尽快适应新的工作环境,形成正确的工作态度与理念,影响新员工对企业的最初看法、态度与期望。

（四）考绩会见

考绩会见即绩效考核会见,又叫考绩面谈会见,是指绩效考评结束后,管理人员在规定的时间内将考绩结果反馈给下属。考绩会见的目的一方面是双方对考核结果达成共识;另一方面是共同探讨工作中存在的问题,并提出改进措施。

1. 考绩会见的内容

考绩会见的主要内容包括对考核的结果形成一致的看法、被考核者在某一特定考核期内的表现、指明被考核者的优点与存在的不足、对一下阶段工作的期望达成一致、制定个人业绩的目标、讨论并制定双方都能接受的绩效改进计划与方法、制定未来的培训计划与发展目标等。

2. 开放系统中的考绩会见

绩效考核为组织的人事调动、薪酬管理、员工培训等工作提供依据,这其中的一些目的可能会与被考核者的个人目标冲突。考绩会见一般在使用开放考绩系统的组织中运用。在这种类型的考绩系统中,被考核者可以看到一些文字报告,并被允许对报告进行评论,也许还能在报告上做标记。而在封闭的考绩系统中,考绩报告是保密的,被考核者看不到报告。

对许多管理工作来说,有些结果和目标很难以定量的形式表达出来,因此,考绩会见可能受制于主观和个人的判断,其局限性与发生冲突的可能性是很明显的,必须采取措施保证工作业绩考评具有"特定的、共同设立的、适当的"目标。这些目标有可能不利于工作业绩的有效反馈。反馈是管理过程中一个极其重要的因素,它不应该仅仅局限于"每年一次"或"每半年一次"的正式会见,而应该融入管理者与被管理者日常的互动中。

3. 考绩会见的一般过程

高效的考绩会见过程主要包括以下三个阶段:

(1) 准备阶段,这一阶段包括通知被考核者会见的时间和地点,保证地点适合于会见并有足够的时间进行会见。它还要求考核者阅读有关的背景文件,最重要的是在会见之前,要告诉被考核者对他们进行考核的目的。在被考核者回顾业绩期间,应该给其足够的时间。

(2) 会见阶段,首先,考核者要让被考核者回忆以前制定的目标,并告诉他们这次会见的内容和过程。为了提高被考核者的参与程度,提高考绩会见的效率,许多组织通常会准备一张自我考核表,让员工对自己的工作作出自我评价。考绩会见是一个双向沟通的过程,所以在会见开始时要鼓励被考核者谈谈他们关于自己工作业绩的观点,考核者也应当恰当地使用倾听技巧。建立在互动基础上的会见,其结果一般是双方达成共识,以便于提高工作业绩并制定以后的目标。在考绩会见的过程中,考核者应注意:

① 建立彼此信任的相互关系,形成有利的会见气氛。

② 清楚说明考绩会见的目的是培养和发展员工自己。

③ 鼓励被考核者讲话,考核者要多听,不要打岔或只顾表达自己的看法。

④ 注意对方的情感,避免发生对立情绪和产生冲突。

⑤ 集中于绩效本身而回避不相关问题。

⑥ 集中于未来而不是追究既往。

⑦ 优缺点并重,突出员工优点和对未来工作绩效的期望。

⑧ 以积极的方式结束会见,唤起员工的激情。

(3) 会见总结阶段,会见中记录的笔记要正式留存,如果是一个开放的系统,要交给被考核者看完后再签名。共同达成的目标也要记录下来,这其中也包括管理人员应采取的支持行动,这些行动的实施与反馈的有关信息对考绩会见的可信度都是非常重要的。

(五) 咨询会见

咨询会见通常涉及员工的个人问题,通过有效的咨询会见帮助员工解决这类问题。因此,咨询会见中,参与双方相互间的信任以及由此形成的和谐关系,对于提高会见的效率是至关重要的。这就要求会见者不能将自己的观点、反应、情感等强加给被会见者。认识不到咨询会见的这个基本规律,不仅会影响会见的效率,而且会使被会见者感到迷惑不解,因此,为了使会见更好地进行,就需要真诚、积极的态度,完全接受被会见者,能体会被会见者的情感。咨询会见的过程通常包括以下几个阶段:

1. 准备阶段

咨询会见是建立在会见者与被会见者之间和谐关系的基础上的,如果管理者对会见感到不适应,那他应该考虑别人替代他或由人事部门处理。但是如果被会见者特别提出要求与管理者会谈,那么他就应该完成这个会见。准备阶段还包括准备一个安静的场所,保证会见进行时不会被打断,还要求准备足够长的会见时间。

2. 会见阶段

由于咨询会见相当耗时,如果管理者时间有限,他在会见开始前应提出来,如果有必要,他还可以考虑再另选一个时间进行下一步的会见。还有一个困扰会见者的问题就是信心,如果会见的某一方对会见没有信心,那么会见就不应进行下去。

会见的目的是让被会见者阐述出现的问题。在会见中,会见者需要倾听被会见者讲述的问题,运用此过程的相关技巧。这个过程中,不需要会见者阐述自己的判断也不必发表其观点,他只需要倾听和接受。如果需要采取行动,那么会见者的职责只限于帮助被会见者选择某种行动方案,但是真正的决策者是后者,因为这是他的问题而不是会见者的问题,许多咨询会见可能达不到实施决策,但是至少应该有所收获。

3. 会见总结阶段

会见结束后,会见者有必要"自我评估"一下提供的咨询,并反思一下是否还有可改进的地方。在实际工作中,有效的咨询还包括减少摩擦或冲突、更好地控制时间、保持高昂的士气等。

(六)申诉会见

当雇员对组织内任何一件事物觉得不满意或需要申诉的时候,都应该有申诉的途径。对一般组织来说,总会有些政策或举措未能符合全体雇员的期望,个别员工对整个组织的制度或人事方面的规定也会出现怨愤的情绪。因此,申诉会见的目的就是在组织内设有专人负责听取雇员的任何不满,给他们一个投诉的机会,以达到"不平则鸣"的原则。申诉会见的主持人应该时刻都有充分的准备,以应付不同类型的投诉。

(1)主持人本身的态度很重要,应该让人感觉到他充满诚意,有正义感,使申诉者能够倾诉心里的抑郁和不满。

(2)申诉会见进行的时候,主持人需要运用他的理解力和判断力,去确认面对的究竟是一宗什么样的投诉事件。

(3)主持人在了解到事情的始末之后,进一步要做的就是搜集资料。

(4)主持人在与申诉人交换意见及倾听之后,应该着手调查有关申诉事件的起因及是否有充分的证据支持投诉。

(5)主持人要以最快最有效率的办法调查投诉,并提出解决办法。

(七)解惑会见

随着机构的拓展、组织的改革及科技日新月异的发展,组织发展给员工造成的问题和形成的压力也日益增加,而这些问题会直接或间接地影响到他们的生活。因此,公司方面若能为他们提供一种解决问题的方法,或是提出一个讨论问题的机会,也可以减低员工们的压力,使其能够更加专心地工作,提高士气。

解惑会见是各种会见中最特别的一种,因为每一个问题都具有独特性,不可一概而论,因此主持人便需要运用他的人生经验、处世技巧以及判断力去为面对困难的人提供帮助。同时,主持人必须在组织内处于一定的地位,而且富有经验。在会见的过程中,他应该以诚恳的态度去和有困难的人做由衷的讨论,找出问题的根源,并且设法提供解决问题的办法。

（八）对立式会见（谈判）

一般的会见形式是由组织的代表也就是会见者，与被会见者一起详细讨论问题。然而，当双方代表的观点、立场、身份、地位、等级不同时，便出现了对立式会见，即谈判。

（九）会议沟通会见

会议是一种围绕特定目标展开的、有序组织的、以口头交流为主要方式的群体性活动，同时也是为发挥特定的功能进行的一种多向沟通方式。一般来说，会议沟通会见由若干人参加，共同解决问题或者作出决策，是企业管理者相互沟通的一种常用手段。

二、会见的技巧

会见的技巧包括为人处世的道理，人际交往能力，讲话、表达的艺术等。本书只对会见经常需要用到的几种技巧做简要介绍。

（一）介绍的技巧

1. 介绍的规则

会见时，一般都会相互介绍，尤其对于互不熟悉的会见者，介绍就显得更为重要。在较为正式、庄重的场合，有两条通行的介绍规则：其一是把年轻人介绍给年长的人，其二是把男性介绍给女性。在介绍过程中先提某人的名字是对此人的一种敬意。例如，要把李明（男性）介绍给张燕（女性），就可以这样介绍："张燕，让我把李明介绍给你，好吗？"然后给双方做介绍："这位是张燕，这位是李明。"若女方是你的妻子，那你就先介绍对方，然后再介绍自己的妻子，这样才不失礼节。再如，把一位年轻的女士介绍给一位德高望重的长辈，则不论性别，均应先向长辈介绍，例如，可以这样说："王老师，我很荣幸能向您介绍王茜。"

在介绍时，最好是姓名并提，还可以附带简短的说明，如职称、职务、学位、爱好和特长等。这种介绍方式等于给双方提供了开始交谈的话题。如果介绍人能找出被介绍双方某个共同点就更好了。如甲和乙的弟弟是同学，甲和乙是校友等，这样无疑会使初识的交谈更加顺利。

2. 记住对方的称呼

人际交往离不开语言，如果把交际语言比喻成浩浩荡荡的大军，那么称呼语便是这支大军的先锋官，没有哪个人不打招呼就直入话题。称呼主要包括对方的姓名和社会职务，但是仅仅有称呼也不行，还要看你的称呼是否合适，因为人们对称呼的恰当与否，一般来说都很敏感，尤其是初次见面者，称呼在一定程度上影响着这次交际的成败。可见称呼语的使用是很重要的。

在交际活动中，特别是在一些慰问、会客、迎送等人们互相间不熟悉，接触时间又比较短暂的会见场合中，容易发生把称呼弄错或者张冠李戴的现象，这样不仅失礼、令人尴尬，有时还会影响交际效果。为避免错误的称呼，应该从以下几个方面入手：

（1）充分认识错误称呼的严重性。错误的称呼容易让人产生不信任感，特别是在人数较多的会见中，一定不要连续出现称呼错误的情况。

（2）要有充分的准备。如果是正式的会见，事先要对会见对象的单位、姓名、职务、人物特征有个初步的了解，做到心中有数。这样。经过介绍后，印象就比较深刻。必要时，在落座或会谈、就餐前，再做一次详细介绍。

（3）注意观察对方的特征，掌握记忆方法。留意观察被介绍者的服饰、体态、语调、动作等，特别注意突出外貌特征或个性特征。对统一着装的人，要格外注意观察高、矮、胖、瘦、脸型、是否戴眼镜等。最重要的是，要将这特征与对方的职务、姓名等称谓联系在一起，这样才不会张冠李戴。

3. 掌握主要人物

在人员较多、一下难以全部记住时，要首先了解和熟悉主要对象（如带队的负责人）和与自己身份对等的对象（指所在单位、所从事的业务、职务、级别与自己类似者）。由于现今一般都不太讲究主客、主从关系的烦琐礼节，因此仅从行为举止、落座位置上判断是不准确的。如有的人把来客中的司机当成了经理，使经理倍感尴尬。

4. 做好自我介绍

进行自我介绍时，要简洁、清晰，充满自信，态度要自然、亲切、随和，语速要不快不慢，目光正视对方。

（二）交谈的一般礼节

谈话的表情要自然，语言要和气、亲切，表达要得体。说话时可适当做些手势，但动作不要过大，更不要手舞足蹈。谈话时切忌唾沫四溅。加入别人谈话要先打招呼，在别人进行个别谈话时，不要凑前旁听，若有事需与某人说话，应待其将谈话进行完再讲话。第三者参与谈话，应以握手、点头或微笑表示欢迎。谈话中遇有急事需要处理或离开，应向谈话对方讲明，并表示歉意。

谈话内容一般不要涉及疾病、死亡等内容，不要谈一些荒诞离奇、耸人听闻的事情。与女性谈话时，一般不询问女性的年龄、婚否，不径直询问对方履历、收入、家庭财产、服饰价格等私人问题，不说对方长得胖、身体壮、保养得好之类的话。对于对方不愿回答的问题不要追问；不小心问到对方反感的问题，应表示歉意或立即转移话题。谈话时，不批评长辈、身份高的人员，不讥笑、讽刺他人，也不要随便触及宗教等问题。

谈话中要使用礼貌语言，如："您好""请""谢谢""对不起""打搅了""再见"等。一般见面时可先说："早安""身体还好吗？""夫人（丈夫）好吗？""孩子们都好吗？"对新结识的人，可问："你这是第一次来我们这吗？""你喜欢这里的风景吗？""你喜欢我们的城市吗？"分别时常说："很高兴与你相识，希望有再见面的机会。""再见，祝周末愉快！""晚安，请向朋友们致意，请代问全家好！"等。

（三）恰当运用非语言因素

语言包含的内容只占沟通信息的一小部分，沟通中的大部分信息都包含在互动中的非语言因素当中。对于会见来讲，要充分把握非语言因素在信息传递中的作用。

1. 语音、语调

语音、语调的准确使用，能准确地反映一个人的交谈状态，对交谈的进行产生积极的影响。交谈的双方都会根据对方的语音和语调来判断对方的心理状态。语言与个性有着一定的联系，这些联系使听者通过讲话人讲话的方式来认识讲话人的性格特征。例如，一个人讲话时声音尖细且不够洪亮，那么他就会被认为太年轻或是有些做作;如果言语中缺乏高潮、音调平缓,则会被看成冷漠、孤傲。讲话带有"喉音"的人往往被认为是成熟、现实、具有自我调节能力的。当然,我们也可以通过控制自己的语音和语调来给别人留下某种特殊印象。

2. 动态的身体语言

动态的身体语言就是动作,如点头、微笑、手势、眼神等。会谈者往往通过某些身体动作来展示自己的意见、关注力、心理甚至性格。据说为了在激烈的经济竞争中获胜,有的情报人员甚至录下谈判者的足部动作,以分析和研究对方的个性心理特征,以便对症下药,采取相应举措来征服对方。

据相关研究,人在神情专注和情感兴奋时,双足会缓缓晃动,或者停止不动;而陷入沉思时,脚尖则会摆动频繁;坐下时习惯把脚架起来的人,往往较为傲慢,这样做是为了显示自己的地位和优势;经常架腿而又喜欢晃动脚尖的人,往往性格轻浮,目空一切、狂妄自大;坐立不安、频频移动双脚的人,往往内心十分焦虑、烦躁和不安。

在交谈时,眼神会告诉人们很多的东西,人们可以通过眼神中流露的隐秘去调整交谈的方向、节奏、基调;也可以通过眼神表达出丰富的内涵,增强讲话的效果。在非语言信息的传递中,眼神具有特殊的作用,人们往往通过眼神去判断一个人的性情、志向、心地、态度。

3. 静态的非语言因素

首先,静态的非语言因素表现为人们在交谈中相互空间的变化,如距离可以表示相互了解的程度。其次,静态的非语言因素还包括身体的"附加物",即服饰、发型等,它们通常是判断一个人的性格、所处的教育层次、社会阶层、精神面貌的重要依据。

有时候,要达到预期的目标,往往要进行不止一次的会谈。在每次会谈中,除了注意上述提到的技巧外,还有非常关键的一点在于对会谈进展的"度"的把握,并据此选择适当的交谈内容和方式。

(四)批评的技巧

在某些情况下的面谈,往往会涉及批评或者评价来访者的情况。但在实际工作中,由于错误的批评方式,有时会陷入气氛的紧张。对于所有的管理者来说,批评别人永远不是喜欢做的事情。直接批评往往效果并不明显,必须要有恰当的方式。当你以一种良好的言辞技巧有效地去做对方工作的时候,就会帮助自己的下属改善他们的行为表现,或改变不好的行为方式。请记住,你首先要考虑的不仅仅是要说什么,而是怎么去说。

需要批评来访者时,应该注意以下几个问题:

1. 是否有必要批评

在批评之前,应该自省一下,批评别人的目的是试图改善工作状况,还是仅仅为了发泄恼怒。

2. 衡量批评的后果

在批评之前,要衡量一下批评所带来的风险与利益得失,估计一下批评对象的个性。如果你的员工、同事或上司从不认为你的批评意见具有建设性,那么这些批评将来可能会给你带来不利。

3. 选择适当的场合与时机

尽量避免在众人面前批评他人。当需要对一个人的行为进行批评时,应寻找独处的机会,不要在其他员工面前进行批评,否则,即使你说得再对,他们也会对你表示反感,甚至反抗。

4. 提出批评时,时间的选择很重要

一般情况下,人们总是在事情发展到无法控制的地步时才提出批评,而这时往往怒不可遏,无法控制自己的情绪。在这种时机下,对他人进行批评是最糟糕的,主要表现为尖刻的讽刺、威胁以及一大堆牢骚、抱怨。这类并非正常批评的攻击会招致相反的结果,被批评者往往会变得非常愤怒。

5. 对事不对人

当批评别人时,应首先声明你很尊重对方,要把受批评者的个性与个人行为区别开来。批评别人的举止、性格等这些无法改变的东西,是一种徒劳,这也许是出于你心里的怒火,但留给对方的感觉可能是:"我应该怎么做呢?"

你可以这样开始:"我并非要批评你本人,而是觉得你的这一行为不当。我的目的只是为了增进我们的关系,改进你的行为方式……"你要针对对方的某一行为和情况作出批评而不要转化为对个人的一种评价,当你提出批评时,一定要针对某一具体事情,不可泛泛而论。

6. 友好地接近对方

提出批评时,采取的方式越周全、温和和直接,对方的回应效果越好,应谨慎选择用词,避免采用"你总是""你从不"或"你应该这样"的话,这类词语往往被看作是一种攻击,并且使人产生抵触情绪。同样,应避免以嘲笑、玩笑的形式提出批评。当嘲弄对方、开玩笑或是不直截了当的时候,你会引起他的胡乱猜想。当直接地表达你的批评观点时,你的批评意见就会被人慎重对待。

7. 称赞与批评相结合

因为某人犯了错误或是工作做得很糟,你认为必须批评他时,可以先称赞一下对方使批评意见变得柔和并且易于接受。但要保证是一种真诚的称赞,如果不诚恳,对方会认为你非常虚伪。

看微课

握手礼仪

任务3 日常会面的礼节

一、握手礼

握手,是交际的重要组成部分。握手的力量、姿势与时间长短往往能够表达出握手双方的不同礼遇与态度,进而给人留下不同印象。

(一)握手的要求

通常,和人初次见面、熟人久别重逢、告辞或送行都可以通过握手表示自己的善意。

在有些特殊场合,比如向人表示祝贺、感谢或慰问时;双方交谈中出现了令人满意的共同点时;双方原先的矛盾出现了某种良好的转机或彻底和解时,习惯上也以握手为礼。

握手时,距对方约一步远,上身稍向前倾,自然站立,伸出右手,四指并拢,虎口相交,拇指张开下滑,向受礼者握手,如图 9-1 所示。

掌心向下握住对方的手,显示着一个人强烈的支配欲,无声地告诉别人,他此时处于高人一等的地位。应尽量避免这种傲慢无礼的握手方式。相反,掌心向里握手显示出一个人的谦卑和恭敬。平等而自然的握手姿态是手掌处于垂直状态,这是一种最普通也最稳妥的握手方式。

图 9-1 握手

除了关系亲近的人可以较长时间把手握在一起外,一般握手持续 2 s 左右为宜。不要太用力,但漫不经心地用手指尖"蜻蜓点水"式握手也是无礼的。如果要表示自己的真诚和热烈,也可较长时间握手,并上下晃动。

握手时两手一碰就分开,时间过短,好像在走过场,或怀有戒意。而时间过久,特别是拉住异性或初次见面者的手长久不放,显得有些虚情假意,甚至会被怀疑为"想占便宜"。

长辈和晚辈之间,长辈伸手后,晚辈才能伸手相握;上下级之间,上级伸手后,下级才能接握;男女之间,女方伸手后,男方才能伸手相握;当然,如果男方为长者,遵照前面的原则。

如果需要和多人握手,握手时要讲究先后次序,由尊而卑,即先长辈再晚辈,先老师后学生,先女士后男士,先上级后下级,先已婚者后未婚者。

交际时如果人数较多,可以只跟相近的几个人握手,向其他人点头示意,或微微鞠躬。为了避免尴尬场面发生,在主动和人握手之前,应想一想自己是否受对方欢迎,如果已经察觉对方没有要握手的意思,点头致意或微鞠躬就行。

在公务场合,握手时伸手的先后次序主要取决于职位、身份。而在社交、休闲场合,它主要取决于年龄、性别、婚否。

在接待来访者时,这一问题变得特殊一些:当客人抵达时,应由主人首先伸出手来与客人相握。而在客人告辞时,就应由客人首先伸出手来与主人相握。前者是表示"欢迎",后者表示"再见"。这一次序颠倒,需要格外注意。

应当强调的是,上述握手时的先后次序不必处处苛求于人。如果自己是长者或上级,而晚辈或下级先伸手时,最得体的就是立即伸出自己的手,进行配合。而不要置之不理,使对方"骑虎难下"。

握手时,不妨说一些问候的话,可以握紧对方的手,语气应直接而且肯定,并在说到重要字眼时,紧握着对方的手,来加深对方对你的印象。

(二) 应当握手的场合

(1) 遇到较长时间没见面的熟人。

(2) 在比较正式的场合和认识的人道别。

(3) 作为东道主的社交场合,迎接或送别来访者时。

(4) 拜访他人后,在辞行的时候。

（5）被介绍给不认识的人时。

（6）在社交场合，偶然遇上亲朋旧友或上司的时候。

（7）别人给予你一定的支持、鼓励或帮助时。

（8）表示感谢、恭喜、祝贺时。

（9）对别人表示理解、支持、肯定时。

（10）向别人赠送礼品或颁发奖品时。

通常，上述所列举的情况都是适合握手的场合。

（三）握手的"禁忌"

在行握手礼时，应努力做到合乎规范，避免出现下述失礼的"禁忌"：

（1）不要用左手相握，尤其是和印度人等打交道时要牢记，因为在他们看来左手是不洁的。

（2）在和基督教信徒交往时，要避免两人握手时手臂与另外两人相握的手形成交叉状，这种形状类似十字架，在他们眼里这是很不吉利的。

（3）不要在握手时戴着手套或墨镜，只有女士在社交场合戴着薄纱手套握手是适宜的。

（4）不要在握手时让另外一只手插在衣袋里或拿着东西。

（5）不要在握手时面无表情、不置一词、长篇大论，或点头哈腰、过分客套。

（6）不要在握手时仅仅握住对方的手指尖，好像有意与对方保持距离。正确的做法是要握住整个手掌。

（7）不要在握手时把对方的手拉过来、推过去，或者上下左右长时间持续抖动。

（8）不要拒绝和别人握手，如有手疾、汗渍或手脏了，应和对方说一下"对不起，我的手现在不方便"，以免造成不必要的误会。

> ▶ 看微课
>
> 介绍礼仪

二、介绍礼

双方见面后，宾主就应相互介绍。介绍分为自我介绍，为宾、主双方充当介绍人和被第三者介绍给对方三种情况。在无第三者的情况要进行自我介绍，其常用语言是"我叫×××，在×××单位工作。""恕我冒昧，我是×××单位的×××。""您就叫我×××好了"。如果一方是两人以上，则由身份较高者出面做自我介绍，然后再将其他人员按一定顺序一一介绍。

在交际场合结识朋友，可由第三者代为介绍，也可自我介绍相识。为他人介绍，要先了解双方是否有结识的愿望，不要贸然行事。无论自我介绍或为他人介绍，做法都要自然。例如，正在交谈的人中，有你所熟识的，便可趋前打招呼。熟人可顺便将你介绍给其他客人。在这些场合亦可主动自我介绍，讲清姓名、身份、所在单位，对方则会随后自行介绍。为他人介绍时还可说明与自己的关系，便于新结识的人相互了解。介绍具体人时，要有礼貌地以手示意，而不要用手指指点点。

介绍也有先后之别，应把职务较低、年轻的介绍给职务较高、年长的，把男士介绍

给女士。介绍时,除女士和长者外,一般应起立;但在宴会和会谈场合可不必起立,被介绍者只要微笑点头有所示意即可。

在非正式场合,自我介绍要注意一些细小的礼仪环节。比如,某甲或某乙正在交谈,你想加入,而你们彼此又不认识,你就应该选择甲乙谈话出现停顿的时候再去自我介绍,并说如:"对不起,打扰一下,我是×××。""很抱歉,可以打扰一下吗? 我是×××。""你们好,请允许我自己介绍一下……"之类的话。如果你参加一个集体活动迟到了,你又想让大家对你有所了解,你就应当说:"女士们,先生们,你们好! 对不起,我来晚了,我是×××,很高兴和大家在此见面。请多关照!"

三、名片礼

名片是一个人职务的说明及身份的象征。其递送、接受、存放要讲究相应的礼仪。

在社交场合,名片是自我介绍的简便方式。交换名片的顺序一般是:"先客后主,先低后高"。当与多人交换名片时,应依照职务高低的顺序,或是由近及远,依次进行,切勿跳跃式地进行,以免对方误认为有厚此薄彼之感。递送时应将名片正面面向对方,双手奉上。眼睛应注视对方,面带微笑,并大方介绍说:"这是我的名片,请多多关照。"名片的递送应在了解情况之后,在尚未弄清对方身份时不应急于递送名片,更不要把名片视同传单随便散发。

看微课

名片礼仪

接受名片时应起身,面带微笑注视对方。接过名片时应说:"谢谢",随后有一个微笑阅读名片的过程,阅读时可将对方的姓名职务轻声念出,并抬头看看对方的脸,使对方产生一种受重视的满足感。然后,回敬一张本人的名片,如身上未带名片,应向对方表示歉意。在对方离去之前,或话题尚未结束前,不必急于将对方的名片收藏起来。

看微课

鞠躬礼仪

接过别人的名片后,切不可随意摆弄或乱扔,也不要随便地塞在口袋里或包里,应放在诸如西服左胸内口袋或名片夹里,以示尊重。

四、鞠躬礼

鞠躬起源于我国。商代有种祭天仪式"鞠祭",祭品为猪、牛、羊等,不将祭品切成块,而是将其整体卷成圆的鞠形,再摆到祭祀处奉祭,以此来表达祭祀者的恭敬与虔诚。这种习惯一直保持至今。人们在现实生活中,逐渐援引这种相似形式来表达自己对地位较高者或长辈的崇敬。这就是"鞠躬"的来历。

正确的鞠躬礼:自腰以上向下前倾,脱帽,脸带笑容,保持正确的站立姿势,两腿并拢,脖子不可伸得太长,上半身和头部呈一直线,目视受礼者。男士双手自然下垂,贴放于身体两侧裤线处,女士的双手下垂搭放在腹前(见图9-2)。

按照上身倾斜角度的不同,可以将鞠躬分为以下三种类型:

(1)一度鞠躬:上身倾斜角度约为15°,表示问候。

(2)二度鞠躬:上身倾斜角度约为30°,表示再见。

(3)三度鞠躬:上身倾斜角度约为45°,一般表示向对方道歉或感谢。

三种方式适用于不同的情况,在日常工作中常使用一度鞠躬;参加重要活动、接待重要来宾时可以选择使用二度鞠躬;三度鞠躬在对父母、长者等的敬意或在重大礼仪中使用。

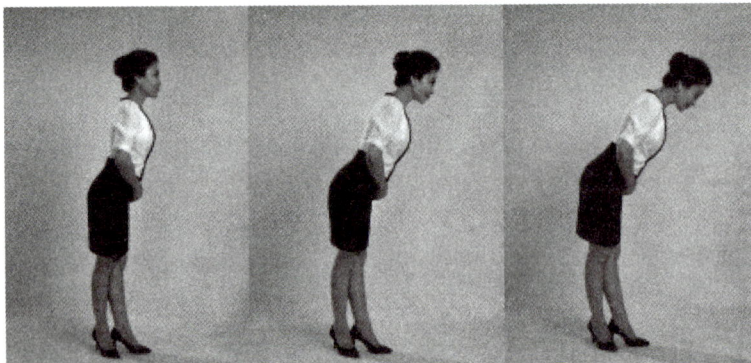

图 9-2　鞠躬礼

课中实训

实训一:握手礼仪训练

1. 训练内容

握手方式、握手顺序、握手规范动作及握手禁忌。

2. 训练程序

学员先进行分组,两人为一组,分角色进行握手训练、演练。教师点评。

实训二:介绍礼仪训练

1. 训练内容

自我介绍、第三方介绍内容,自我介绍、第三方介绍礼仪规范。

2. 训练程序

学员先进行分组,3 人为一组,分角色进行自我介绍、第三方介绍训练、演练。教师点评。

实训三:名片礼仪训练

1. 训练内容

递接名片方式、递接名片规范动作及摆放名片方式。

2. 训练程序

学员先进行分组,两人为一组,分角色进行递接名片训练、演练。教师点评。

实训四:鞠躬礼仪训练

1. 训练内容

鞠躬规范动作。

2. 训练程序

学员先进行分组,两人为一组,分角色进行鞠躬训练、演练。教师点评。

实训项目评价

技能点评价表

	技能点评价指标	分值	得分
实训一	握手顺序正确,握手姿势、力度规范,表情自然,语言规范	25	
实训二	自我介绍动作规范,内容完整,表情自然; 第三方介绍顺序正确,动作规范,内容完整,表情自然	25	
实训三	一度、二度、三度鞠躬动作规范,表情自然,语言规范	25	
实训四	名片递接顺序正确,姿势规范,表情自然,语言规范	25	

使用说明:

按评价指标评价项目技能点成绩,满分 100 分。

课后提升

案例

刘经理:"小张,有时间吗?"

小张:"经理,什么事情?"

刘经理:"想和你谈谈,关于你年终绩效的事情。"

小张:"现在? 要多长时间?"

刘经理:"就一会儿,我 9 点还有个重要的会议。哎,你也知道,年终大家都很忙,我也不想浪费你的时间。可是 HR 部门总给我们添麻烦。"

小张:"……"

刘经理:"那我们就开始吧。"

于是小张就在刘经理放满文件的办公桌的对面,不知所措地坐了下来。

刘经理:"小张,今年你的业绩总的来说还过得去,但和其他同事比起来还差了许多,但你是我的老部下了,我还是很了解你的,所以我给你的综合评价是 3 分,怎么样?"

小张:"经理,今年的很多事情你都知道的,我认为我自己还是做得不错的呀,年初安排到我手里的任务我都完成了,另外我还帮助其他的同事做了很多的工作……"

刘经理:"年初是年初,你也知道公司现在的发展速度,在半年前部门就接到新的市场任务,我也对大家做了宣布,结果到了年底,我们的新任务还差一大截没完成,我的压力也很大啊!"

小张:"可是你也并没有因此调整我们的目标啊!"

这时候,秘书直接走进来说,"刘经理,大家都在会议室里等你呢!"

刘经理:"好了,小张,写目标计划什么的都是 HR 部门要求的,他们哪里懂公司的业务! 现在我们都是计划赶不上变化,他们只是要求你的表格填得完整好看,而且,他们还对每个部门分派了指标。大家都不容易,你的工资水平也不错,你看小王,他的工资比你低,工作却比你做得好,所以我想你心里应该平衡了吧。明年你要是做得好,我相信我会让你满意的。好了,我现在很忙,下次我们再聊。"

小张:"可是经理,去年年底考评的时候……"

刘经理没有理会小张,匆匆和秘书离开了办公室。

点评:

绩效面谈是通过面谈的方式,由主管为员工明确本期考核结果,帮助员工总结经验,找出不足,与员工共同确定下期绩效目标的过程。通过绩效面谈,可以实现上级主管和下级员工之间对于工作情况的沟通和确认。发现工作中的优势及不足,并制定相应的改进方案,减少沟通障碍。

案例思考题:

你认为本文中,刘经理和小张的面谈沟通有哪些方面的不足?

项目九
自学自测

职场礼仪

学习目标

◆ 熟悉求职前的准备工作
◆ 掌握求职礼仪及求职过程中的禁忌
◆ 熟悉同事相处礼仪
◆ 掌握办公室常用礼仪
◆ 熟悉获取客户好感的六大法则
◆ 掌握职场拜访礼仪
◆ 掌握职场的方位礼仪

课前自学

看微课

面试礼仪

任务 1 求 职 礼 仪

求职礼仪是礼仪的一种,它是在求职的过程中,所表现出来的礼节和仪式。一个人如果在求职过程中有失礼之处,首先就会给面试官留下一个非常差的印象,会大大降低面试官对求职者的好感,即使在面试中表现良好,也难以赢得面试官的青睐。所以求职之前,我们有必要了解求职面试中需要注意的礼仪。

一、职业形象的塑造

俗话说"人不可貌相",但在求职面试的场合,应试者的穿着打扮对能否被录取有着举足轻重的影响。留下良好的第一印象未必会被录取,但是若给人留下坏印象大概率会名落孙山。

（一）男性应聘

男士应聘时,最好着西服,配上硬领衬衫,系领带,显得潇洒、英俊。

1. 挺括的西装

一般最正式的着装是两件套:西服上衣、西裤,衣裤要成套。

（1）平时就准备好一至两套得体的西装,不要到面试前才去匆匆购买,那样不容易选购到合身的西装。

（2）颜色应当以主流颜色为主,如深蓝色、黑色、灰色等,不要穿带有格子、条纹、纹饰的,这样在各种场合穿着都不会显得失态。

（3）初入职场的大学生,不必穿新装和高档服饰,七八成新的服装最自然妥当。在价钱、档次上应符合学生身份,不要盲目攀比,乱花钱买高级名牌西服,如果用人单位看到求职者的衣着太过讲究,不符合学生身份,对求职者的第一印象也会打折扣。

（4）西服一定要挺括,不能皱皱巴巴,也不能太过时和老旧。西服袖口的商标一定要剪掉。

（5）如果穿的是三颗纽扣的西装,可以只系最上面一颗,或系上面两颗,不能单独系最下的一颗,而将上面的扣子敞开;穿双排扣西装时所有的扣子都要扣上,特别是靠上面的扣子。

（6）长裤应熨烫笔挺,裤长以直立状态下裤脚遮盖住鞋跟的 3/4 为佳。

2．洁净的衬衫

（1）衬衫以白色或浅色为主,经典的白色衬衫永不过时,这样较好搭配领带和西裤。深色西装配上白色衬衫,给人以潇洒的风度;而蓝色衬衫是 IT 行业男士的最佳选择,能体现出智慧、沉稳的气质。

（2）衬衫领开口、皮带扣和裤子前开口外侧应该在一条直线上。

（3）衬衫应该是硬领的,衣领要干净、挺括,短袖衬衫和圆领衫在正式场合不宜。

（4）平时应注意选购一些较合身的衬衫,面试前应熨烫平整,不能给人"皱巴巴"的感觉。

（5）穿衣领、袖口都洗毛的旧衬衫或一件还从没有下过水的新衬衫都不合适,前者太拮据,后者有着意修饰的痕迹。

（6）衬衫下摆要放入裤腰内。不能露出内衣、内裤。

3．潇洒的领带

（1）男士参加面试一定要在衬衣外打领带,这样会倍添风采。领带以真丝的为好,必须干净、平整、挺括,上面不能有油渍和其他污痕。

（2）平时应准备与西服颜色相衬的领带,在配色方面,以和谐为美,不要追求标新立异,以免弄巧成拙。一条价格适中、清洁整齐、色彩和谐的领带,远远胜过"历经沧桑"的名牌产品。

（3）领结要打得坚实、端正,不要松松散散,歪拉在一边,领带尖不要触碰到皮带上,尽可能别上领带夹。

4．配套的鞋袜

（1）皮鞋以黑色为宜,黑色鞋好配服装。不要以为鞋子越贵越好,要以舒适大方为度。面试前一天要上油刷亮,擦去灰尘和污痕。穿时鞋带要系牢。

（2）皮鞋尽量不要选择给人以攻击性感觉的尖头款式,方头系带的皮鞋是较好的选择。

（3）皮带和皮鞋应是同一质感的,如果不是,就要在颜色上找到统一。

（4）袜子的颜色也有讲究,穿皮鞋时不要穿白色袜子,尤其是深色西装,一定要搭配同色系的袜子。如果不好相配,也必须是深灰色、蓝色、黑色等深色,最好和鞋的颜色一致,这样在任何场合都不失礼。

（5）袜子保持足够的长度,以袜口抵达小腿中下部为宜。

5. 整洁的仪容

（1）保持仪容整洁。男性可以用清洁类的化妆品，给人干净、阳光的感觉即可。

（2）注意头发修整整齐，不要蓬松散乱，如果稍显过长，应修剪整齐。最好在面试前几天理发，尽量避免在面试前一天理发，以免看上去不够自然。面试前一天要洗净头发，避免头屑留在头发或衣服上。发型不仅要与脸型配合，还要和年龄、体形、个性、衣着、职业要求相配合，才能体现出整体美感。男性求职忌颜色夸张怪异的染发、长发和光头。

（3）将胡须剃干净，在刮的时候不要刮伤皮肤，指甲应在面试前一天修剪整齐。

6. 适当的装饰

（1）文件包既是实用品又是装饰品，不要太破旧或有飞边、油垢等。新旧程度最好等于或新于西装，而不要旧于西装。装的资料等不宜太多，以免造成圆滚滚的感觉。

（2）眼镜框的佩戴最好能使人感觉稳重，调和。眼镜的上镜框高度以眉头和眼睛之间的 1/2 位置为合适，外边框以与脸最宽处平行为宜。切不可戴墨镜，这样会画蛇添足，让人反感。

7. 切记注意的事项

（1）面试前一天要整理个人卫生，避免身上散发出异味，如：大蒜味、酒精味、其他刺激性异味及口臭等。

（2）应聘时不能穿运动服、牛仔裤、T恤、运动鞋、水鞋或样式怪异的服装和鞋，这些给人一副随随便便或轻浮的感觉。

（3）不要将票夹、钥匙、手机、零钱等鼓鼓囊囊地放在衣裤口袋中，以免使做工考究的服装走样。在票夹中只选择必须随身携带的零钱和证件，把那些与面试无关的东西都留下。

（4）最好不要有文身或让文身外露。

（5）不要戴项链及流行饰物。

（二）女性应聘

面试时着庄重典雅的服装会让女性更有职业气质。相比男士，女士的服装比较灵活，每位女士应准备一至两套较正规的套服，以备去不同单位面试之需。女式套服的花样可谓层出不穷，每个人可根据自己的喜好来选择，随着女性择业的多元化，职业女性的着装也成为一种艺术和学问，简单的职业套装已经不再是单一的选择，尽可独树一帜，穿出自己的风格，突出个人的气质，强调个人的魅力。

女性着装的法则是，针对不同背景的用人单位选择适合的套装，必须与准上班族的身份相符，要以内在素质取胜，先从严肃的服装入手。不管什么年龄，剪裁得体的西装套裙、色彩相宜的衬衫和半截裙使人显得稳重、自信、大方、干练，能给人"信得过"的印象。裙子长度应不高于膝盖，太短有失庄重。服装颜色以淡雅或同色系的搭配为宜，穿着应有职业女性的气息，虽然颜色鲜艳的服饰会使人显得活泼、有朝气，但T恤、迷你裙、牛仔裤、紧身裤、宽松服等并不适宜，以免给面试官留下太随便的印象。

穿中高跟皮鞋使女性步履坚定从容，可以带给人一份职业女性的气质，很适合在求职面试时穿着。相比之下，穿高跟鞋显得步态不稳，穿平跟鞋显得步态拖拉；如穿中高筒靴子，裙摆下沿应盖住靴口，以保持形体垂直线条的流畅。同样，裙摆应盖过长筒丝袜袜口；夏天最好不要穿露出脚趾的凉鞋，或光脚穿凉鞋，更不宜将脚指甲涂抹上其他颜色。

如果穿裙装,袜子选择就很重要,丝袜以肉色最为雅致。要注意不直和不正的丝袜缝,会给人很邋遢的感觉。

适当的搭配一些饰品无疑会使女性形象锦上添花,但搭配饰品也应讲求少而精,一条丝巾,一枚胸花,一条项链,就能恰到好处地体现气质和神韵。应避免佩戴过多、过于夸张或有碍工作的饰物,让饰品真正产生画龙点睛之妙,否则,容易分散面试官的注意力,有时也会给面试官留下不成熟的印象。

皮包可大大方方背在肩上,不要过于精美或珠光宝气,但也不要太破旧。

女士可以适当地化淡妆,但不能浓妆艳抹,过于妖娆,香气扑鼻,过分夸张,这不符合大学生的形象与身份。

不管长发还是短发,一定洗净、梳齐,增添青春的活力。发型可根据衣服正确搭配,要善于利用视觉错觉来改变脸型的不足,如脸型过长的人,可留较长的刘海,并且尽量使两侧头发蓬松,这样使脸型不足看起来不太明显;脖颈过短的人,则可选择干净利落的短发来拉长脖子的视觉长度;脸型太圆或者太方的人,一般不适合留齐耳的发型,也不适合中分头型,应该适当增加头顶的发量,使额头部分显得饱满,在视觉上减弱下半部分脸型的宽度;根据应聘职业的不同,发型也应有所差异。

服装应根据季节和地域差异来灵活调整,比如在北方的冬天,要加上厚厚的外衣,而在南方许多地方,一年有大半时间要穿短袖,这就不一定刻意穿西装,主要是显得干净整齐,庄重大方,以显现出职业人的风度为好。适当进行形象设计,塑造良好个人职业形象后再去面试 ,成功的概率会更大。

二、求职者的仪态礼仪

(一)求职者的站姿

优雅的站姿是仪态美的起点,又是发展不同动态美的基础。良好的站姿能衬托出求职者良好的气质和风度。

站姿的基本要求是挺直、舒展,站得直,立得正,线条优美,精神焕发。其具体要求是:头要正,头顶要平,双目平视,微收下颌,面带微笑,动作要平和自然;脖颈挺拔,双肩舒展,保持水平并稍微下沉;两臂自然下垂,手指自然弯曲;身躯直立,身体重心在两脚之间;挺胸、收腹、直腰,臀部肌肉收紧,重心有向上升的感觉;双脚直立,女士双膝和双脚要靠紧,男士两脚间可稍分开,但不宜超过肩膀。

(二)求职者的坐姿

坐姿是仪态的重要内容。良好的坐姿能够传递出求职者自信、积极热情的信息,同时也能够展示出求职者高雅庄重、尊重他人的良好风范。

求职者坐姿的基本要求是端庄、文雅、得体、大方。具体要求如下:

入座时要稳要轻,不可猛起猛坐使椅子发出声响。女士入座时,若着裙装,应用手将裙子稍向前拢一下。坐定后,身体重心垂直向下,腰部挺直,上体保持正直,两眼平视,目光柔和。男士双手掌心向下,自然放在膝盖上,两膝间距离以一拳左右为宜。女士可将右手搭在左手上,轻放在桌面上。坐时不要将双手夹在两腿之间或放在臀下,不要将双臂端在胸前或放在脑后,也不要将双脚分开或将脚伸得过远。坐于桌前时应该将手放在桌上，或十指交叉后以肘支在桌面上。入座后，尽量保持正确的坐姿，如果坐的时间长，可适当调整姿态以不影响坐姿的优美为宜。

（三）求职的走姿

走姿是站姿的延续动作，是在站姿的基础上展示人的动态美，无论是日常生活中还是社交场合，走姿往往是最吸引人注意的体态语言，最能表现一个人的风度和魅力。

求职者走姿的具体要求是：行走时，头部要抬起，目光平视，双臂自然下垂，手掌心向内，并以身体为中心前后摆动。上身挺拔，腿部伸直，腰部放松，步幅适度，脚步宜轻且富有节奏感。

男士应抬头挺胸，收腹直腰，上体平稳，双肩平齐，目光直视前方，步履稳健大方，显示出男性的阳刚之美。

女士应头部端正，目光柔和，平视前方，上体自然挺直，收腹挺腰，两脚靠拢而行，步履匀称自如、轻盈，端庄文雅，含蓄恬静，显示女生庄重而文雅的温柔之美。

（四）仪态礼仪注意的六个问题

在面试时，求职者的行为举止十分重要。一般而言，求职者仪态礼仪要注意六个问题：

（1）应聘时不要结伴而行。无论应聘什么职位，独立性、自信心都是招聘单位对应聘者的基本素质要求。

（2）保持一定的距离。面试时，求职者和面试官必须保持一定的距离，不合适的距离会使面试官感到不舒服。如果应聘的人多，招聘单位一般会预先布置好面试室，把应试人员的位置固定好。当求职者进入面试室后，不要随意挪动椅子。如果应聘的人少，面试官也许会与求职者同坐在一张沙发上，这时应有意识地界定距离，太近了，容易和面试官产生肌肤接触，这是失礼的行为。

（3）不卑不亢。求职面试的过程实际上是一种人际交往过程，面试双方都应用平和的心态去交流。

（4）举止大方。举止大方是指求职者举手投足自然优雅，不拘束，从容不迫，显示良好的风度。

（5）忌不拘小节。有求职者，自恃学历高，或者有经验、有能力，在求职时傲慢不羁，不拘小节，或表现出无所谓的样子，这是不可取的。正是这些不易被人注意的细节，使很多人失去了一些好的工作机会。

（6）勿犹豫不决。一般来说，求职者应聘时举棋不定的态度是不明智的。会让面试官认为你是个信心不足的人，难免怀疑你的工作作风和实际能力，这样容易让自己丧失机遇。

三、求职者的谈吐礼仪

求职礼仪不仅局限于衣着、打扮、举止，还包括语言、表情、神态。如果说外部形象是面试的第一张名片，那么语言就是第二张名片，它客观反映了一个人的文化和内涵修养。有的人喜欢夸夸其谈，答题时滔滔不绝，喜欢妄加评论，给人一种狂妄自大的感觉，而且不经意间出现的粗野鄙俗的口头禅，更让其毫无形象可言。此外，有的求职者答题遇挫时，会显得灰心丧气。尤其是在无领导小组讨论中，有些人经常会在讨论阶段出现激烈的论争,意见常常难以统一,应聘者往往会因为情绪激动,而在言论中出现过激之处,这些都是不良的做法。

在谈吐礼仪上求职者应该把握以下几个要点:

(1)音调抑扬顿挫。讲话时应注意音调的高低起伏、抑扬顿挫以增强讲话效果。应避免平铺直叙、过于呆板的音调。这种音调让人听着乏味,达不到预期的效果。

(2)讲话速度快慢适中。讲话时,要依据实际情况调整速度,讲话速度最好不要过快,应尽可能娓娓道来,给他人留下稳健的印象,也给自己留下思考的余地。

(3)措辞要谦逊文雅。有的男士说话比较随便,大大咧咧,不注重措辞,这样容易给面试官造成不好的印象。另外应坚持以事实说话,少用虚词、感叹词。

(4)语言要符合常规。语言的内容和层次应合理、有序地展开,要注意语言的逻辑性和层次感。

(5)尽量不要用简称、方言和口头语,以免对方难以听懂。当不能回答某一问题时,应如实告诉对方,含糊其词和胡吹乱侃会适得其反。

四、求职时应注意的礼仪

(一)遵时守信

求职者一定要遵时守信,千万不要迟到或毁约。迟到和毁约都是不尊重面试官的一种表现,也是非常不礼貌的行为。如果求职者有客观原因不能按时到场,应事先通知面试官,以免对方久等。

(二)放松心情

许多求职者一到面试地点就会产生一种恐惧心理,害怕自己因思维紊乱、词不达意而出现差错。往往会出现心跳加快、面红耳赤等情况。此时,应控制自己的呼吸节奏,尽量达到最佳状态后再面对面试官。

(三)以礼相待

求职者在面试等候时,不要旁若无人,随心所欲,对接待员熟视无睹,自己想干什么就干什么,给人留下不好的印象。相反,对接待员要礼貌有加,也许接待员就是公司经理的秘书、办公室主任或人事主管。如果你目中无人,没有礼貌,在决定是否录用时,他们可能也有发言权,所以,你要给所有的人留下良好的印象,而并非只是将最好的精神面貌展示给面试官。面试时,应自觉将手机静音或关机。

(四)入室敲门

进入面试室的时候,应先敲门,即使面试室是虚掩的,也应先敲门,不要冒冒失失地推门便进,给人鲁莽、无礼的感觉。

敲门时要注意敲门声的大小和敲门的速度。正确的是用右手的手指关节轻轻地敲三下,问一声:我可以进来吗? 待听到允许信号后,再轻轻地推门进去。

思政小课堂

孟子休妻

孟子的妻子独自一人在屋里,伸开两腿坐着。孟子进屋看见妻子这个样子,就向母亲说:"这个妇人不讲礼仪,请准许我把她休了。"孟母说:"什么原因?"孟子说:

"她伸开两腿坐着。"孟母问:"你怎么知道的?"孟子曰:"我亲眼看见的。"孟母说:"这是你不讲礼仪,不是你妻子不讲礼仪。《礼经》上不是这样说吗? 将要进门的时候,必须先问屋里谁在里面;将要进入厅堂的时候,必须先高声传扬,让里面的人知道;将进屋的时候,必须眼往下看。《礼经》这样讲,为的是不让人没准备,无所防备。现在你到妻子闲居休息的地方去,进屋没有声响,因而让你看到了她两腿伸开坐着的样子。这是你不讲礼仪,而不是你妻子不讲礼仪。"孟子听了母亲的教导后,认识到自己错了,再也不敢说休妻的事了。

（资料来源于网络）

（五）微笑示人

求职者在踏入面试室的时候,应面露微笑,如果有多位面试官,应面带微笑地环视一下,以眼神向所有人致意。

一般而言,陌生人在相互认识时,彼此会首先留意对方的面部,然后才是身体的其他部分。面带真诚,自然、由衷的微笑,可以展示一个人的风度。有利于求职者塑造自己的形象,给人留下美好的印象。

求职者与面试官相识之后,便要稍微收敛笑容,集中精神,平静的面容有助于面试成功。

（六）莫先伸手

求职者进入面试室,行握手之礼,应是面试官先伸手,然后求职者单手相应,右手热情相握。若求职者拒绝或忽视了面试官的握手,则是失礼。若非面试官主动先伸手,求职者切勿贸然伸手与面试官握手。

（七）请后才入座

求职者不要自己坐下,要等面试官请你就座时再入座。面试官请你入座,求职者应该表示感谢,并坐在面试官指定的座位上。如果座位不舒适或正好面对阳光而不得不眯着眼,那么就最好提出来。

（八）递物时动作大方

求职时必须带上个人简历、证件、介绍信或推荐信,面试时一定要保证不用翻找就能迅速取出所有资料。如果须送上资料,应双手奉上,表现得大方和谦逊。

任务2　办公室礼仪

一、办公室环境礼仪

不在公共办公区吸烟、扎堆聊天、大声喧哗;节约水电;禁止在办公家具和公共设施上乱写、乱画、乱贴;保持卫生间清洁;在指定区域内停放车辆。饮水时,如不是接待来宾,应使用个人水杯,减少一次性水杯的使用。不得擅自带无关人员进入办公区,会谈和接待应安排在洽谈区域。最后离开办公区的,应关闭电灯、门窗及电闸。

个人办公区要保持办公桌椅清洁,非办公用品不外露,桌面物品要码放整齐。当有事离开自己的办公座位时,应将座椅推回办公桌内。下班离开办公室前,应关闭办公位电源,将桌面的物品归位。

二、办公室语言礼仪

在办公室里与同事们交往离不开语言的使用,但俗话说"良言一句三冬暖,恶语伤人六月寒",同样的目的,但因表达方式不同,造成的结果也大不一样。在办公室说话要注意哪些事项呢?

首先就是不要人云亦云,要学会发出自己的声音。领导通常会赏识那些有自己主见的职员。如果你经常只是别人说什么你也说什么的话,那么你在办公室里就很容易受到忽视。

不要在办公室里当众炫耀自己,骄傲使人落后,谦虚使人进步。要时刻保持虚怀若谷的态度,不要目中无人。

最后要记住的是不要把办公室当作诉说心事的地方。总有这样一些人,性子特别的直,喜欢和别人倾吐苦水,虽然这样的交谈能够很快拉近同事之间的距离,使你们之间很快变得友善、亲切起来,但据心理学家调查发现,事实上只有1%的人能够严守秘密。所以,当你的生活出现个人危机,如失恋、婚变之类,不要在办公室里随便找人倾诉;当你的工作出现危机,如工作上不顺利,对领导、同事有意见有看法时,更不应该在办公室里向人袒露胸襟。

三、办公室同事相处礼仪

（一）真诚合作

同事之间属于互帮互助的关系,俗话说"一个好汉三个帮",只有真诚合作才能共同进步。

（二）同甘共苦

其他同事遇到困难,通常首先会选择向他们的亲朋寻求帮助,但作为同事,应主动关心;对力所能及的事应尽力帮忙,这样会增进双方之间的感情,使关系更加融洽。

（三）公平竞争

同事之间有竞争是正常的,这有助于共同成长。但是切记要公平竞争,不能在背后要心眼,做损人不利己的事情。

（四）宽以待人

同事之间经常相处,一时的失误在所难免。如果出现失误,应主动向对方道歉,争取对方的谅解;对双方的误会应主动向对方说明,不可小肚鸡肠、耿耿于怀。

四、进出门礼仪

一般情况下,无论是进出办公大楼还是办公室的房门,都应用手轻推、轻拉、轻关,大声地关开门是十分失礼的。进他人的房间一定要先敲门,敲门时一般用食指有节奏地敲两三下即可。如果与同级、同辈者一起出入,要互相谦让。走在前边的人打开门后要为后面的人拉住门。假如是不需要拉的门,最后进来者应主动关门。如果与上级、客人共同进入,应视具体情况随机应变,这里介绍通常的几个原则:

(1)朝里开的门。如果门是朝里开的,自己应先入内拉住门,侧身再请上级或客人进入。

（2）朝外开的门。如果门是朝外开的，自己应先打开门，请上级、客人先进。

（3）旋转门。如果陪同上级或客人走的是旋转门，应自己先迅速过去，在另一边等候。

无论进出哪一类的门，在接待引领时，一定要"口""手"并用且到位，即运用手势要规范，同时要说诸如"您请""请走这边""请各位小心"等提示语。

五、接待礼仪

（一）接待"5S"原则

办公室接待是彰显企业形象的重要一环，那么，在接待前，我们要做哪些准备呢？除了我们每一位工作人员自身，还要对工作区环境和物资设备进行准备。当一切都准备就绪之后，我们就可以迎接我们的客户了。

首先，在语言上，我们需要了解接待的"五声"原则，叫作"来有迎声，问有答声，赞有谢声，怨有歉声，去有送声。"

其次，常把"文明十字"挂在嘴边，具体就是"您好，请，谢谢，对不起，再见。"

再次，我们来了解一下接待"5S"原则。

第一个 S，指的是英文单词"Stop"（停止），停止手中正在忙的所有事情，意思是不要让对方等待。

第二个 S，指的是"See"（看），看到对方，要有眼神交流，我们常常讲，眼睛是心灵的窗口，那么，要想打通与对方的连接，一定要看着对方的眼睛。

第三个 S，指的是"Smile"（微笑），微笑是人与人之间建立交往最有效的桥梁，我们通常会把眼神和微笑统称为表情礼仪。

第四个 S，指的是"Stand up"（站起），起身站立，以表示对对方的尊重和重视。

第五个 S，是"Speak"（说），是指开口的问候，礼多人不怪，只有说出来，才能让对方收到最准确信息。

（二）办公室接待礼仪

1. 迎客礼仪

（1）确定迎送规格。通常遵循身份相当的原则，即主要迎送人与主宾身份相当，当不可能完全对等时，可灵活变通，由职位相当的人或由副职出面。其他迎送人员不宜过多。

（2）掌握到达和离开的时间。准确掌握来宾到达和离开的时间，及早通知全体迎送人员和有关部门。如有变化，应及时通知有关人员。迎接人员应提前到达迎接地点，不能太早，更不能太迟，甚至迟到。送行人员则应在客人离开之前到达送行地点。

（3）适时献上鲜花。迎接普通来宾，一般不需要献花。迎接十分重要的来宾，可以献花。所献之花要用鲜花，并保持花束整洁、鲜艳。忌用菊花、杜鹃花、石竹花和其他黄色花朵。通常由青年女士在参加迎送的主要领导与主宾握手之后将花献上。可以只献给主宾，也可向所有来宾分别献花。

（4）不同的客人按不同的方式迎接。对团体客人的迎接，可事先准备特定的标志，让客人从远处即可看清；对首次前来，又不认识的客人，应主动询问，并自我介绍；

而对比较熟悉的客人,则不必介绍,仅向前握手,互致问候即可。

(5)留下一定时间。客人抵达后,不要马上安排活动,要给对方留下一定的时间,然后再安排活动。

2. 公务接待礼仪

(1)当面接待礼仪

上级来访,接待要周到。对上级交代的工作要认真听、记;上级问询情况,要如实回答;如上级是来慰问,要表示诚挚的谢意。上级告辞时,要起身相送,互道"再见"。

下级来访,接待要亲切热情。除遵照一般来客礼节接待外,对反映的问题要认真听取,一时解答不了的要客气地回复。访谈结束时,应起身相送。

(2)电话接待礼仪

电话接待的基本要求:

a. 电话铃响后,拿起电话机应首先自报家门,然后再询问对方来电的意图。

b. 电话交流要认真理解对方意图,并对对方的讲话做必要的重复和附和,以示对对方的积极反馈。

c. 应备有电话记录本,重要的信息应做记录。

d. 应等对方先结束谈话再以"再见"为结束语。对方放下话筒之后,自己再轻轻放下,以示对对方的尊敬。

3. 引见时的礼仪

到办公室来的客人与本方领导见面,通常由办公室的工作人员引见、介绍。在引导客人去领导办公室的路途中,工作人员要走在客人左前方数步远的位置,忌把背影留给客人。在陪同客人去见领导的这段时间内,不要只顾闷头走路,可以随机讲一些得体的话或介绍一下本单位的基本情况。

在进领导办公室之前,要先轻轻敲门,得到允许后方可进入,切不可贸然闯入,敲门时应用手指关节轻叩,不可用力拍打。进入后,应先向领导点头致意,再把客人介绍给领导,介绍时要注意措辞,应用手示意,但不可用手指指着客人。介绍的顺序一般是把职务低、年纪轻的介绍给职务高、年纪大的;把男同志介绍给女同志;如果有好几位客人同时来访,就要按照职务的高低,按顺序介绍。介绍完毕走出房间时应自然、大方,保持较好的步态,出门后应回身轻轻把门带上。

4. 乘车行路

在陪同领导及客人乘车外出时要注意:

(1)让领导和客人先上车,自己后上车。

(2)要主动打开车门,并以手示意,待领导和客人坐稳后再关门,一般车的右侧门为上、为先、为尊,所以应先开右门,关门时切忌用力过猛。

(3)在乘车的座位选择上应注意,我国一般是右为上,左为下。陪同客人时,要坐在客人的左边。

5. 递物与接物

递物与接物是生活中常用的一种举止。

礼仪的基本要求就是尊重他人。因此,递物时须用双手,表示对对方的尊重。如递交文件时,应双手递送,接收对方递过来的文件时,也应用双手接收,并妥善放置。

6. 会议礼仪

会议的通用礼仪,主要有以下几点:

（1）发放会议通知时应阐明目的。

（2）拟发会议通知。会议通知必须写明开会时间、地点、会议主题及参加者等内容。要提前一定的时间发通知,以便使参加者有所准备。

（3）安排好会场。会场的大小,要根据会议内容和参加者的多少而定。如果会场不易寻找,应在会场附近安设路标以作提醒。

（4）开会的时间宜紧凑。会议应尽可能短小精悍,有效地利用时间,讨论实质性的问题,这是开会礼仪中十分重要的一条。

（5）迎送礼仪。凡是大型或重要会议,对会议参加者要认真做好迎送工作。一般应在会前组成一个会务组,专门处理有关问题。

任务 3　拜 访 礼 仪

一、首次接近客户的技巧

在接近客户之前,首先要明确你的主题是什么,然后再根据主题选择适当的接近方法。每次接近客户有不同的主题,例如主题是想和未曾碰过面的准客户约时间见面,那么你可以选用电话约见的方法;想约客户参观展示,可以采用书信的方法;想向客户介绍某种新产品,那么直接拜访客户比较适合。

（一）接近客户注意点

从接触客户到切入主题的这段时间,要注意下列两点:

1. 迅速打开准客户的"心防"

任何人碰到从未见过面的人,内心深处总是会有一些警惕戒备。当准客户第一次接触业务员时,他是"主观的",也是带有"防备"心理的。"主观的"含义很多,包括对一个人穿着、打扮,头发长短,甚至高矮胖瘦等主观上的感受,产生喜欢或不喜欢的直觉。主观的切入点会使准客户对于不符合自己价值观或审美观的人有一种自然的抗拒心理。"防备"心理是指人们对不太熟悉的人都会产生一种本能的防备心理,所以无形中就在准客户和业务员之间筑起了一道防卫的墙。

因此,只有在迅速地打开准客户的"心防"后,才能让客户的心胸敞开,客户才可能用心听你的谈话。关于打开客户"心防"的基本途径,国际上有所谓的"A-I-D-M-A-S 接近法",这是比较符合实际的。"A-I-D-M-A-S 接近法"包括引起注意（attention）、产生兴趣（interesting）、激发购买欲（desire）、留下印象（memory）、促使行动（action）、购买满意度（satisfaction）六方面,具体是指:快速地通过寒暄进入主题并表现你的专业水平,让客户对你的第一形象就非常不错,这样就可以引起客户高度的注意（attention）。不仅要引起客户的注意,还要使客户觉得跟你说话会很高兴,要引起他的兴趣（interesting）。与客户谈话的过程中要着重于对产品的解说,在进行产品展示时,你的表达要非常有层次,引发客户对这个产品的兴趣,促使他产生想拥有的欲望,这就是引起客户的购买欲望（desire）。当你引发了客户的购买欲望,而他当时没有立即采取购买行动,你最起码要做到让客户对你以及对你所销售的产品都留下深刻的印象(memory)。给他留下深刻的印象后,最终还要促成他购买的行动(action)。客户买完东西以后,应该让他感觉到,买你的东西是一件非常愉快的事情(satisfaction)。

2. 学会推销商品前,先推销自己

接近客户技巧的第二个注意点就是在推销商品前先将自己推销出去。

"客户不是购买商品,而是购买推销商品的人",这句名言流传已久。展现说服力不仅靠强而有力的说辞,更要仰仗推销人员从举止言谈中散发出来的人性与风格魅力。

(二) 接近客户前的准备

1. 明确客户类型

根据6大目标细分客户,不同的客户类型有不同的需求。只有针对目标客户进行深入细致的分析,找出客户的真正兴趣点,才能尽快接近客户、打动客户直至达成销售。不同客户对于服务方面的要求有相应差别,销售人员要因地制宜地制定与之对应的服务策略。

2. 影响购买决策的关键决策人群

不同类型的客户的组织结构复杂,采购流程更加复杂。一家大型的企业机构中,可能有总监、部长等高中级领导,还有工程人员、财务人员等,及使用设备并负责维护设备的人,这些人都可能与采购有关。同样的产品,每个人的思考角度不同,对它的判断也不同。例如,技术部门关心的是产品故障率,财务部门关心的是产品的性价比,等等。所以在做产品介绍的时候,就要有针对性。在销售过程中,因为客户的内部角色分工复杂,所以,要把客户进行内部决策层分类。

从层次上分,可以将客户分成3个层次:

操作层,就是指直接使用这些设备或者直接接触服务的人。

管理层,他们可能不一定直接使用这些设备,但是他们负责管理使用设备的部门。

决策层,在采购过程中,他们参与的时间很短,但是每次他们参与的时候,就是来做决定的。

从职能上分,可以把客户分成3个类别:

使用部门,使用这些设备和服务的人。

技术部门,负责维护或者选型的人。

财务部门,负责审批资金的人。

6大类客户决策层,他们各自关心不同的内容,有不同的需求,销售人员只能针对他们不同的需求来进行销售,不能一概而论,应该各个击破。

3. 建立详尽的客户资料储备库

建立资料储备库是每个成功的营销人员必须进行的工作。要认真搜集客户资料特别是决策人个人资料并记录下来。只有掌握了客户资料,才有机会真正挖掘到客户内在的需求,制订出切实有效的解决方案。当掌握到这些资料的时候,销售策略和销售行为往往面临新的转折点,必须设计新的思路和新的方法。当资料越来越齐全的时候,需要进一步分析客户的需求,仔细区分6类客户,执行"以人为本"的销售策略,从而获得成功。

客户资料包括:年龄、家庭状况、婚姻状况;籍贯;收入情况;就读院校;喜欢的运动;喜欢的餐厅和食物;本人及家庭成员的健康状况;喜欢阅读的书籍;上次度假的地点和下次休假的计划;相关行程;在机构中的作用、职位;同事之间的关系;今年的工作目标;个人发展计划和志向;可以见面的机会等。

4. 拜访前的思考

有了拜访客户的方向之后,首先,要决定当次拜访的时间长度。很多优秀的销售人员的经验是每次不超过 15 min。谈话应该是一针见血,切勿拖泥带水。

其次,确定谈话内容。想让谈话内容具有吸引力,销售人员应明白不同的客户在采购对象、采购金额、销售模式及服务方式等方面均有不同。应分析最吸引客户的因素,并需要准备一套有效果、有目的、具有吸引力的谈话内容。

再次,确定拜访时间表。时间表一方面可以约束自己,另一方面又可以确保在适当的时间内找到适当的人。一般来说,电话联系他人的时间最好是在早上 9 点至 10 点,或者下午 2 点至 4 点。再有,针对不同的客户应有不同的时间安排,例如,销售人员一般上午 9 点前和下午 4 点后比较清闲;行政人员上午 10 点到下午 3 点最忙;证券行业从业者最忙的时候是开市期间;教师最好的联系时间是放学后。

5. 常用接近话语的要点

(1)称呼客户的名字:准确叫出对方的姓名及职务——每个人都很喜欢自己的名字从别人的口中说出。

(2)简单地自我介绍:清晰地说出自己和公司的名称。

(3)恳请对方接见:诚恳地请求对方能腾出一点时间接见你。

(4)和客户聊天:根据事前对客户资料的准备,选择令对方感兴趣的话题。

(5)表达拜访的理由:以自信的态度,清晰表达出你拜访的理由,让客户感知你的专业性和可以信赖。

(6)赞美及咨询:用赞美拉近和客户的心理距离,用问题引导出客户的注意力、兴趣和需求。

(三)如何引起客户的注意

引起注意、产生兴趣、产生联想、激起欲望、比较产品、下决心购买是客户购买心理的 6 个阶段。

引起客户的注意处于第一个阶段。销售人员要设计出别出心裁、独到的方法,引起潜在客户的注意。其方法通常有以下几种:

1. 请教客户的意见

人的大脑储存着无数的信息,绝大多数的信息在日常期间不会被想到,也不会使用到,可是当别人问你某个问题时,你的思考就会立刻集中在这个问题上,相关的信息、想法也会突然涌入脑际,你也会集中注意力思索及表达你对问题的看法。请教意见是吸引潜在客户注意的一个很好的方法,特别是当你能找出一些与业务相关的问题时。这样当客户表达看法时,你不但能引起客户的注意,同时也能了解客户的想法,另外,你也满足了潜在客户被人请教后产生的满足感。

2. 迅速提出客户能够获得哪些重大利益

追求利益是人的通性,因此,迅速地告诉潜在客户他能够获得哪些重大利益,是引起客户注意的一个好方法。

3. 告诉潜在客户一些有用的信息

每个人对身边发生了什么事情都非常关心、非常注意,这就是为什么有的新闻节目能一直维持较高的收视率。因此,你可以收集一些业界、人物或事件等最新信息,在拜访客户时通过相关信息引起潜在客户的注意。

4. 提出能协助解决潜在客户面临的问题的办法

可以根据客户面临的问题提供一些建议,这样可以有效提升客户的好感度。

以上这几种方法,若是能妥当的运用,相信你将更有信心,可以立即引起初次见面的客户的注意力。

(四)面对接待员的技巧

到一个公司,你最先面对的人就是这家公司的接待员即前台人员。与接待员沟通的效果如何,往往会直接决定你在该公司能否成功地开展工作。

用坚定清晰的语句告诉接待员你的意图。例如,某一天你准备去拜访某公司的总务处陈处长并与他商讨业务。"你好! 我是大明公司的业务代表周明,请你通知总务处陈处长,我来拜访他。"此时,应注意以下几点。

(1)由于是突然拜访,如何知道总务处处长姓陈呢? 你可用下面的小技巧:伺机询问进出公司的员工,如"总务处王处长的办公室是不是在这里?"对方一般会告诉你总务处的处长姓陈不姓王。

(2)知道对方的姓氏及职务后,你最好说出要拜访的是哪个部门的哪个处长或科长,或是直接讲出名字,这样能让接待员认为你和拜访对象很熟悉。

(3)你要找的关键人士可能不在办公室,因此你心里要先准备好几个拜访的对象,如陈处长不在时,你可以拜访总务处的李经理或者张科长。

(4)适时和接待员打招呼。

(5)同拜访对象完成谈话离开公司时,一定要向接待员打招呼,同时请教她的姓名,以便下次见面时能立即叫出她的名字。

(五)面对秘书的技巧

通过了接待员的第一关,我们通常还会遭遇秘书的询问。与秘书交谈也有些特定的沟通技巧:

(1)向秘书介绍自己,并说明来意。例如,"我是大明公司的业务员代表周明,我要向陈处长报告有关融资项目可行性计划的提案事项,麻烦你转达。"

注意:向秘书说明来意可用简短、抽象性的字眼或用一些比较深奥的技术专用名词,让秘书都认为你的拜访是很重要的。

(2)关键人士不在或者正在开会时的沟通步骤:

第一步,请教秘书的姓名。

第二步,请秘书将名片或资料转交给拜访对象,此时,最好能让秘书转达一些让拜访对象感兴趣又可引起关键人士好奇心的说辞,例如:"我想向××总经理报告有关如何节省税金增加个人保障的事宜。"

第三步,尽可能从秘书处了解一些关键人士的个性、作风、兴趣及工作时间等。

第四步,向秘书道谢。

（六）会见关键人士的技巧

1. 接近的技巧

会见关键人士时，你可运用接近客户的谈话步骤技巧，即"A-I-D-M-A-S 接近法"。下面是一个接近关键人士的范例：

案例 1

大华保险公司的销售人员张键以稳健的步伐走向李总经理，当他视线接触至李总时，轻轻地行礼致意，视线放在李总的鼻端，当他走到李总前时停下来，向李总深深地点头行礼。张键此时面带微笑，向李总问好并进行自我介绍。

张键："李总，您好。我是大华公司的销售人员张键，请多多指教。"

李总："请坐。"

张键："谢谢，非常感谢您在百忙中腾出时间与我会面，我一定要把握住这么好的机会。"李总："不用客气，我也很高兴见到您。"（张键非常诚恳地感谢李总的接见，表示要把握住这个难得的机会，让李总感受到自己是个重要的人物。）

张键："贵公司在您的领导下，业务领先业界，真是令人钦佩，我拜读过贵公司内部的刊物，知道您非常重视人性化管理，员工对您都非常爱戴。"

（张键将事前调查的资料中有关重视人性化管理这点特别在寒暄中提出来，以便稍后介绍团体保险时能有一个好的前提。）

李总："我们公司是以直接拜访客户为主要工作方式，需要员工有冲劲及创意。冲劲及创意都必须依靠员工的主动性，用强迫、威胁的方式是不可能成为一流公司的。因此，我特别强调人性化管理，公司必须尊重员工、照顾员工，员工才会真正地发挥潜力。"

张键："李总，您的理念确实是反映出贵公司经营的特性，真是有远见。我相信贵公司在员工福利方面会考虑更多。我谨代表本公司向您报告有关本公司最近推出的一个团体保险方案，最适合外勤工作人员多的公司采用。"

李总："新的团体保险？"

（张键先夸赞对方，然后表达出拜访的理由。）

张健："是的。您平时那么照顾员工，我们相信您对员工保险这项福利知道得一定很多，不知道目前贵公司有哪些保险的措施呢？"

（张键正采用询问的手法接近李总。）

2. 结束谈话后的告辞技巧

感谢对方在百忙之中抽出时间会谈。

再次回顾此次会谈，确认彼此可能需要检查、准备的事项，以备下次再会谈。

退出门前，轻轻地向对方点头，面对关键人士将门轻轻扣上，千万不可背对关键人士反手关门。

二、获取客户好感的六大法则

（一）给客户留下良好的外观印象

人的外观会给人造成暗示，因此，你要尽量使自己的外观带给初次会面的客户一个好印象。一个人面部上的眼、鼻、嘴及头发都会带给人深刻的印象，虽然每个人的长相是天生的,但是你自己的形象由你自己掌控,应进行相当程度的装饰。例如,洁白的牙齿能给人开朗纯净的好感,而头发散乱则会让人感到落魄,不值得信任。

其他如穿着打扮都是影响第一印象的主要因素,一个对穿着都不在意、随随便便的人,怎么能获得别人的信任呢? 或许有些人认为这些都是小节,觉得自己超强的专业知识能给客户带来最大的利益,客户应该重视的是这里,不会以貌取人。但事实上客户在做决定的时候,往往是感性的因素左右着理性的因素。否则"推销商品前先推销自己"这句话就不会成为一句指导推销的金玉良言了。

(二) 要记住并常说出客户的名字

名字的魅力非常奇妙,每个人都希望别人重视自己的名字,重视别人的名字就如同重视他一样。

案例 2

在戴尔·卡耐基小的时候,家里养了一群兔子。每天找寻青草喂养兔子,成为他每日固定的工作,但他有时候没法找到兔子最喜欢吃的青草。卡耐基想了一个方法:他邀请了邻近的小朋友到家里看兔子,让每位小朋友选出自己最喜欢的兔子,然后就用小朋友的名字给这些小兔子命名。每位小朋友有了以自己名字命名的兔子后,每天都会迫不及待地送最好的青草给与自己同名的兔子。

重视名字,能让你获得别人的好感,业务代表在面对客户时,若能经常、流利、不断地以尊重的方式称呼客户的名字,客户对你的好感也将越来越强。

还应该密切注意,准客户的名字有没有被报纸杂志等报道,若是你能带着报道准客户的简报一同拜访他,客户能不被你感动吗? 能不对你心怀好感吗?

(三) 让你的客户产生优越感

让人产生优越感最有效的方法是对于他自豪的事情加以赞美。若是客户讲究穿着,你可以向他请教如何搭配衣服;若客户是知名公司的员工,你可以表示羡慕他能在这么好的公司上班。有一位爱普生公司的业务代表,每天约见客户的第一句话就是:"你的公司环境真好,能在这里上班的一定都是很优秀的人才。"通过一句简单的赞扬,一下就拉近了和客户的距离。客户的优越感被满足,初次见面的警戒心自然也消失了,彼此距离拉近,能让双方的好感向前迈进一大步。

(四) 替客户解决问题

十几年前,有一则某品牌复印机的广告,大家对它的广告词一定还记忆犹新:"用普通办公用纸就能复印文件。"大家记住了这份便利,也记住了该品牌的这个产品。十几年前机关文书的复印用纸是专用纸张,对纸质要求非常高,每年政府机关为复印用纸的巨额花销头痛不已。这个问题各家复印机厂商的业务代表都很清楚,但复印机都是自国外进口的,国外没有纸质规格的区别,因此进口的机器根本不能使用普通办公用纸进行复印。

该公司的一位业务代表知道政府机关在复印上存在这个问题,因此,他在拜访某个政府机关的主管前,先去找本公司技术部的人员,询问是否能修改机器,使机器能适应普通办公用纸的复印需求,技术人员了解了这个问题,仔细研究后,认为可以改进复印机的某些设置,以适应普通办公用纸。业务代表得到这个消息后,见到该单位的主管,告诉他本公司愿意特别替政府机关解决普通办公用纸不能用于复印的问题。主管听到后,对该公司产生无比的好感,在极短的时间内,这款复印机就成为政府机关的主力机型。

由此可见,你在与准客户见面前,若是能事先了解客户面临着哪些问题,有哪些因素困扰着他,就能以关切的态度站在客户的立场上表达你对客户的关心,让客户能够感受到你愿意与他共同解决问题,必定会让他对你立刻产生好感。

(五)自己保持快乐开朗

快乐是会传染的,没有一个人会对一位终日愁眉苦脸、眉梢深锁的人产生好感。能以微笑示人,能让别人也产生愉快情绪的人,也是最容易争取别人好感的人。因此,业务代表的每日修炼课程之一,就是出发前,对着镜子笑上一分钟,使自己的笑容变得亲切、自然。同时对自己说:"我很自信,我很快乐,我要成为最好的销售代表"。通过这样一种自我沟通、自我暗示的方式,先让自己愉悦起来,再用这份愉悦和活力去感染他人,这样就为你和准客户的沟通奠定了好的基础。

(六)利用小赠品赢得准客户的好感

应该让你的客户觉得你不是来进行简单推销的业务代理,而是来进行业务宣传、沟通彼此关系的"使者"。许多知名大公司都备有可以配合本公司形象策划宣传的小赠品,如印有公司办公大厦的小台历,印有公司标志的茶杯、签字笔等,供业务代表初次拜访客户时赠送。小赠品的价值不高,却能发挥很大的效力,不管拿到赠品的客户喜欢与否,都会感受到别人对他的尊重,内心的好感会油然而生。

以上6种方法都能使你的准客户对你立即产生好感,若你能把这6种方法当作你立身处世的方式,让它成为一种自然的习惯,相信你到哪里都会成为一位受欢迎的人物。

三、拜访礼仪

拜访是指亲自或派人到朋友家或与业务有关系的单位去拜见、访问某人的活动。拜访有事务性拜访、礼节性拜访和私人拜访三种,而事务性拜访又有商务洽谈性拜访和专题交涉性拜访之分。但不管哪种拜访,都应遵循一定的礼仪规范。

(一)有约在先

拜访外国人时,切勿未经约定便不邀而至。尽量避免前往其私人居所进行拜访。约定时间时,通常应当避开节日、假日、用餐时间、过早或过晚的时间及其他一切对方不方便的时间。

(二)守时践约

守时不只是为了讲究个人信用,提高办事效率,而且也是对交往对象尊重友好的表现。万一因故不能准时抵达,务必要及时通知对方,必要的话,还可将拜访另行改期。在这种情况下,一定要记住向对方郑重其事地道歉。

(三)修饰仪表

肮脏、邋遢、不得体的仪表,会被视为对被拜访者的轻视。被拜访者会认为你没有把他放在眼里,对拜访效果有直接影响。一般情况下,登门拜访时,应考虑拜访的场合,在不同的场合穿不同的服装,例如:如果约好的见面场所在高尔夫球场,就应该穿球衣,戴球帽;如果约定场地位于办公大楼,那么女士应着正装套裙或连衣裙、中跟浅口深色皮鞋配肉色丝袜;男士最好选择深色西装配素雅领带,外加黑色皮鞋、深色袜子。

（四）进行通报

进行拜访时,倘若抵达约定的地点后,未与拜访对象直接见面,或是对方没有派人员在此迎候,则在进入对方的办公室或私人居所的正门之前,有必要先向对方进行一下通报。

（五）登门有"礼"

这里的"礼",一方面指的是礼仪、礼节,切忌不拘小节,失礼失仪。当主人开门迎客时,务必主动向对方问好,互行见面礼节。倘若主人一方不止一人之时,则在向对方问候与行礼时,必须在先后顺序上合乎礼仪惯例。标准的做法有两种,其一是先尊后卑,其二是由近而远。在此之后,在主人的引导下,进入指定的房间,切勿擅自闯入,在就座之时,要与主人同时入座。倘若自己到达后,主人屋中尚有其他客人在座,应当先问一下主人,自己的到来会不会影响对方。为了不失礼仪,在拜访外国友人之前,应随身携带一些备用的物品,主要是纸巾、擦鞋器、袜子与爽口液等,简称为"涉外拜访四必备"。入室后则"四除去",即除去帽子、墨镜、手套和外套。

另一方面,无论是初次拜访还是再次拜访,礼物都必不可少。礼物可以起到联络双方感情,缓和紧张气氛的作用。所以,在礼物的选择上要下一番功夫。要了解对方的兴趣、爱好及品位,有针对性地选择礼物,尽量让对方感到满意。

（六）举止有方

在拜访外国友人时要注意自尊自爱,并且时刻以礼待人。与主人或其家人进行交谈时,要慎选话题。切勿信口开河,出言无忌。与异性交谈时,要讲究分寸。对于在主人家里遇到的其他客人要表示尊重,友好相待。不要在有意无意间冷落对方,置之不理。若遇到其他客人较多,要以礼相待,一视同仁。切勿明显地表现出厚此薄彼,或本末倒置地将主人抛在一旁。在主人家里,不要随意脱衣、脱鞋、脱袜,也不要大手大脚,动作嚣张而放肆。未经主人允许,不要在主人家中四处乱闯,随意乱翻、乱动主人家中的物品。

（七）开门见山

谈话切忌啰唆,简单的寒暄是必要的,但时间不宜过长。因为,被拜访者可能有很多重要的工作等待处理,没有很多时间接见来访者,这就要求,谈话要开门见山,尽快直接进入正题。

当对方发表自己的意见时,打断对方讲话是不礼貌的行为。应该仔细倾听,将不清楚的问题记录下来,待对方讲完以后再请求解释。如果双方意见产生分歧,一定不能急躁,要时刻保持沉着冷静,避免破坏拜访气氛,影响拜访效果。

（八）适可而止

在拜访他人时,一定要注意在对方的办公室或私人居所里停留的时间长短。从总体上讲,应当具有良好的时间观念。不要停留时间过长,而打乱对方既定日程。在一般情况下,礼节性的拜访,尤其是初次登门拜访,时间应控制在半小时内。时间最长的拜访,通常也不宜超过两小时。有些重要的拜访,往往需由宾主双方提前议定拜访的时长。在这种情况下,务必要严守约定,绝不能单方面延长拜访时间。自己提出告辞时,即使主人表示挽留,仍须尽量离去,但要向对方道谢,并请主人留步。在拜访期间,若遇到主人其他重要的客人来访,或主人表现出厌客之意,应当机立断,知趣地告退。

思政小课堂

古人拜访时的礼节

《士相见礼》中提到,拜访要带着挚(礼物),方显虔诚,诚挚一词就是由此而来。礼物是表现对主人尊重的方式。根据身份的不同,礼物也应有差别,士之间拜访冬季用雉(鸡),夏季用干雉;下大夫之间用雁;上大夫用羔。见面时要用双手捧着挚,让它的头朝向左。见到礼物后,主人推辞一番,表示来就来了,还带什么礼物,太客气了。经过一番相互推让的环节后,主人恭敬地接过礼物,客人告辞,送到大门之外,相互拜别。

（资料来源于网络）

任务 4　会议、乘车及行进中的方位位次礼仪

一、行进中的位次礼仪

▶ 看微课

行进中的位次礼仪,指的是人们在步行的时候位次排列的次序。在陪同、接待来宾或领导时,行进的位次需要特别注意。

行进中的
方位礼仪

（一）平面行进

常规情况,并行时,中间地位高于两侧,内侧地位高于外侧,一般让尊贵的客人走在中间或内侧;单行行进时,前方地位高于后方,如没有特殊情况的话,应让客人在前面走。引领客人时,自己走在客人左前 2~3 步,侧转 130° 以面向客人的角度走,用左手示意方向,要配合客人的行走速度,保持职业性的微笑和认真倾听的姿态;如来访者带有物品,可以礼貌地为其服务;途中注意引导提醒,如拐弯或有楼梯台阶的地方应使用手势,并提醒客人"这边请"或"注意楼梯""有台阶,请注意"等。

（二）上下楼梯

一般而言,上下楼梯要单行行进;没有特殊情况要靠右侧单行行进。

引导客人上楼梯时,客人走前面,陪同者紧跟后面;下楼梯时,陪同者走前面,并将身体转向客人。楼梯中间的位置是上位,但若有栏杆,就应让客人扶着栏杆走;如果是螺旋梯,则应该让客人走内侧。上下楼梯时,要提醒客人:"请小心"。

（三）出入电梯

上下电梯时的礼仪,主要分为出入电梯的次序和在电梯内站立的次序两种。

出入有人控制的电梯时,陪同者应后进后出,让客人先进先出。

出入无人控制的电梯时,陪同人员应先行进入电梯,一手按开门按钮,一手拦住电梯侧门,礼貌地说"请进",请客人或地位高的人进入电梯。

如果电梯里人很多,自己的位置不方便按电梯钮,可以对靠近电梯门的人说:"能

否请您帮我按下××层的按钮。"别人帮你按了之后,你应该面带笑容道谢。

当到达客人所要求的楼层时,陪同人员一只手按住开门按钮,另一只手作出请的动作,可说:"××层到了,您先请!"待客人走出电梯后,自己立刻走出电梯,并热诚地为其引导行进的方向。

在电梯内,陪同人员应靠边侧站立,面对或斜对客人。中途有其他客人乘梯时,陪同人员应礼貌问候。

（四）出入房间

若无特殊原因,请客人先出入房门;若有特殊情况,如室内无灯或者是进入室内后仍需引导,陪同者宜先进入;出去也是陪同者先出,为客人拉门引导。

二、乘坐交通工具位次礼仪

看微课

交通工具位次

（一）乘坐汽车

1. 座次

自轿车发明以来,车内座位就根据安全、舒适、方便等因素,被人们规定了尊卑、主次。乘坐轿车,通常是讲究快节奏、高速度的人士在"行"的方面上的首要选择。社交中乘坐汽车的时间虽然短暂,但仍有保持风度、以礼待人的必要。乘坐汽车的礼仪问题主要涉及座次、举止、上下车顺序三个方面。

在比较正规的场合,乘坐汽车时一定要分清座次的尊卑,并在自己合适的位置就座。而在非正式场合,则不必过分拘礼。下面介绍几种常见车辆在乘坐时的座次排列。

（1）双排五座轿车

由主人亲自驾驶时,座位优先顺序应当依次是:副驾驶座、后排右座、后排左座、后排中座(图10-1)。

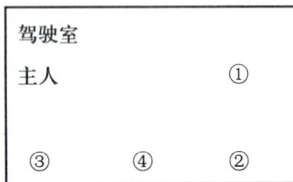

```
┌─────────────────────────┐
│ 驾驶室                   │
│ 主人              ①      │
│                          │
│                          │
│  ③       ④       ②      │
└─────────────────────────┘
```

图 10-1　双排五座轿车的位次（主人亲自驾驶时）

由专职司机驾驶时,座位优先顺序依次是:后排右座、后排左座、后排中座、副驾驶座(图10-2)。

```
┌─────────────────────────┐
│ 驾驶室                   │
│ 司机              ④      │
│                          │
│                          │
│  ②       ③       ①      │
└─────────────────────────┘
```

图 10-2　双排五座轿车的位次（专职司机驾驶时）

需要注意的是,一般接待对象为比较尊贵的客人时,后排最多安排两人,也可只安排一人。

（2）三排七座轿车

由主人亲自驾驶时,三座七排轿车的座位优先顺序依次是:副驾驶座、后排右座、后排左座、后排中座、中排右座、中排左座。由专职司机驾驶时,座位优先顺序依次是:后排右座、后排左座、后排中座、中排右座、中排左座、副驾驶座(图10-3、图10-4)。

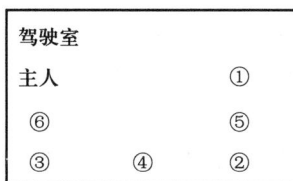

图 10-3　三排七座轿车的位次（主人亲自驾驶时）

图 10-4　三排七座轿车的位次（专职司机驾驶时）

（3）吉普车

吉普车是一种轻型越野车,大都为四座车。不管由谁驾驶,吉普车上座位顺序均依次是:副驾驶座、后排右座、后排左座(图10-5)。

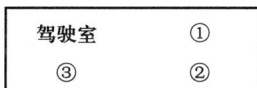

图 10-5　吉普车的位次

（4）多排座客车

多排座客车是指四排以及四排以上座位的大中型客车。其不论由何人驾驶,均以前排为上,以后排为下;以右为"尊",以左为"卑";并以距离前门的远近来排定具体座位的顺序,现以六排十七座汽车为例,座位顺序如图10-6所示。

在公务接待中,除了注意车辆的正常座次排列外,还需要把握以下几点:

a. 乘坐主人驾驶的轿车时,最重要的是不能让前排空着。一定要有人坐在那里,以示相伴。

b. 由专人驾驶车辆时,副驾驶座一般也叫随员座,通常坐于此处者多为随员、译员、警卫,等等。从安全角度考虑,一般不应让女士坐于副驾驶座,儿童与长者也不宜在此就座。

```
┌─────────────────────────┐
│ 驾驶室                   │
│                         │
│  ③    ②        ①       │
│                         │
│  ⑥    ⑤        ④       │
│                         │
│  ⑨    ⑧        ⑦       │
│                         │
│  ⑫    ⑪        ⑩       │
│                         │
│  ⑯    ⑮    ⑭    ⑬     │
└─────────────────────────┘
```

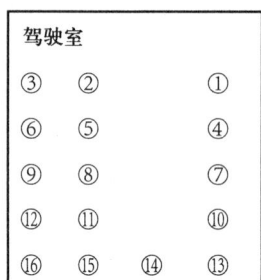

图 10-6　多排座客车的位次

c. 必须尊重客人本人对汽车座次的选择,客人坐在哪里,哪里即是上座。

2. 举止

与其他人一同乘坐汽车时,即应将汽车视为一处公共场所。在这个移动的公共场所里,同样有必要对个人的行为举止加以约束。具体来说,应当注意以下问题。

勿争抢座位。上下汽车时,要井然有序,相互礼让。不要推推搡搡、拉拉扯扯,尤其不要争抢座位,更不要为自己的同行之人抢占座位。

动作要优雅。在汽车上应注意举止,切勿与异性有不雅的动作,或是坐姿东倒西歪。穿短裙的女士上下车最好采用背入式或正出式,即上车时双腿并拢,背对车门坐下后,再收拢双腿;下车时正面面对车门,双脚着地后,再移身车外。这样做的好处,是不会"走光"。若跨上跨下,姿态将不太雅观。

要讲卫生。不要在车上吸烟,或是连吃带喝,随手乱扔。不要往车外丢东西、吐痰或擤鼻涕。忌在车上脱鞋、脱袜、换衣服,或是用脚蹬踩座位,更不要将手脚伸出车窗之外。

不能妨碍安全。不要与司机长谈,以防其走神。不要让司机接听移动电话或看书刊。协助上级、女士、来宾上车时,可为之开门、关门。在开、关车门时,不要弄出大的声响,更不能夹伤人。当自己上下车、开关门时,要先注意观察,切勿疏忽大意,使人受伤。

3. 上下车顺序

上下车的先后顺序也有礼可循,其基本要求是:倘若条件允许,须请上级、女士、来宾先上车,后下车。具体而言,又分为多种情况。

(1)主人亲自驾车。主人驾车时,如有可能,均应后上车,先下车,以便照顾客人上下车。

(2)分坐于前后排。由专职司机驾车时,坐于前排者应后上车,先下车,以便照顾坐于后排者。

(3)同坐于后一排。乘坐由专职司机驾驶的汽车,并与其他人同坐于后一排时,应请上级、女士、来宾从右侧车门先上车,自己再从车后绕到左侧车门上车。下车时,则应自己先从左侧下车,再从车后绕过来帮助对方。若车停于闹市,左侧车门不宜开启,则于右门上车时,应当里座先上,外座后上。下车时,则应外座先下,里座后下。总之,以方便易行为宜。

（4）乘坐有折叠座位的汽车。为了上下车方便,坐在折叠座位上的人,应当最后上车,最先下车。这是广为沿用的做法。

（5）乘坐多排座汽车。乘坐多排座汽车,通常应以距离车门的远近为序。上车时,距车门最远者先上,其他人随后由远而近依次而上。下车时,距车门最近者先下,其他随后由近而远依次而下。

（二）乘坐火车

1. 火车的座次

火车的座次与飞机、客轮类似,火车的座次问题,并非是具体位次的高低,而是指其车厢等级的划分。

（1）舒适之处为上

较为舒适的车次、车厢与座位,理当视为上座。比如,特快较普快为佳,卧铺较硬座为佳,软席较硬席为佳,空调车厢较非空调车厢为佳。

（2）方便之处为上

火车上行动方便的位置,被视为上座。就坐席而言,外侧位置高于中间位置。就卧铺而言,下铺高于中铺,中铺则又高于上铺。有必要时,还可为来宾安排专用包厢。

（3）面向前方为上

不论是坐席还是卧铺,通常均以面对火车行驶方向为上,而以背对火车行驶方向为下。其原因,主要在于前者令人感觉较为自然而舒服。

（4）临窗之座为上

在火车上靠近车窗就座,不但视野开阔,便于饱览窗外景色,而且光线较好,因此这一位置通常被视为上座。

2. 乘车礼仪

（1）候车礼仪

在候车室里,乘客应注意维护候车室的环境卫生,不可乱扔垃圾、乱放行李挡住通道。一人占多位或横躺在椅子上是非常没有修养的表现。要爱护候车室的公共设施,不要大声喧哗。

（2）上车礼仪

检票时要自觉排队,不要拥挤、插队。进入站台后,要站在安全线后面等候。要等火车停稳后,方可在指定车厢处排队上车。上车前主动向乘务员出示车票,依序上车。上车后对号入座,男士应当帮助女士或者年长者安置好行李。如果自己的行李需要压在其他乘客行李上,应征得别人的同意。

（3）举止得当

在坐席车上休息,不要卧倒在座位上下、茶几上或过道上。在车上休息时最好不要宽衣解带。无论天气多炎热,男士都不能赤膊。乘客使用座位前的小桌时应给别人多留余地。休息时靠在其他乘客身上,或把脚搭在别人的座位上都是不合适的。

（4）文明用餐

去餐车用餐时,如果人数过多,应耐心排队等候。用餐时,应注意时间,不要大吃大喝,或猜拳行令。用餐完毕,应即刻离开。

（5）爱护环境

吃东西时要尽量避免食物发出异味。食品包装纸袋不能随意丢弃。应把垃圾放在车厢交接处的垃圾箱内。

（6）自觉排队

下车时，应自觉排队等候，不要拥挤，更不能踩在座椅上强行从车窗下车。

（三）乘坐飞机

1. 飞机的座次

目前，世界各国所使用的中远途客机多为喷气式飞机。通常认为，喷气式飞机体积越大，就越为舒适。

在喷气式飞机上，一般都是舱位越靠前，乘坐者的舒适度相对就会越高。所以在一架客机上，头等舱会设在其前端，经济舱设在其后端，公务舱则设在其中部。一般认为，在同一架喷气式飞机上，座位越靠前，乘机者越不易晕机。

在同一档次的舱位安排上，应因人而异。喜欢在飞行中欣赏窗外景致者，可以为之安排靠近舷窗的位置；喜欢活动者，则可为之安排通道两侧或靠近应急出口的位置。

2. 乘机礼仪

（1）遵守候机礼仪

一般来说，乘坐国内航班应提前 120 min 到达机场，乘坐国际航班应提前 180 min 到达，以便办理登机手续。在办理手续时，要耐心等待，听从工作人员的引导。

（2）乘飞机时尽量轻装

乘飞机时手提物品尽量要少，能托运的物品，尽量随机托运。一般航空公司规定随身的手提物品不得超过 10 kg，同时还得符合相关的体积限制。超过规定的部分应作为托运行李运输。对旅客随身携带液态物品乘机有明确的限制规定。随机托运行李一般头等舱 30 公斤、二等舱 20 公斤以内免费，超过部分付超重费。

（3）维护环境

不得在候机厅高声交谈、抽烟、乱扔果皮纸屑。

3. 飞行过程中的礼仪

（1）上下飞机礼仪

登机前要自觉排队检票。进入机舱时，当乘务员礼貌迎客的时候，应该友好地回应。

（2）注意照顾前后

登机后应该遵守乘客规则，配合乘务员的指导。每个座椅后背都有一个供后面乘客使用的小桌，除用餐时外，不宜长时间放下。需要放低座椅靠背休息时，应礼貌询问后面的乘客是否方便。

（3）爱惜公共物品

飞机上的洗手间或梳妆台都是公用的，在使用时应该保持清洁，不要长时间在里面逗留，以免影响其他乘客使用。应该爱惜飞机上提供的毛毯、读物等物品，保持整洁。座位下面的救生衣是发生紧急情况时使用的，不可随意把玩。

（4）晕机注意事项

如晕机，可向乘务员要药品，或打开空气调节孔吹冷空气，实在忍不住，可以拿出呕吐袋来预备。遇到机舱内氧气密度不平衡,有呼吸困难、头痛、咳嗽、心脏不舒服等现象产生时,应迅速与乘务员联系并寻求帮助。

4. 乘坐飞机的禁忌

（1）防止干扰信号

飞机从起飞到落地停稳前禁止使用一切干扰无线信号的物品,应关闭手机或调整手机为飞行模式。

（2）不要私自触碰飞机上的设备

不要私自触碰飞机上的开关、按钮,也不要操作其他装置。飞机上的装置都有不可替代的功能,一旦误操作会造成严重的后果。

三、会客方位礼仪

在正式的会晤中,宾主之间都非常重视座次排列。在正常情况下,适用于会晤来宾的座次排列主要有以下五种具体形式。

1. 相对式

相对式排座,是指主宾双方面对面就座。此种方式显得主次分明,往往便于宾主双方公事公办,以保持适当的距离。它多适用于公务性会晤,具体又分为下述两种情况:

其一,双方就座后,一方面对正门,另一方则背对正门。此时讲究"面门为上",即面对正门之座为上座,应请来宾就座;背对正门之座为下座,宜由主人就座（图10-7）。

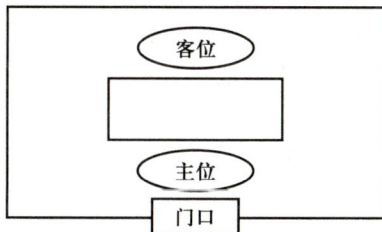

图 10-7　相对式位次示意图

其二,双方就座于室内两侧,并面对面地就座。此时讲究进门后"以右为上",即进门时以右侧之座为上座,应请来宾就座;左侧之座则为下座,宜由主人就座。若宾主双方不止一人,大致情形也是如此。此方式主要用于公事公办,需要拉开彼此距离的情形或用于双方就某一问题进行讨论的情况。例如:下级向上级汇报工作、求职面试、洽谈生意等（图10-8）。

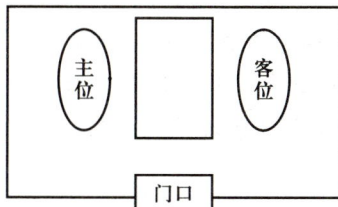

图 10-8　相对式位次示意图

2. 并列式

并列式排座,是指宾主双方并排就座,以暗示彼此双方"平起平坐",地位相仿,关系密切。它多适用于礼节性会晤,主要排座方式为双方一同面门而坐。此时讲究就座后静态的"以右为上",即主人宜请来宾就座于自己的右侧。若双方人员不止一名时,其他人员可各自分别坐在主人或主宾一侧,按其地位、身份的高低依次就座(图10-9)。

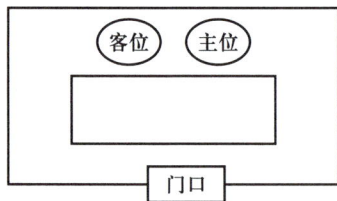

图 10-9　并列式位次示意图

3. 居中式

居中式排座,实际上属于并列式排座的一种特例。它是指当多人一起并排就座时,讲究"居中为上",即应以中间的位置为上座,请来宾就座;以其两侧的位置为下座,宜由主方人员就座。

4. 主席式

主席式排座,通常是指主方在同一时间、同一地点正式会见两方面或两方以上的来宾。此时一般应由主人面对正门而坐,其他各方来宾则应在其对面背门而坐。这种排座方式,好像主人正在以主席的身份主持会议,故称之为主席式。有时,主人亦可坐在长桌或椭圆桌的尽头,而请其他来宾就座于其两侧。

5. 自由式

自由式排座,是指进行具体会晤时不进行任何正式的座次排列,而由宾主各方的全体人员一律自由择座。它多适用于非正式交往如亲友团圆、同学聚会,以及难以排列座次的时候,比如都是重要客户,无法分清主次时。

思政小课堂

从鸿门宴看古人的座次

在古代,君臣、朋友之间或者在私下聚会的场合,是如何根据身份的不同排座的呢?以经典事件"鸿门宴"为例,从其座次可以看出,东西南北是怎样体现出宾主之间不同的地位的。"项王、项伯东向坐,亚夫南向坐,沛公北向坐,张良西向侍。"以此看出在四方设席中从高级到低级的顺序为西、北、南、东。坐东向在四方为重,"鸿门宴"时项羽称霸,自然属于上座,坐西面东;范增作为项羽的尊长和谋臣坐在仅次于东的南向,坐北向南;而刘邦是拿着玉璧来讨好项羽的,他的位置为"北向坐"坐南朝北,与范增的地位相等。坐西向为最低下的位置,也就是张良的位置,"侍"就是侍候刘邦的意思,在当时张良只是为刘邦出谋划策的人,所以地位最低,坐东面西。

(资料来源于网络)

课中实训

实训一:求职场景训练

1. 训练内容

你接到一家心仪公司的面试电话,要求周五早上 10 点在公司人力资源部参加面试。

2. 训练程序

学员先进行分组,4 人为一组,组内讨论面试前需要哪些准备工作,面试过程中需要注意哪些礼仪礼节,并分角色进行情景模拟训练、演练。

然后团队互评、教师点评。

实训二:接待拜访场景训练

1. 训练内容

A 公司一行三人前往 B 公司谈合作事宜。

2. 训练程序

学员先进行分组,5 人为一组,组内讨论、商量确定角色、合作具体事项,讨论接待拜访过程中的礼仪礼节,并进行角色扮演进行场景模拟训练、演练。

然后团队互评、教师点评。

实训三:乘车礼仪训练

1. 训练内容

B 公司销售总监乘飞机前往 A 公司洽谈业务,A 公司委派办公室主任前往机场接机。

2. 训练程序

学员先进行分组,5 人一组。每组内学员讨论、商量确定角色和合作具体事项,讨论接机过程中的礼仪礼节,并讨论 5 人座小轿车的乘车位次,并以角色扮演的形式进行场景模拟训练、演练。

团队互评、教师点评。

实训四:会议礼仪训练

1. 训练内容

B 公司总经理、销售总监、财务总监一行三人前往 A 公司洽谈合作事宜,A 公司总经理、销售总监参加会议。

2. 训练程序

学员先进行分组,5 人一组。每组内学员讨论、商量确定角色、合作具体事项,讨论接待拜访过程中的礼仪礼节,并讨论不同布局会议室中会议位次安排方法,并以角色扮演的形式进行场景模拟训练、演练。

团队互评、教师点评。

实训项目评价

技能点评价表

	技能点评价指标	分值	得分
实训一	求职前服装、妆容修饰得体、规范;求职过程中的礼仪礼节规范;举止大方得体,语言谈吐规范;思路清晰,表情自然	30	
实训二	服饰、妆容修饰得体、规范,接待前准备工作充分;接待过程中礼仪礼节规范;拜访前准备工作充分,拜访过程中礼仪礼节规范	30	
实训三	服装、妆容修饰得体、规范;接机礼仪礼节规范;乘车位次排序正确;上下车礼仪规范	20	
实训四	服装、妆容修饰得体、规范;接待、拜访礼仪规范;不同布局的会议室位次安排准确	20	

使用说明:

按评价指标评价项目技能点成绩,满分 100 分。

课后提升

案例

接近新客户

对话 1

业务代表 A:你好,我是大明公司的业务代表周明。在百忙中打扰你,想要向你请教有关贵店目前使用的收银机的事情。

商店老板:你认为我店里的收银机有什么毛病吗?

业务代表 A:并不是有什么毛病,我是想是否已经到了需要更新的时候。

商店老板:对不起,我们暂时不想考虑换新的。

业务代表 A:不会吧! 对面张老板已更换了新的收银机。

商店老板:我们目前没有这方面的预算,将来再说吧!

对话 2

业务代表 B:刘老板吗? 我是大明公司的业务代表周明,经常经过贵店。贵店生意一直都是那么好,实在不简单。

商店老板:你过奖了,生意并没有看上去那么好。

业务代表 B:贵店对客户的态度非常的亲切,你对贵店员工的教育训练一定非常用心,我听说对街的张老板,对你的经营管理也相当钦佩。

商店老板:张老板是这样说的吗？他经营的店也是非常的好,事实上,他也是我的学习对象和目标。

业务代表 B:不瞒你说,张老板昨天换了一台新功能的收银机,非常高兴,才提及你的事情,因此,今天我才来打扰你!

商店老板:哦？他换了一台新的收银机？

业务代表 B:是的。你是否也考虑更换新的收银机呢？目前你的收银机也不错,但是新的收银机有更多的功能,速度也更快,可以帮你的客户节约大量的时间,他们会更喜欢光临你的店。请你一定要考虑这款新的收银机。

案例思考题:

请比较业务代表 A 及业务代表 B 接近客户策略的优劣。

项目十
自学自测

项目十一

宴会礼仪

看微课

宴请礼仪

学习目标 ····

◆ 熟悉宴会的种类与组织形式

◆ 掌握赴宴礼仪

◆ 掌握中餐、西餐和自助餐的就餐形式、桌次、席位安排

◆ 掌握中餐、西餐和自助餐就餐礼仪

◆ 掌握斟酒、敬酒及饮酒礼仪

◆ 熟悉品茶、品咖啡的礼仪

课前自学 ····

任务1　宴　请　礼　仪

宴请礼仪,通常是指人们在餐饮活动中应遵守的礼仪行为规范和行为准则。它是商务活动中表示欢迎、饯行、答谢,以加强了解和融洽气氛的基本形式和重要手段。

一、常见的宴请类型

随着国际交往的广泛开展和日益深入,宴请已经成为一种通行的较高层次的礼仪形式。宴请的种类复杂、形式多样。宴请可以根据不同的目的、参与对象、参加人数和经费预算,选择相应的宴请形式,如宴会、接待会、茶话会、工作餐等。

二、宴请的组织礼仪

宴请有严格的礼仪要求,从筹划到组织实施,每个细节、每个步骤都要考虑周到、准备充分。精心细致的准备是确保宴请顺利进行并达到预期目标的重要保证。

（一）明确对象、目的、形式

1. 明确对象

明确宴请的对象要注意以下几个方面:主宾的身份、国籍、习俗、爱好等,以便确定宴会的规格、主陪人员、餐饮形式等。

2. 明确目的

宴请的目的是多种多样的。可以是为了表示欢迎、欢送、答谢,也可以是为了庆贺、纪念,还可以是为了了解某一件事、某一个人等。明确了目的,也就便于安排宴请的范围和形式。

3. 明确宴请范围

宴请哪些人参加、请多少人参加都应事先明确。主客双方的身份要对等,主宾如携伴侣,主人应以夫妇名义邀请。作陪人的身份和数量也应认真考虑。对出席宴会的人员还应列出名单,写明职务、称呼等。

4. 明确宴请形式

宴请形式要根据规格、对象、目的确定,可确定为正式宴会、冷餐会、酒会、茶会等形式。目前世界各国礼宾工作都在改革,逐步走向简化。

（二）选择宴请的时间和地点

宴请时间应对主、宾双方都合适。注意不要选择宾客方的重大节假日、重要活动或禁忌的时间。

对于宴请地点的选择,正式的隆重活动,应安排在办公大厦或宾馆内举行,私人性质或小规模的宴请则按活动性质、规模大小、形式、主人意愿而定。

（三）发出邀请和请柬格式

各种宴请活动,一般均发请柬,这既是礼貌,亦对客人起提醒、备忘之用。工作餐一般不发请柬。有些时候,邀请高级别的客人作为主宾参加活动,需单独发邀请信,其他宾客则发请柬。

请柬一般提前 1~2 周发出(有的地方须提前一个月),以便被邀请人尽早安排。已经口头约妥的活动,仍应补送请柬。需提前安排座位的宴请活动,为确切掌握出席情况,往往要求被邀者答复能否出席。

（四）订菜

宴请的酒菜根据活动形式和规格,在规定的预算标准以内安排。无论哪一种宴请,事先均应列好菜单,并征求负责人的同意。获准后,如果是宴会,即可印制菜单,菜单一般每桌 2~3 份,至少一份,也可每人一份。选菜不以主人的爱好为准,主要考虑主宾的喜好与禁忌。优先考虑的菜肴有四类:

第一类,有中餐特色的菜肴。宴请外宾的时候,这一条更要重视。像炸春卷、煮元宵、蒸饺子、狮子头、宫保鸡丁等,并不是佳肴美味,但因为具有鲜明的中国特色,所以受到很多外宾的推崇。

第二类,有本地特色的菜肴。比如西安的羊肉泡馍,湖南的毛家红烧肉,上海的红烧狮子头,北京的烤鸭,宴请外地客人时,准备这些特色菜,要比千篇一律的生猛海鲜更受好评。

第三类,本餐馆的特色菜。很多餐馆都有自己的特色菜。点上一道本餐馆的特色菜,能说明主人的细心和对被邀请者的尊重。

第四类,主人的拿手菜。如果举办家宴时,主人可以亲自下厨,多做几道自己的"拿手菜"。其实,所谓的"拿手菜"不一定十全十美,只要主人亲自动手,单凭这一点,足以让对方感觉到主人的尊重和友好。

（五）现场布置和服务

正式宴请活动现场要适当布置,现场包括宴会大厅和休息厅,现场布置要严肃、庄重、大方,适当点缀鲜花,有些宴会要悬挂标识。准备话筒等音响设备,一般在主桌背后设一立式话筒。要有专门的工作人员负责宴会的各项准备及服务工作,安排好迎宾人员、接待人员和引导人员。

三、赴宴礼仪

(一) 及时答复

接到宴会的邀请后,应该第一时间给主办方(主人)能否出席的答复,以便主办人作出安排。答复可以书面形式作答,也可以使用电话等联络形式回复。接受邀请后不要随意改动,万一遇到特殊情况不能出席,尤其是作为主宾,要尽早向主办方(主人)解释、道歉。同时,应邀出席某项活动之前,要向宴请的主办方(主人)核实活动举办的时间、地点,是否邀请配偶以及对服饰的要求等。

(二) 适度修饰

赴宴时应按照宴会性质和当地的习俗,选定服饰和妆容。在欧美国家,参加正式宴会,男士应穿深色西服套装,佩戴领带或领结,穿黑色皮鞋。女士穿裙装礼服、高跟鞋,佩戴手套。在国内,男士可穿西服或中山装赴宴,女士也可穿旗袍。服装不但要与自己的具体条件相适应,还必须时刻注意客观环境、场合对人的着装要求,即着装打扮要优先考虑时间、地点和目的三大要素。女宾应认真梳理,适度化妆,出席晚宴的妆容可比白天浓艳,发型要典雅高贵,可根据自己的身材、脸型和年龄选择,突出女性魅力。男宾赴宴前,要保持理发整洁、剃须,力求大方优雅、沉着稳重。

(三) 按时抵达

按时出席宴会是最基本的礼貌。被邀请者应该掌握赴宴时间,按照请柬标明的或口头通知的时间准时到场。出席宴会活动,抵达时间的早晚、逗留时间的长短,在一定程度上反映宾客对主人的尊重。迟到、早退、逗留时间过短会被视为失礼或有意冷落,过早到达,也会给主人或主办单位带来不便。因此,出席宴会时间应根据活动的性质和当地习俗,正点或早 1~5 min 抵达为好。

(四) 礼貌入座

应邀出席宴会活动,应听从主人安排。根据请柬上注明的席位或由服务生引坐,或自己寻找适合的位置落座。入座时,要从椅子的左侧进入,手扶椅背;坐定后,上体挺直,不能或仰或俯、东倒西歪;应把双脚踏在本人座位下,不可随意伸出,影响他人;不可玩弄桌上的酒杯、盘碗、刀叉、筷子等餐具;不要用餐巾或纸巾擦拭餐具等。

(五) 告辞致谢

宴会开始后,席间不应提前退席。若要提前离开,应向主人打招呼后轻轻离去,也可事前打招呼,到时间后离去。宴会结束后,作为客人,要真诚地向主人表达谢意并道别,道别语要简练,不可冗长复杂,意思表达到位即可。

四、沟通礼仪

在用餐的时候,等主宾双方致辞、敬酒完毕,宴会即进入氛围比较宽松的阶段。可以开展相互交谈。宴会上可交谈的话题很多,在选择时应注意话题的大众性、趣味性和愉悦性,宜多选一些赞赏宴会和周围环境以及令主人愉悦的话题,以调节宴会气氛,避免出现冷场。需要注意的是,宴会可以谈笑风生,但不能喧宾夺主或反客为主。同时,男士应该主动与身边的女士交谈,不可冷落身边的女士。

任务 2　中 餐 礼 仪

看微课

中餐座次与席位安排

一、中餐就餐形式

中餐就餐形式依据不同的划分标准可以有多种形式。仅从餐具使用规则而言,可以划分为:分餐式、公筷式、自助式、混餐式等。

(一)分餐式

分餐式用餐指在用餐过程中,为每一位用餐者所提供的主食、菜肴、酒水以及其他餐食,都是相同的,只是各自分别使用。分餐式用餐的最大优点是卫生、方便、自由。它主要适用于各种宴会,尤其是正式宴会。

(二)公筷式

公筷式用餐指主食、菜肴等食物虽然共享,但是在取用时,必须首先借助于公用的餐具,将食物放入自己的餐盘,然后再使用自己专用的餐具享用。公筷式用餐的长处在于不仅卫生、方便,而且气氛热烈。它比较适合家宴时采用。

(三)自助式

自助式用餐的主要特点是不排席位、不安排统一的菜单,而是将所能提供的全部主食、菜肴、酒水陈列在一起,由用餐者根据个人爱好自主地选择、加工、享用。自助式用餐的优点是各取所好,方便。可举行大型活动,招待为数众多且身份各异的来宾时采用。

(四)混餐式

混餐式用餐指多人共同用餐时,主食菜肴被置于共用的碗盘内,用餐者使用自己的餐具,直接从中取用。这是中餐用餐的一种传统方式。它虽然能够体现和睦、团结、热烈的气氛,但是不够卫生。因此,这种方式适合于便宴或家宴。

二、中餐上菜顺序

不管是什么风味的中餐,它的上菜次序一般都是相同的,上菜的顺序一定是先冷盘后热炒。

(一)冷盘小菜

中餐的冷盘分为两种,一种是小菜,通常会准备 2~4 盘。

(二)热炒

中餐的热炒通常有四盘,会安排在冷盘后上菜,不过现在有许多筵席会省略这道菜。

(三)主菜

冷盘的另一种菜色就属于主菜类了,会以拼盘形式上菜,通常是筵席的第一道菜色。紧接在开胃菜之后,继续上主菜,主菜的道数通常是四、六、八等的偶数。菜肴使用不同的材料、配合酸、甜、苦、辣、咸五味,以炸、蒸、煮、煎、烤、炒等各种烹调法搭配而成。

（四）特殊菜色

中餐有些特殊菜色,食用时需用到手,像是明虾、贝类可能要用到手来剥皮,贴心的主人更应准备洗指水盘,以利宾客用完这些菜色后,可将油腻的手指清理干净。

（五）汤

喝汤要懂得要领,注意不可以发出声音。快喝完时,不可将汤碗拿起食用,而应以左手拇指和食指轻扶碗缘,向桌心方向稍微倾斜,以利取汤。

（六）点心

一般宴会不提供米饭,而以糕、饼、面、包子,饺子等替代。

（七）甜点

甜点包括甜点和甜汤,如馅饼、蛋糕,冰糖莲子,银耳甜汤等。

（八）水果

水果种类繁多,多半是以水果盘的方式呈现。

三、中餐桌次与席位的安排

（一）桌次安排

正式宴会,一般都应事先排好座次,以便宴会参加者对号入座,入席时井然有序,同时也是对客人的尊重。中餐宴请活动,往往用圆桌布置菜肴、酒水。排列圆桌的主次次序,有两种情况。

1. 由两桌组成的小型宴请

这种情况,又可分为两桌横排和两桌竖排的形式。当两桌横排时,桌次以右为尊(这里的左右是由面对正门的位置来确定)(图 11-1);当两桌竖排时,桌次则讲究以远为上(这里的远近是以距正门的远近而言)(图 11-2)。

图 11-1　横排桌次　　　　　　　　图 11-2　竖排桌次

2. 由三桌或三桌以上组成的宴请

在安排多桌宴请的桌次时,除了要注意第一种情况中所提的"面门定位""以右为尊""以远为上"等原则外,还应该兼顾其他各桌与主桌的距离。通常,距离主桌越近,桌次越高。多桌宴请的桌次顺序如图 11-3~图 11-6 所示。

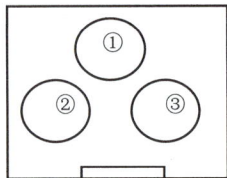

图 11-3　三桌宴请　　　　　　　　图 11-4　四桌宴请

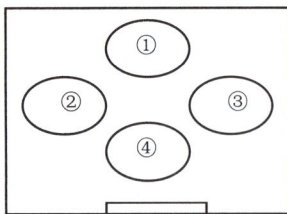

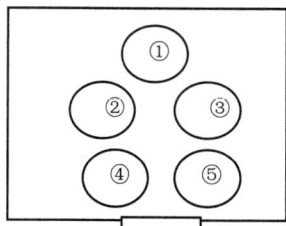

图 11-5　五桌宴请

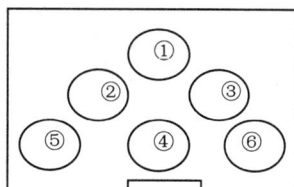

图 11-6　六桌宴请

在安排桌次时,所用餐桌的大小、形状要基本一致。除主桌可以略大之外,其他餐桌都不要过大或过小。

（二）席位排列

中餐宴请时,每张餐桌上的具体位次也有主次尊卑的分别,每桌都应注意主客双方的顺序座次,即主方一号、二号、三号等和客方一号、二号、三号等,每张桌子的座次排序以主方第一号为中心。举行多桌宴请时,每桌都应有一位主人代表在座,位置一般和主桌主人同向。

入席顺序分双主人和单主人两种情况:

1. 双主人情况下的座次排序情况

双主人是指在一张桌子上有第一、第二或男、女主人两个主人席位。

（1）男女主人共同宴请时的排序方法。一般按照主副相对、以右为贵的排列顺序。男主人坐上席,女主人位于男主人的对面。宾客通常随男女主人按右高左低的顺序依次以对角线排列,同时要做到主客相间（图 11-7）。在国际上,一般将男主宾安排在女主人的右侧,女主宾安排在男主人的右侧。

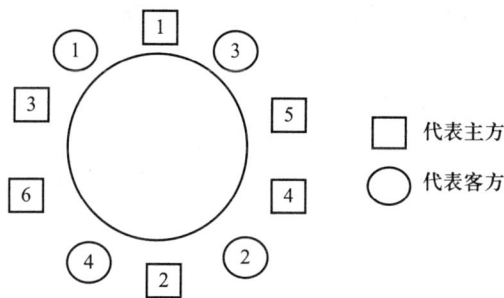

图 11-7　男女主人

（2）宴请由职位接近的两位主人共同举办时,应按照"主副相对""以右为贵"的原则依次按顺时针排列,同时要做到主客相间（图 11-8）。

2. 单主人情况下的座次排序情况

以主人为中心,主方其余座位和客方人员各自按"以右为贵"原则依次按"之"字形排列,同时做到主客相间（图 11-9）。

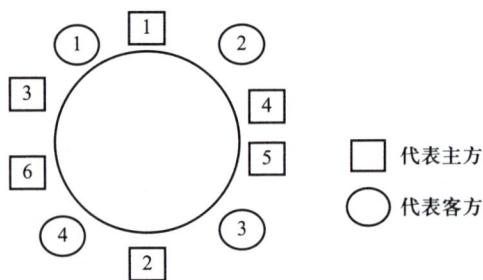

图 11-8 双主人

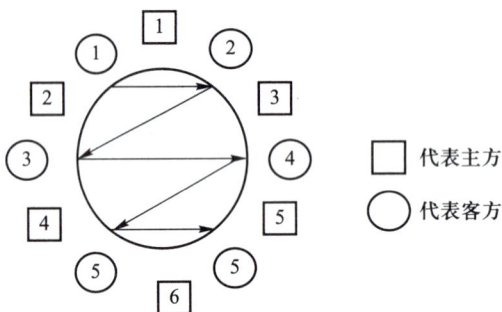

图 11-9 单主人

四、中餐就餐礼仪要求

（一）中餐餐具的使用礼仪

中餐餐具可分为主餐具与副餐具两类,通常包括筷子、勺子、碗、盘等。

1. 筷子

在我国古代,筷子又称为"箸"。在使用筷子时,正确的方法应是用右手执筷,大拇指和食指捏住筷子的上端,另外三个手指自然弯曲扶住筷子,并且筷子的两端一定要对齐。在用餐前,筷子一定要整齐码放于饭碗的右侧,用餐后则一定要整齐竖向码放在饭碗的正中。忌敲筷、掷筷、叉筷、插筷等。

2. 匙(勺子)

匙俗称勺子。勺子的主要作用是舀取菜肴和食物。有时,在用筷子取食的时候,也可以使用勺子加以辅助。一般情况下,用勺子取食物时,不要舀取过满,以免食物溢出弄脏餐桌或衣物。在舀取食物后,可在原处暂停片刻,等汤汁不会再往下流再移到自己身前享用。

用餐间,暂时不用勺子时,应把勺子放在自己身前的碟子上,不要把勺子直接放在餐桌上,或让勺子插在食物中。用勺子取完食物后,要立即食用或是把食物放在自己碟子里,不要再把食物倒回原处。若是取用的食物热烫,不可用勺子搅舀,也不要用嘴对着勺子吹,应把食物先放到自己碗里等凉了再食用。

3. 碗

碗主要是用来盛放主食、羹汤的。在正式场合用餐时,不能端起碗进食,尤其不要双手捧碗就餐。食用碗内盛放的食物时,应以筷子、汤匙加以辅助,不要用手直接取用或用嘴吸食。碗内若有剩余食物时,不能将食物直接倒入口中,也不能用舌头舔食。不要向暂时不用的碗内乱扔东西,也不要把碗倒扣过来放在餐桌上。

4. 盘子

中餐的盘子有很多种,稍小点的盘子叫碟子,主要用于盛放食物,使用方式和碗大致相同。用餐时,一般要求盘子在餐桌上保持原位,不要堆在一起。

需要重点介绍的是一种用途比较特殊的盘子——食碟。食碟在中餐里的主要作用,是用于暂放从公用的菜盘中取来准备享用之菜肴。使用食碟时,一般不要取放过多的菜肴在食碟里,对于不吃的食物残渣、骨头、鱼刺,不要搁于饭桌上,而应轻轻取放在食碟的前端,取放时不要直接从嘴吐到食碟上,而要使用筷子夹放到碟子前端。食碟放满时,可示意服务员更换新食碟。

5. 副餐具的使用

副餐具指进餐时不太重要,辅助性的餐具。最常见的中餐副餐具有水杯、湿巾、水盂、牙签等。

（1）水杯。中餐的水杯主要用于盛放清水、果汁、汽水等软饮料。需要注意的,一是不要用水杯来盛酒,二是不要倒扣水杯,三是喝入口中的不能再吐回水杯里。

（2）湿巾。中餐用餐前,一般会为每位用餐者奉上一块湿毛巾。这块湿毛巾的作用是擦手。擦手后,应该把它放回盘子里,由服务员拿走。而宴会结束前,服务员会再奉上一块湿毛巾,和前者不同的是,这块湿毛巾是用于擦嘴的,不能用其擦脸或抹汗。

（3）水盂,即盛放清水的水盆。用餐者需要手持食物进食,如食用龙虾、螃蟹、烤鸡等食物时,清洗手指是必要环节。其使用方法是:两手轮流沾湿指尖,然后轻轻浸入水中涮洗。洗毕将手置于餐桌下,用纸巾擦干。

（4）牙签。牙签的主要作用是剔牙。用餐时尽量不要当众剔牙,非剔不可时,要用另一只手掩住口部。剔牙后,不要叼着牙签,更不要用其来扎取食物。

（二）中餐餐桌礼仪

1. 正襟危坐

用餐时要坐姿端正,椅子离餐桌距离适中。双脚要平稳着地,不跷二郎腿,也不要抖动,应体现自己良好的形象。用餐的时候,双手手腕部分可轻置于餐桌边缘。

2. 文雅进餐

进餐时,举止要文雅,不要狼吞虎咽,每次入口的食物不可过多,应小口慢吃。在品尝已入口的食物与饮料时,应细嚼慢品。喝汤时,不要发出声音,食物或饮料一经入口,除非是骨头或鱼刺等,不宜再吐出。需要处理骨刺时,可用餐巾掩嘴,用筷子取出放在自己的餐盘或备用盘里。口中有食物时,勿张口说话,如别人问话,可等食物咽下后再回话。饮酒要留有余地,不善饮酒者,主人敬酒时,可婉言谢绝,或用淡酒、饮料象征性表示。不粗鲁劝酒,更不能灌酒。商务宴会中,一般不宜猜拳行令和吸烟等。

3. 布菜有道

为表示友好、热情,彼此之间可以让菜,劝对方品尝,但不要轻易为他人布菜。不要擅自做主,不论对方是否喜欢,就为其夹菜、添饭,以免让人为难,可以把距离客人或长辈远的菜肴送到他们面前请其品尝。上菜后,不要先拿筷,应等主人邀请,主宾拿筷

看微课

中餐进餐礼仪

163

后再拿筷。取菜时要相互礼让,依次进行。取菜时要适量,给他人留有余地。

任务3　西 餐 礼 仪

一、西餐就餐形式

西餐是我国对欧美地区菜肴的统称。西餐一般实行分餐制,即各自点菜,各持一份,就餐时用刀叉取食。最普遍的西餐服务是将餐食在厨房分装到餐盘中,由服务员从厨房端出,再迅速、礼貌地送给每位客人。

（一）西餐上菜顺序

西餐菜序,是指享用西餐时的正规上菜顺序。与中餐相比,西餐的菜序具有明显的不同。例如,中餐上菜的顺序,是先冷后热,先炒后炸,以汤收尾;而在用西餐时,汤往往是正餐开始的前奏。西餐亦有正餐和便餐之分,在菜序上两者是有很大差异的。

1. 正餐的菜序

（1）头盘

西餐的第一道菜是头盘,也称为开胃菜。开胃菜的内容一般有冷头盘和热头盘之分,常见的品种有鱼子酱、鹅肝酱、熏鲑鱼、鸡尾杯、奶油鸡酥盒、焗蜗牛等。因为其作用是开胃,所以开胃菜一般都有特色风味,味道以咸和酸为主,而且食物分量小,品质较高。

（2）汤

西餐的第二道菜就是汤。西餐的汤大致可分为清汤、奶油汤、蔬菜汤和冷汤4类。品种有牛尾清汤、各式奶油汤、海鲜汤、美式蛤蜊汤、意式蔬菜汤、俄式罗宋汤、法式焗葱头汤。冷汤的品种较少,有德式冷汤、俄式冷汤等。

（3）副菜

鱼类菜肴一般作为西餐的第三道菜,也称为副菜。品种包括各种淡、海水鱼类,贝类及软体动物类。通常水产类菜肴与蛋类、面包类、酥盒菜肴品都称为副菜。因为鱼类菜肴的肉质鲜嫩,比较容易消化,所以通常放在肉类菜肴的前面。西餐的鱼类菜肴讲究使用专用调味汁,品种有荷兰汁、白奶油汁、大主教汁、美国汁和水手鱼汁等。

（4）主菜

肉、禽类菜肴是西餐的第四道菜,也称为主菜。肉类菜肴的原料是取自牛、羊、猪等各个部位的肉,其中最有代表性的是牛排。牛排按其部位又可分为沙朗牛排(也称西冷牛排)、菲力牛排、"T"骨牛排、薄牛排等。其烹调方法常用烤、煎等。肉类菜肴配用的调味汁主要有西班牙汁、黑胡椒汁、蘑菇汁等。禽类菜肴的原料取自鸡、鸭、鹅等,通常将兔肉和鹿肉等也归入禽类菜肴。禽类菜肴使用的品种最多的是鸡类,有山鸡、火鸡、竹鸡,可用煮、炸、烤、焖等方法,主要的调味汁有烤肉汁、咖喱汁、奶油汁等。

（5）蔬菜类菜肴

蔬菜类菜肴可以安排在肉类菜肴之后,也可以和肉类菜肴同时上桌,所以可以与肉类一起算为一道菜,或称为一种配菜。蔬菜类菜肴在西餐中称为沙拉。蔬菜沙拉一般用生菜、西红柿、黄瓜、芦笋等制作。沙拉的主要调味汁有油醋汁、法国汁、千岛汁、奶酪沙拉汁等。沙拉除了蔬菜之外,还有一类是用鱼、肉、蛋类制作的,这类沙拉一般不加味汁,在进餐顺序上可以作为头盘。还有一些蔬菜类菜肴是熟的,如花椰菜、煮菠菜、炸土豆条。蔬菜熟食通常和主菜的肉类菜肴一同摆放在餐盘中,称为配菜。

（6）甜品

西餐的甜品是在主菜后食用的,可以算作是第六道菜。从真正意义上讲,它包括所有主菜后的食物,如布丁、煎饼、冰激凌、奶酪、水果等。

（7）果品

鲜果品主要有苹果、香蕉、橙子、葡萄等;干果主要有核桃、榛子、杏仁、腰果、开心果等。

（8）热饮

热饮主要是咖啡或茶。喝咖啡一般要加糖和淡奶油（或牛奶）。茶一般以红茶为主。

2. 便餐的菜序

出于经济和时间方面的考虑,宴请并不总是选择西餐正餐。西餐便餐的菜序方便简单,很受欢迎,菜序通常是:面包、黄油,冷菜,汤,主菜,甜点,咖啡和水果。

上菜时,菜肴从左边上,饮料从右边上。进餐时,冷菜和汤可以同时配面包吃;冷菜作为第一道菜,一般与开胃酒并用;主菜往往只有一道肉食,而水果则相对随意。

（二）西餐桌次与席位的安排

1. 西餐桌次排列

西餐宴会时可以用圆桌、长桌或方桌,排列变化很多,排位的方式也不同。圆形的桌次尊卑以离主桌的距离远近而定,且右高左低。这项规则亦称为"主桌定位"。西餐宴会以长桌较为普遍,依据宴会规模及空间条件,一般可布置成丁形桌、马蹄形桌等。如图 11-10、图 11-11、图 11-12 所示。

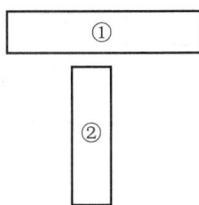

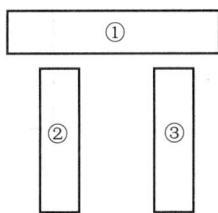

图 11-10　丁形桌　　　图 11-11　马蹄形桌（1）　　　图 11-12　马蹄形桌（2）

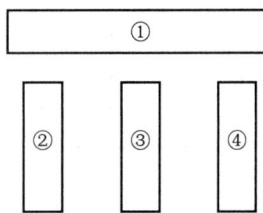

2. 西餐席次安排

因西餐宴请多采取长条形餐桌,其席次一般应遵循以下原则。

（1）恭敬主宾

在西餐中,主宾极受尊重。即使用餐的来宾中有人在地位、身份、年纪方面高于主宾,但主宾仍是主人关注的中心。在排定位次时,应请男、女主宾分别紧靠着女主人和男主人就座,以便进餐时照顾。

（2）女士优先

在西餐礼仪里，女士备受尊重。在排定用餐位次时，主位一般应请女主人就座，而男主人则在第二主位。

（3）以右为尊

在排定位次时，应以右为尊，应请男、女主宾分别紧靠在女主人和男主人右侧，例如，应安排男主宾坐在女主人右侧，安排女主宾坐在男主人右侧。

（4）面门为上

面门为上又叫迎门为上，即面对餐厅正门的位子，通常在排序上要高于背对餐厅正门的位子。

（5）距离定位

西餐席位的尊卑，往往与其距离主位的远近密切相关。在通常情况下，离主位近的位子席次高于离主位远的位子。

（6）交叉排列

在排列位次时，要遵守交叉排列的原则。例如男女交叉排列，生人与熟人交叉排列。这样做的最大好处是可以广交朋友，加强沟通、促进了解。

a. 长桌。以长桌排位时，一般有两种方法。一是男女主人在长桌中央对面而坐，餐桌两端可以坐人，也可以不坐人；二是男女主人分别就座于长桌两端，位次尊卑顺序如图 11-13、图 11-14 所示。

看微课

西餐桌次与
席位安排

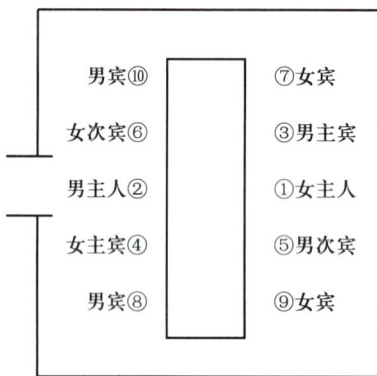

图 11-13　长桌（1）

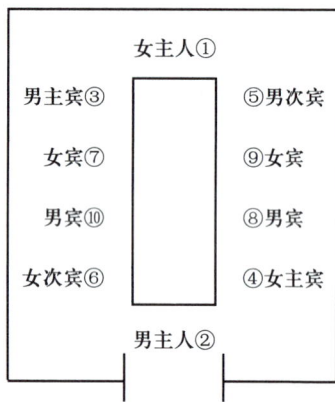

图 11-14　长桌（2）

b. 餐桌是"T"形或"门"字形排列时，横排中央位置是男女主人位，身旁分别为男女主宾座位，其余依序排列。位次尊卑顺序如图 11-15、图 11-16 所示。

c. 圆桌。在西餐里，使用圆桌排位的情况并不多见。在隆重而正式的宴会里，更为罕见。其具体排列一般为男女间隔而坐，用意是男士可以随时为身边的女士服务。位次尊卑顺序如图 11-17 所示。

3. 西餐客人席位安排注意事项

为了让宴会能顺利进行，使客人之间关系融洽，在安排席位时须注意以下几点：

（1）两位客人之间有隔阂的话，不宜相邻坐在一起；

（2）两位客人的兴趣爱好不同，缺乏共同语言的，也不应安排他们相邻；

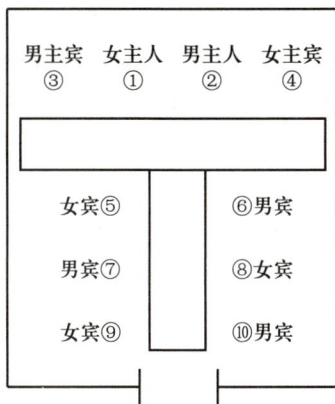

图 11-15　"T"形桌

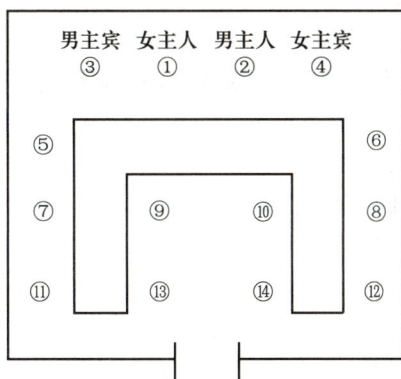

图 11-16　"门"字形桌

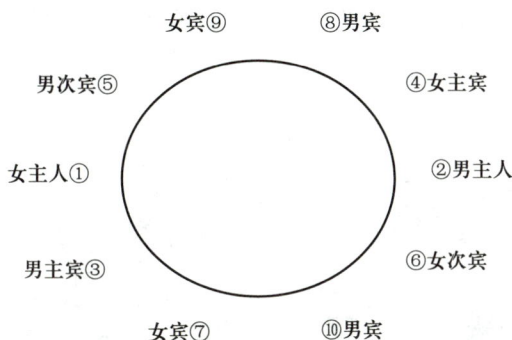

图 11-17　圆桌

（3）两位客人如在语言沟通上（不讲同一种语言）有障碍的话,尽量不安排在相邻位置;

（4）两位客人的年龄悬殊较大的（近亲除外,例如祖孙关系）也不宜做相邻安排;

（5）对于行动不便的客人,一定要安排其监护人相邻,以保证其进餐顺利和得到妥善照顾;

（6）男女搭配相邻为佳。

二、西餐就餐礼仪要求

（一）西式餐具摆设

广义的西餐餐具包括刀、叉、匙、盘、杯、餐巾等。其中盘又有菜盘、布丁盘、奶盘、白脱盘等;酒杯更应讲究,正式宴会几乎每上一种酒,都要换上专用的玻璃酒杯。狭义的餐具则专指刀、叉、匙三大件。刀、叉的数量应与菜的道数相等,并按上菜顺序由外向里排列。甜品用餐具可以摆在最内侧,也可以摆在中间餐碟的上方。所有的叉和匙都应朝前放置,刀刃应朝向餐盘放置（图 11-18）。

1. 刀与叉

刀与叉放置的原则是依上菜次序由外往内,奶油刀应水平横放在奶油碟上,刀刃朝餐盘。叉的种类有食用叉、肉叉、鱼叉、龙虾叉等,叉头朝上放置。

看微课

西餐就餐礼仪

2. 匙

匙包括汤匙、甜品匙、茶匙等。甜点餐具可摆在席位最前端,在最接近餐盘的位置摆叉子,叉尖朝右,再放汤匙,有时餐桌上可不放置甜点餐具,而是由服务生在上甜点时连盘端上。

3. 碟和瓶罐

奶油碟应放在叉子前方,每个碟内可先放一两块奶油。盐罐和胡椒罐如果数量够,应放置在每位席位前方或侧边,如果数量不够则应放在两席位间(两人共享一组),或放置在距桌中央较近的地方(四人共享一组),如果只有两组就放置在桌子两端,由宾客互相传递使用。

4. 玻璃杯

水杯在最内侧,其余酒杯则依序由外向内摆放。

5. 桌面饰布

饰布包括桌巾、餐垫、餐巾等,可发挥创造力布置一个特别的桌面,能让宴会增色不少,餐巾也可折叠成各种形状,置于托盘或餐垫上。

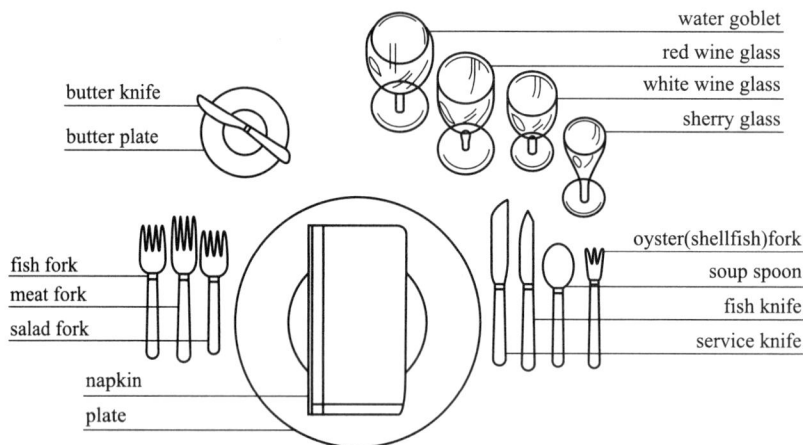

图 11-18　西餐餐具

有些非常正式的宴会,会为每位或每两位宾客制作一张菜单,斜靠在玻璃杯前或平放在叉子左侧的桌面上,宾客可以根据此菜单预先估计食量。通常客人超过一桌就要制作席位卡,有了席位卡宾客不需要特别的引导就能找到自己的席位。席位卡可平放或立放在桌面上,放置处可以在盘中餐巾的顶端,或盘子中央或餐位左前方的叉子上。正式宴会上,席位卡只需写姓加上性别或称呼即可,如有同姓才需把全名写出。

(二)西餐餐具的使用

1. 刀、叉

餐刀主要有三种:一是切肉刀,这种刀比较大、刀面长,刀锯齿比较明显,在吃牛排等肉食时使用。二是正餐刀,这种刀锯齿不明显,或没有,主要用来配合餐叉切割蔬菜、水果等软一些的食品。三是黄油刀,这种刀比较小,用于给面包上涂抹黄油。此外,还有鱼刀、奶油刀等。

餐叉也有三种:一是水果叉,主要用来吃水果或者甜品。二是沙拉叉,主要用来吃沙拉和冷盘。三是正餐叉,用来吃正餐热菜。此外,还有鱼叉、龙虾叉等。

　　正确的拿刀姿势是:手握住刀柄,拇指按着柄侧,食指则压在柄背上。不可把食指伸到刀背上,更不要伸直小指拿刀,尤其是女性。叉子的拿法有背侧朝上及内侧朝上两种,视情况而定。背侧朝上的拿法以食指压住柄背,其余四指握柄,食指尖端大致在柄的根部,若太靠前,外观不好看,太往后,又难以发力,硬的食物就不容易叉进去。叉子内侧朝上时,则如拿铅笔,以拇指、食指按柄上,其余三指支撑柄下方;拇指和食指要按在柄的中央位置,如果太向前,会显得笨重。

　　刀叉除了将食物切割、送入口中的功能之外,还有另外一项非常重要的作用,即通过刀叉的摆置方式向服务生传递用餐信息。

　　在进餐期间,就餐者如果将叉左刀右、刀刃朝内、叉齿向下,二者呈八字形状摆放在餐盘之上,此法表明,这道菜食用尚未结束(图 11-19)。

图 11-19　用餐尚未结束

　　就餐者如果吃完了某一道菜肴,或者因其不合口味而不想再吃,则可以叉左刀右、刀刃朝内、叉齿向上,并排放在餐盘之上,或是刀上叉下并排横放在餐盘之上。这表明,可以将刀叉连同餐盘一并撤离(图 11-20)。

图 11-20　用餐结束

2. 餐匙

餐匙，又叫调羹，俗称勺子。在西餐正餐里比较常见的餐匙(勺)有：

（1）甜品勺。其个头较小，在一般情况下，它应当被横向摆放在吃甜品所用的刀叉的正上方，并与其并列。如果没有甜品或用不上甜品勺的话，它也会被个头同样较小的茶勺所取代。

（2）汤勺。个头较大，通常它被摆放在用餐者右侧最外端，与餐刀并列摆放。

（3）正餐勺。勺头呈椭圆形，主要在进食正餐、主食时使用。还可以与餐叉并用，帮助餐叉盛取食物，起到辅助餐叉的作用。

喝汤时，规范的姿势应当是：右手拿起汤勺，左手扶盘子，由桌沿朝向桌子中心方向慢慢舀取，剩下少许时，可用左手将靠自己身侧的汤碗稍稍提起，再用汤勺由里向外舀取。

3. 餐巾

一般而言，餐巾摆放在餐盘的中央或左侧，或者叠成花形插放在口杯中。餐巾的用途主要有：

（1）暗示。在宴会开始之前，主人先把餐巾铺在腿上(如果餐巾较大，可以用对角线叠成三角形状，或平行叠成长方形状)，表明用餐的开始。用餐过程中，若想暂时离开座位，可将餐巾放在座位上或者座位椅背上；若将餐巾放在餐盘上，则表示进餐完毕。

（2）保洁。避免菜汁、油迹溅落在衣服上。

（3）擦拭。用餐的过程，不可避免地要在嘴角留下痕迹，及时利用餐巾的一角加以清理，则会不失风度。但不可用餐巾擦脸，或擦刀叉等。

（4）遮掩。在吐出鱼骨、鱼刺或水果籽粒时，或用牙签剔牙时，餐巾可以用于遮挡嘴部，以避免给他人带来不便。

三、西餐就餐注意事项

（1）应等全体客人面前都上完菜，主人示意后才开始用餐。在美国，在女主人拿起她的勺子或叉子以前，任何人不得食用任何一道菜。

（2）餐巾应铺在膝盖上。如果餐巾较大，应叠放在腿上；如果较小，可以全部打开。

（3）进餐时身体要坐正，不可过于倾斜，也不要把双臂横放在餐桌上，以免碰撞旁边的客人。

（4）取面包应该用手拿，然后放在旁边的小碟中或大盘的边缘，不要用叉子去叉面包。

（5）吃沙拉时只能用叉子。应用右手拿叉，叉齿朝上。

（6）要喝水时，应把口中的食物先咽下。用玻璃杯喝水时，要注意先擦去嘴上的油渍，以免弄脏杯子。

（7）喝茶或喝咖啡时，不要把汤匙放在杯子里。

（8）用餐时特别是喝汤时，不要发出声响。咀嚼时应该合上嘴。

（9）不要在餐桌前擤鼻涕或打嗝。如果不小心打喷嚏或咳嗽，应向周围人道声

"对不起"。

（10）用餐时不要剔牙。如果有食物塞了牙缝非去除不可，应用餐巾将嘴遮住，最好等没有人在场时再取出。

（11）进餐时，始终保持沉默是不礼貌的，应该同身旁的人有所交谈。但是在咀嚼食物时不宜讲话。

（12）用餐时，食物一律应用刀叉获取。只有芹菜、小萝卜、青果、干点心、干果、糖果、炸土豆片、玉米、烤鸡腿和面包等可以用手拿取。

（13）当主人要为你添菜时，你可以将盘子连同放在上面的刀叉一起传递给她或者交给服务员。不能主动要求主人添菜，那样做很不礼貌。

（14）餐桌上有些食品，如面包、黄油、果酱、泡菜、干果、糖果等，应待主人提议后方可取食。进餐时，不能越过他人面前取食物。

（15）用餐完毕，客人应等主人从座位上站起来，再一起离席。起立后，男士应帮助女士把椅子归回原处。

思政小课堂

黄庭坚的食时五观论

北宋文学家、书法家黄庭坚，在朝中任秘书丞兼国史编修官，也曾在外做过两州知事，屡遭贬谪。他曾写过一篇《食时五观》的短文，表达了自己对饮食生活所取的态度。他认为君子都应本着这"五观"精神行事，其具体内容如下："计功多少，量彼来处"，一餐饭要经过耕种、收获、春碾、淘洗、饮煮等许多劳动，还有畜养杀牲等事，一人饮食，须得十人劳作。食物来之不易，一定要懂得这一点，否则就不可能有正确的饮食观。"忖己德行，全缺应供"，要检讨自己德行的高下，具体表现在对亲人的孝顺，对国家的忠贞，对自己的修养，如果这三方面都尽到了努力，那就可以对所用的饮食受之无愧。如果有所欠缺，则应感到羞耻，不能放纵食欲，无休止地追求美味。"防心离过，贪等为宗"，一个人修身养性，须先防备饮食"三过"，不能过贪、过嗔、过痴。见美食则贪，恶食则嗔，终日食而不知食之所来则痴，是为三过之谓。

（资料来源于网络）

看微课

自助餐、鸡尾
酒酒会礼仪

任务4 自助餐礼仪

自助餐，又称冷餐会，它是目前国际通行的一种非正式西式宴会，在大型的商务活动中尤为多见。自助餐的具体做法是，不预备正餐，而由就餐者自行选择食物、饮料，然后或立或坐，自由地与他人在一起或独自用餐。用餐时间没有正式的限定，在整个用餐期间，就餐者可以随到随吃，不用在主人宣布用餐开始之前到场等候。自助餐礼仪，主要是指在以就餐者的身份参加自助餐时，所需要遵循的具体礼仪规范。

一、排队取菜

在享用自助餐时，必须自觉地维护公共秩序，讲究先来后到，排队选用食物，不允许乱挤、乱抢、插队。在取菜之前,先要准备好一个食盘,轮到自己取菜时,应以公用的餐具将食物装入自己的食盘之内,然后迅速离开。切勿在众多的食物面前犹豫再三,让身后之人久等,更不应该在取菜时挑挑拣拣,甚至直接用手或以个人餐具取菜。

二、循序取菜

享用自助餐时,应按照取菜先后顺序循序渐进,顺序依次是:冷菜、热菜、汤、点心、甜品和水果。

三、量力而行

享用自助餐时,可根据个人口味选取食物,但要量力而行,坚持"多次少取"原则。切勿为了吃得过瘾,一次性大量取食,结果"力不从心",导致食物被严重浪费。

四、多次取菜

在自助餐上遵守"少取"原则的同时,还必须遵守"多次"的原则。"多次"是"多次取菜"的简称,它的具体含义是:用餐者在自助餐上选取某一种类的菜肴,允许其反复去取。每次应当只取少量,待品尝之后,觉得它适合自己的话,可以再次去取,直至自己满意为止。

五、避免外带

所有的自助餐,不管是以之待客的由主人亲自操办的自助餐,还是对外营业的餐厅里所经营的自助餐,都有一条不成文的规定,即自助餐只许就餐者在用餐现场享用,而不允许在用餐完毕之后将食物携带回家。在用餐时不论吃多少东西都可以,但是禁止偷偷往自己的口袋、皮包里装一些自己的"心爱之物",更不能要求服务员替自己"打包",那样必定会"见笑于人"。

六、送回餐具

一些工作餐式的自助餐要求就餐者在用餐完毕之后、离开用餐现场之前,自行将餐具整理到一起,并将其送回指定的位置。在庭院、花园里享用私人自助餐时,尤其应当这么做。不能将餐具随手乱丢,甚至损毁餐具。在餐厅里就座用餐,有时可以在离开时将餐具留在餐桌之上,而由服务员负责清理。即便如此,亦应在离开前稍加整理为好。取用的食物,以正好吃完为宜,如有少许食物剩下,也不要乱丢、乱倒、乱藏,应将其放在适当之处。

七、照顾他人

参加自助餐时,除了对自己用餐时的举止表现要严加约束之外,还须与他人和睦相处,多加照顾。对于自己的同伴,特别需要加以关心,若对方不熟悉自助餐的规则,不妨向其扼要介绍。在对方愿意的前提下,还可向其提出一些有关菜肴选取的建议,但是不可以自作主张地为对方代取食物,更不允许将自己不喜欢或吃不完的食物"处理"给对方。在用餐的过程中,对于其他不相识的用餐者,应当以礼相待。在排队、取菜、寻位以及行动期间,要主动谦让,不要目中无人、冒失无礼。

八、积极交际

在参加自助餐时,可主动寻找机会,积极地进行交际活动。勿以不善交际为由,只顾埋头大吃,或者来了就吃、吃了就走。在自助餐上,交际的主要形式是几个人聚在一起进行交谈。为了扩大自己的交际面,在此期间不妨借取食物之机,多换几个类似的交际圈。介入陌生的自助餐交际圈,一般有三种方法。其一,是请求主人或圈内之人引见;其二,是寻找机会,借机加入;其三,是毛遂自荐。

任务5　酒水礼仪

酒水是对用来佐餐、助兴的各种酒类和其他饮料的一种统称。"酒"一般指各种含有一定酒精的饮品,而"水"则通常指不含酒精的各种饮料。

酒水在世界各国的各种社交场合,特别是在宴请、聚餐活动中一直是不可或缺的。长久以来,世界各国在关于酒水的选择、饮用以及佐餐的具体方法上,已经形成了一套比较完备的礼仪。

看微课

酒水礼仪

一、饮酒礼仪

饮酒是各种宴请中的重要组成部分。应根据宴会的级别、规格,选用不同品种的酒。

(一)斟酒礼仪

中餐宴请中,稍微正式一点的宴会都称为酒席。酒是多数中餐宴请中不可缺少的内容。就餐中,人们一般会以为他人斟酒或敬酒来向他人表示敬意。

酒具应大小一致,如果是在家中设宴,酒具一定要清洁、无破损,酒瓶应是当场打开。主人或主人安排的主要陪同人员应首先为客人斟酒,有时身份较低的人也主动为身份较高的人斟酒,以表示自己的敬意。为客人斟酒时应站在客人的右侧,酒杯应放在餐桌上,瓶口不能与酒杯相碰,酒不宜斟太满。斟酒的顺序应该是先位高者、年长者、远道而来者,然后顺时针逐个斟酒。自己的酒杯最后斟,也可以不斟。

当有人为你斟酒时,应表示感谢,可以用语言表达,也可以用中国传统的叩指礼,即把食指、中指和拇指捏在一起,轻轻敲击桌面,表示感谢。

斟酒时,一般葡萄酒斟酒杯的1/3,洋酒斟酒杯的1/2,香槟斟酒杯的3/4。

(二)敬酒礼仪

敬酒是用自己喝酒的方式来表示敬意。在宴会开始时,通常由主人向大家敬酒,并说祝福的话,这时候,大家应该站起来,互相之间碰一碰杯,人多时可以举杯示意,不必碰杯。然后象征性地喝一口,不一定要喝干,除非主人提议干杯。主人敬酒后,客人们可以互相敬酒,也可以回敬主人。碰杯时,为表示敬意位卑者一般应杯沿低于对方杯沿。喝完酒后,应以目光回应对方,以示礼貌。一般来说,敬酒者应该把自己的酒喝干,以示诚意。如果知道对方的酒量不错,可以提议干杯,若对方酒量尚浅,或不能饮酒,则不必勉强,更不能为难长者。

宴会中首先提议敬酒的一般是宴请的主人,首选男主人,男主人不在时是女主人。主人敬过一杯酒后,会饮酒的人应回应一杯。主人敬过三杯酒后,在场宾客才可互相敬酒。在主人和主宾祝辞时,其他人应停止进餐和交谈。可以多人敬一人,不宜一人敬多人。

如果你不善于饮酒,当主人或别的客人向你敬酒时,可以婉言谢绝,可以选淡一点的酒或饮料,小酌一口作为象征,以免扫兴。

(三) 饮酒礼仪

看微课

品酒礼仪

1. 姿势正确

合乎礼仪的喝酒姿势应该是端起酒杯轻酌慢饮。敬酒时可先说一段"辞令",而后邀请对方共饮。为了显示自己的酒量而端起酒杯一饮而尽是不文雅、没修养的,应视对方酒量而留有余地。同时,喝酒也不应该让别人听到自己的吞咽声,喝酒的速度尽可能不要超过主人。慢喝还是一种很聪明的防醉方法。

2. 酒量适宜

酒后失言或酒后失礼是常见的,所以,在宴请饮酒中主宾双方都应该控制喝酒数量。切忌见到美味佳肴就忘乎所以,在热烈的气氛中开怀畅饮,这样是有失礼仪的。在正式宴请中,主宾的饮酒量均应控制在正常酒量的一半以下。

3. 拒酒得体

在宴请的过程中,不会喝酒或不打算喝酒的人,可以有礼貌地阻止他人向自己敬酒,但不应该一概拒绝,可喝一点饮料或果汁,否则,会影响宴会的气氛。拒绝喝酒的方式有很多,可以解释说明自己不会喝酒,也可以让斟酒的人在自己面前的杯子里少斟一点,不要东躲西藏,更不要把酒杯扣在餐桌上,或把自己杯中的酒偷偷洒在地上。按照礼仪,酒可以不喝,但空着杯子是不合适的。

二、饮茶礼仪

茶是中华民族的国饮,是世界三大饮料之一。饮茶在我国不仅是一种生活,也是一种文化传统,并形成了相应的饮茶礼仪。以茶待客,客来献茶一直是我国人民的传统美德和传统习惯,掌握一定的饮茶礼仪十分必要。

(一) 茶的分类

茶品种繁多。按照茶叶的制作工艺可把茶分为绿茶、红茶、乌龙茶、白茶、黄茶、黑茶、再加工茶七类。

(二) 茶具的选择

饮茶,讲究茶具,这是我国的传统,也体现出了对客人的尊重。茶的色、香、味与泡茶使用的茶具关系很大。正确地选择和使用茶具,既能发挥茶的价值,又能陶冶人们的情操。目前,我国常用的茶具主要有以下几种:

1. 陶土茶具

陶土茶具中的佼佼者首推宜兴紫砂茶具,用这种茶具泡茶,能保持茶叶真味,使用

年代越久,泡出的茶香味越纯正。只是这类茶具多为褐色,较难欣赏到茶的汤色。

2. 瓷质茶具

瓷质茶具以白为贵,多为盖碗,能反映出茶汤色泽。瓷质茶具传热慢,且保温适中,加之瓷器造型各异,为饮茶器皿之上品。

3. 玻璃茶具

用玻璃杯泡茶,传热快,不透气,茶香易损失,但透明度高,能增加欣赏的乐趣,适合泡绿茶。至于搪瓷杯和保温杯,容易将茶叶泡熟,影响茶的品质,特别是饮用高档茶时,更不宜使用。

（三）品茶礼仪

看微课

茶礼

品茶礼仪包括待客之道和品茶礼仪两个方面。

1. 待客之道

（1）客人的嗜好

如有可能,应多备几种茶叶,使客人可以有选择的余地。在上茶之前,应先询问一下客人喜欢哪一种茶,并为其提供几种可能的选择。不要自以为是,强人所难。当然,若只有一种茶叶,则务必实事求是地说明,不要客套过头。

同时,也应考虑到,有一些人出于各种原因不喜欢饮茶。因此,在上茶前,应征询来宾个人的意见:"请问您想喝一点什么饮料?"并为之提供自己力所能及的选择,如白开水、矿泉水、咖啡、果茶等。

一般认为,饮茶不宜过浓或不宜同时饮不同品种的茶,否则可能使饮用者"醉茶",即因摄入过量的咖啡因而令人神经兴奋,甚至惊厥、抽搐。通常,民间以茶待客讲究要上热茶,而且还有"茶满欺人""七茶八酒"之说。其含义,是说斟茶不可过满,应以七分满为佳。这样,热茶便不会从杯中溢出而发生烫伤。

（2）上茶的规矩

a. 奉茶之人。以茶待客时,由何人为来宾奉茶,往往涉及对来宾重视的程度问题。在家中待客时,通常可由家中的晚辈为客人上茶。接待重要客人时,则应由主人为之奉茶。在工作接待时,一般应由秘书、接待人员、专职人员为来宾上茶。接待重要客人时,则应由本单位在场的职位最高者亲自为之上茶。

b. 奉茶顺序。如来访的客人较多时,上茶的顺序一定要慎重对待,切不可随意而为。合乎礼仪的做法是:其一,先为客人上茶,后为主人上茶;其二,先为主宾上茶,后为次宾上茶;其三,先为女士上茶,后为男士上茶;其四,先为长辈上茶,后为晚辈上茶。如果来宾甚多,且彼此之间差别不大时,可采取下列四种顺序上茶:其一,以上茶者为起点,由近而远依次上茶;其二,以进门为起点,按顺时针方向依次上茶;其三,以客人到达的先后顺序依次上茶;其四,不讲顺序,或是由饮用者自己取用。

（3）敬茶的方法

以茶待客时,一般应当事先将茶沏好,装入茶杯,然后放在茶盘之内端入客厅。如果来宾较多时,务必要多备上几杯茶。上茶时,应双手端着茶盘进入客厅,首先将茶盘放在临近客人的茶几上或备用桌上,然后右手拿着茶杯的杯托,左手附在杯托附近,从客人的左后侧双手将茶杯递过去。茶杯放置到位之后,杯耳应朝向客人右侧。若使用无杯托的茶杯上茶时,也应双手奉上茶杯。如条件不允许时,至少也要从其右侧上茶,尽量不要从其正前方上茶。

有时,为了提醒客人注意,可在为之上茶的同时,轻声告知:"请您用茶"。如果自己的上茶行为打扰了客人,应对其道一声"对不起"。

为客人敬茶时,一定要注意尽量不用一只手上茶,尤其是不要只用左手上茶。同时,双手奉茶时,切勿将手指搭在茶杯杯口上,或是将其浸入茶水,以免污染茶水。

（4）续水的时机

要为客人勤斟茶、勤续水。在客人喝过几口茶后,即应为其续上,不可以让其杯中茶汤见底。

在为客人续水斟茶时,以不妨碍对方为佳,最好不要在其身前操作。实在无法避免时,则应一手拿起茶杯,使之远离客人,另一只手将水续入。

在续水时,不应过满,也不要使自己的手指、茶壶或者水瓶弄脏茶杯。如有可能,应在续水时在茶壶或水瓶的口部附上一块洁净的毛巾,以防止茶水四溢。

2. 饮茶礼仪

在正式的社交场合,饮茶应当注意文明礼貌。具体而言,需要在下述两个方面加以注意。

（1）态度谦恭

以茶待客是一种礼仪,既然主人在以茶待客时处处以礼待人,那么作为接受款待的一方,客人在饮茶之时,也应对主人投桃报李,勿失谦恭与敬意。当主人上茶之前,向自己征求意见"想喝什么"的时候,如果没有什么特别的禁忌,可以在对方提供的选择之中任选一种,或告知以"都可以"。在一般情况下,向主人提出过高的要求,是很不礼貌的。如果自己不喜欢饮茶,应及时向主人说明。如尚未来得及说明,而茶已奉上,可以不喝,不要面露不快,甚至因此而责怪主人或上茶的人。若主人,特别是女主人或者长辈为自己上茶时,在可能的情况下,应当起身站立,双手捧接,并道以"多谢",勿视若不见。当其为自己续水时,应以礼相还。其他人员为自己上茶、续水时,也应及时以适当的方式向其答谢。不喝的凉茶、剩茶,勿随手泼洒。

在社交活动中,与交往对象正在交谈时,最好不要饮茶。不论是自己还是交谈对象在讲话时,如果自己突然转而饮茶,不但会打断谈话,而且也会显得自己用心不专。只有在自己不是主要的交谈对象时,或是与他人的交谈告一段落之后,才可以见机行事,喝茶品茶。

（2）认真品味

在饮茶时,要懂得细心品味。这不仅体现自身教养,也是待人的一种礼貌的做法。在饮茶之时,应当一小口、一小口地品尝。每饮一口茶汤后,应使其在口中稍做停留,再慢慢地咽下去,这样才能品出茶的味道。无论如何,饮茶时都不要大口吞咽、一饮而尽,以这种方法喝茶,只能解渴,丝毫谈不上对茶的品味。

在端起茶杯时,应以右手持杯耳。端无杯耳的茶杯,则应以右手握茶杯的中部。不要双手捧杯,以手端起杯底,或是用手握住茶杯杯口,那样不仅动作粗鲁,也不够卫生。饮茶时,忌连茶汤带茶叶一并吞入,如有茶叶进入口中,切勿吐出,应嚼而食之。

饮盖碗茶时,可用杯盖轻轻将漂浮于茶水上的茶叶拂去,不要用口去吹。茶太烫的话,最好待茶自然冷却。

若主人告知所饮的是名茶,则饮用前应仔细观赏一下茶汤,并在饮用后加以积极欣赏。忌不予理睬,或是随口加以贬低。

茶文化——茶三酒四

"茶三酒四",其表示的意思是品茶时,人不宜多,以二三人为宜;而喝酒则不然,与品茶相比,酒桌上的人可以多一些。这是因为品茶追求的是幽雅清静,注重细细品酌,慢慢体会;而喝酒追求的是豪放热烈的气氛,一醉方休。这也是茶文化与酒文化的重要区别之一。明代屠本畯在《茗笈》中称:"饮茶以客少为贵。"明代陈继儒也在《岩栖幽事》中提出:"品茶,一人得神,二人得趣,三人得味,七八人是名施茶。"七八个人在一起饮茶,环境繁杂,要做到静心品味,谈何容易,仅仅是喝茶解渴而已,这就是施茶。而喝酒就不一样,人多,气氛显得比较热烈。猜拳行令,把壶劝酒,会使喝酒的场面更加热烈。其次,茶与酒的属性不一样,因为茶性不宜广,能溶解于水的浸出物有限,即使按茶与水正常比例冲泡的茶水,通常续水 6~8 次,茶味就淡了。如果人多,一壶之茶,后饮者只能喝到既单薄又无味的茶汤了。而酒则不然,只要酒缸中存有足量的酒,是不怕人多的。

(资料来源于网络)

三、品咖啡礼仪

▶ 看微课

(一)咖啡相关器具使用

饮用咖啡,有专用的器具,了解相关器具的使用,可以更好地遵守品咖啡礼仪。

1. 咖啡杯

在餐后饮用的咖啡,一般都是用袖珍型的杯子盛出。这种杯子的杯耳较小,手指无法穿过。但即使使用较大杯,也不宜用手指穿过杯耳再端杯子。

喝咖啡礼仪

咖啡杯的正确拿法,应是右手拇指和食指捏住杯把将杯子端起,然后将杯子端起送至嘴边。站立时,则应该以左手将杯、碟一起端至胸高,再以右手端起杯,送至嘴边饮用,饮用完,立即将杯子置于碟中。

2. 咖啡匙

咖啡匙是专门用来搅拌咖啡的,搅动时动作不要过大,也不要用匙去捣碎杯中的方糖,饮用咖啡时应当把匙取出来,放于碟子左边或横放于靠近身体的一边。不要用咖啡匙舀着咖啡慢慢喝,如果咖啡太烫,应充分发挥匙的作用,轻轻搅动使其降温,不可用嘴去吹。

3. 杯碟

盛放咖啡的杯碟都是特制的。它们应当放在饮用者的正面或者右侧。咖啡碟与咖啡杯不宜分开,即使添加咖啡时,也不要将咖啡杯从咖啡碟中拿起。

(二)品咖啡的注意事项

1. 步骤

正式开始喝咖啡之前,先喝一口冰水,这能帮助咖啡香味更鲜明地体现出来,让舌头上的每一个味蕾,都充分做好感受咖啡美味的准备。

一杯咖啡端到面前,先不要急于喝,应该像品茶或酒那样,有个循序渐进的过程,以达到放松、提神和享受的目的。

首先应该闻香。体会一下咖啡那扑鼻而来的原香。

第二步应该观色。咖啡最好呈现深棕色,而不是一片漆黑,混浊不见底。

最后才是品尝。每一杯咖啡都是经过咖啡豆数年生成,再经过采收、烘焙等繁杂程序,再加上煮咖啡的人悉心调制而成。所以,品咖啡时应先喝一小口,感受一下原味咖啡的香味,不要急于将咖啡一口咽下,应短暂含在口中,让咖啡的香气自鼻腔呼出,然后再将咖啡咽下。

可依个人喜好加入适量的糖,并用小汤匙搅拌,再趁着搅拌咖啡的旋涡,缓缓加入奶油,让油脂浮在咖啡上,既保持咖啡的热度也可蒸发奶香,享受多层次口感。

2. 温度和容量

品咖啡的最佳温度是 80℃ 左右。因为普通咖啡的质地不太稳定,所以最好趁热品尝。为了不使咖啡的香味锐减,应事先将咖啡杯预热。咖啡的适宜温度在冲泡时为 83℃,倒入杯中时为 80℃,而到口中的温度以 61℃ 左右最为理想。一般来说,趁热品尝咖啡,并尽可能在 10 min 内饮尽,是品咖啡的基本礼节。

倒咖啡时,一般不满杯,一般七八分满为宜。适量的咖啡可以满足一些喜欢加糖或牛奶的客人,以免添加后溢出。

3. 加糖

给咖啡加糖时,可用咖啡匙舀砂糖,直接加入杯内;也可用糖夹把方糖轻放于杯中。

4. 取食甜点

吃甜点一般会与喝咖啡搭配进行,但应注意以下几点:

取食甜点应适量。一般交际场合中,应以品咖啡为主,食用点心为辅。不能食用过多点心,以免破坏社交气氛。

甜点与咖啡不能同时享用。即不能一手拿点心一手拿杯,边吃边喝。正确做法是,吃点心时,先放下咖啡杯;吃完点心,继续饮用咖啡。

5. 正确交谈

在社交场合中,喝咖啡只是社交的媒介和辅助手段,助力双方彼此交谈、增进了解。在饮用咖啡时,切不可只顾品尝咖啡,而忘了"主要任务"。交谈时,不要高谈阔论,宜柔声细语;不要大声喧哗,宜含蓄有度、礼让谦恭。另外,不宜在他人饮用咖啡时突然提问,以免对方仓促应对。

课中实训

实训一:宴请准备

1. 训练内容

A 公司在成立 60 周年之际,为答谢社会各界人士,尤其是与公司有着长期稳定合作关系的企业伙伴,举办周年庆典活动。并于活动的当天晚上在本市某酒店进行宴请。请以活动负责人的身份,对本次宴请进行筹划与组织。

2.训练程序

学员先进行分组,8人为一组,分别制定宴请计划,撰写请柬,向合作伙伴发出邀请,并讨论宴请准备应该注意哪些问题和应做哪些工作。

团队互评,教师点评。

实训二:中、西餐席位的排列,西餐餐具摆台训练

(一)中、西餐席位的排列

1.训练内容

针对宴请的主宾身份、性别和人数,制定多种中、西餐席位排列的方案。

2.训练程序

学员先进行分组,5人为一组,教师随机设定宴请主宾身份、性别和人数,学员讨论商量中、西餐席位的排列方案,把讨论结果用图画出,各小组派一位学员代表进行展示,并进行详细说明。待全部小组展示完成后,教师逐一点评。

(二)西餐餐具摆台

1.训练内容

清点西餐餐具,并将其放置在桌面正确的位置上。

2.训练程序

学员分组,每2人为一组,将全套西餐餐具按规范逐一摆台。教师随后逐一点评。

实训三:中、西餐用餐礼仪训练

1.训练内容

分角色扮演主人、客人和服务生,模拟中、西餐迎客和就餐场景,练习刀、叉、匙、餐巾等餐具的使用方法。

2.训练程序

学员先进行分组,5人一组。每组学员分角色演练迎客礼仪、中餐就餐礼仪和西餐餐具使用礼仪。

实训四:斟酒、敬酒和饮酒礼仪训练

1.训练内容

分角色扮演服务员或主人向客人斟酒,晚辈及主人向长辈和客人敬酒,客人饮酒和拒酒的场景。

2.训练程序

学员先进行分组,5~8人一组。每组学员分角色演练斟酒、敬酒和饮酒礼仪。

实训五：泡茶、品茶，品咖啡礼仪训练

（一）泡茶、品茶礼仪训练

1. 训练内容

分角色扮演办公室接待人员、经理及客人，准备开水、绿茶、红茶和白茶，几套盖碗、紫砂壶和玻璃茶具，让学员选择不同茶具为客人泡不同的茶，办公室接待人员奉茶，客人品茶。

2. 训练程序

学员先进行分组，5 人一组。每组学员分角色演练泡茶、奉茶、续茶和品茶礼仪。

（二）品咖啡礼仪训练

1. 训练内容

练习端咖啡杯、用咖啡匙和碟，给咖啡加糖，取食甜点。

2. 训练程序

学员以个人为单位练习，结束后，教师抽选几人现场表演，随后学员讨论，教师逐一点评。

实训项目评价

技能点评价表

	技能点评价指标	分值	得分
实训一	宴请的对象、目的和形式准确；宴请时间和地点的选择准确；请柬格式准确；菜单的选择准确；现场布置和服务准确	20	
实训二	中餐宴请桌次的排序准确；中餐宴请位次排列准确；刀叉的摆放准确；汤匙的摆放准确；盘的摆放准确；酒杯的摆放准确	20	
实训三	迎客的姿势正确；中餐餐桌礼仪准确；西餐餐具（刀、叉、匙、餐巾等）的运用正确	20	
实训四	斟酒适量；祝酒词的运用准确；叩指礼的运用准确；敬酒的次序准确；姿势优雅，拒酒行为得体	20	
实训五	斟茶适量；泡茶礼仪正确；叩指礼的运用准确；奉茶的次序、续茶的时机准确；姿势优雅，品茶得体；喝咖啡单手执杯准确；咖啡匙运用准确；咖啡品尝姿势正确；取食甜点适量	20	

使用说明：

按评价指标评价项目技能点成绩，满分 100 分。

课后提升

案例 1

C 城市接待了一位外商。这位外商是美国人,他来这座城市是进行投资考察的。考察进行得比较顺利,双方达成了初步的合作意向。某一天,接待方设宴款待这位外商,宴会的菜肴很丰盛,主客双方交谈得比较愉快。这时席间上来了一道特色菜,为表示我方的热情,一位接待方领导便为这位外商夹了一筷子菜放到他的碟子里。这位外商当即露出不悦神色,也不再继续用餐,双方都很尴尬。

案例思考题:

1. 这位外商为什么露出不悦神色?
2. 接待方应该怎样去表示热情之意?

案例 2

刚刚签订了一份重要的合同,对方经理热情地设宴款待我方谈判人员,并亲自邀请张刚参加,作为谈判小组组长的张刚高兴地答应了。张刚是公司的销售经理,为人豪爽,喜欢交际,业务能力很强。这次接到邀请,他心想又是一个交友的好机会,可以趁机与对方经理联络一下感情。在约定的时间他带着谈判小组的成员到达餐厅,此时,对方经理已经带领一群人在等候了,见他们进门,很热情地迎了上去,并与张刚握手表示欢迎。张刚则豪爽地哈哈一笑:"都这么熟了,还来这些虚的干嘛!"然后反客为主拉着对方坐下来:"来来,坐坐坐。今天实在是高兴,咱兄弟两个不醉不归!"对方有些吃惊,但还是很快调整了表情,招呼大家入座,吩咐服务员上菜。用餐过程中,张刚的豪爽更表现得淋漓尽致,他一边不停地跟对方碰杯喝酒,一边不停地吃菜,一手搭在旁边的椅背上,领带也拉到了一边,不一会儿就喝得面红耳赤,说话也不利落了。没等宴会结束,对方经理就找借口离开了。

案例思考题:

1. 你认为对方经理为什么会找借口离开?
2. 如果你是张刚,你会怎么做?

项目十一
自学自测

参考文献

[1] 孙健敏,徐世勇. 管理沟通[M]. 北京:清华大学出版社,2006.

[2] Ros Jay. 沟通七绝招[M]. 路文勇,译.北京:社会科学文献出版社,2003.

[3] 孙健敏,吴铮.管理中的沟通[M].北京:企业管理出版社,2004.

[4] 盖勇,王怀明,等.管理沟通[M].济南:山东人民出版社,2003.

[5] 刘玉冰.沟通技巧与实训[M].北京:清华大学出版社,2012.

[6] 李谦.现代沟通学[M].2版.北京:经济科学出版社,2006.

[7] 李国宇.倾听的力量[M].北京:中国纺织出版社,2007.

[8] 谢红霞.沟通技巧[M].北京:中国人民大学出版社,2011.

[9] 刘伯奎.口才与演讲——技能训练[M].2版.北京:中国人民大学出版社,2006.

[10] 李锡元.管理沟通[M].武汉:武汉大学出版社,2006.

[11] 余世维.有效沟通:管理者的沟通艺术[M].北京:机械工业出版社,2006.

[12] 王建民.管理沟通理论与实务[M].北京:中国人民大学出版社,2005.

[13] 康青.管理沟通教程[M].2版.上海:立信会计出版社,2005.

[14] 柳青,蓝天.有效沟通技巧[M].上海:中国社会科学出版社,2003.

[15] 宋莉萍.礼仪与沟通教程[M].上海:上海财经大学出版社,2006.

[16] 李谦.现代沟通学[M].2版.北京:经济科学出版社,2006.

[17] 彭于寿.商务沟通[M].北京:北京大学出版社,2006.

[18] 范云峰,张福禄.客户沟通就是价值[M].北京:中国经济出版社,2005.

[19] 黄漫宇.商务沟通[M].北京:机械工业出版社,2006.

［20］经理人培训项目编写组.培训游戏全案:沟通
　　　［M］.北京:机械工业出版社,2004.

［21］陈翰武.语言沟通艺术［M］.武汉:武汉大学出版
　　　社,2006.

［22］常青.完美沟通［M］.北京:机械工业出版社,2006.

［23］张岩松,唐召英.现代交际礼仪实训教程［M］.北
　　　京:清华大学出版社,2011.

［24］胡成富.社交礼仪［M］.北京:中国财政经济出版
　　　社,2005.

［25］陈英,梁唯.社交礼仪实训教程［M］.北京:北京工
　　　业大学出版社,2010.

［26］杨丽.商务礼仪［M］.北京:清华大学出版社,2010.

［27］甄珍.商务礼仪教程［M］.北京:中国传媒大学出
　　　版社,2010.

［28］何爱华,张学娟.实用商务礼仪［M］.北京:人民邮
　　　电出版社,2011.

［29］李建峰,董媛.社交礼仪实务［M］.北京:北京理工
　　　大学出版社,2010.

［30］盛安之.沟通的艺术［M］.南昌:江西美术出版
　　　社,2016.

［31］尼基·斯坦顿.沟通圣经［M］.罗慕谦,译.北京:北
　　　京联合出版公司,2015.

［32］罗纳德·B·阿德勒.沟通的艺术［M］.黄素菲,李
　　　恩,译.北京:世界图书出版公司,2015.

［33］达夫,黄敏.20岁不能不懂的社交礼仪常识［M］.
　　　长春:吉林文史出版社,2019.

郑重声明

高等教育出版社依法对本书享有专有出版权。任何未经许可的复制、销售行为均违反《中华人民共和国著作权法》，其行为人将承担相应的民事责任和行政责任；构成犯罪的，将被依法追究刑事责任。为了维护市场秩序，保护读者的合法权益，避免读者误用盗版书造成不良后果，我社将配合行政执法部门和司法机关对违法犯罪的单位和个人进行严厉打击。社会各界人士如发现上述侵权行为，希望及时举报，本社将奖励举报有功人员。

反盗版举报电话　（010）58581999　58582371　58582488
反盗版举报传真　（010）82086060
反盗版举报邮箱　dd@ hep.com.cn
通信地址　北京市西城区德外大街 4 号
　　　　　高等教育出版社法律事务与版权管理部
邮政编码　100120